1 MONTH OF FREE READING

at

www.ForgottenBooks.com

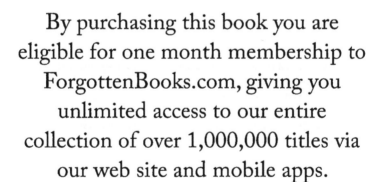

By purchasing this book you are eligible for one month membership to ForgottenBooks.com, giving you unlimited access to our entire collection of over 1,000,000 titles via our web site and mobile apps.

To claim your free month visit:
www.forgottenbooks.com/free1045732

ISBN 978-0-364-65815-4
PIBN 11045732

Vorwort.

Die großartigen Gestalten der Urwelt und der Vorzeit gaben den Stoff der folgenden Schildereien und Gemälde.

Glaube, Gemüth und Fantasie wandeln Hand in Hand auf dem heiligen Boden. Der Glaube darf und kann nicht Sache des kalten, sichtenden Verstandes sein. Soll sein Wesen nicht durch jeden Hauch der Zweifelsucht gestört werden, so muß er aus dem Grunde des Herzens hervorkeimen und aufsprossen wie eine Feldblume, die zu ihrem Gedeihen nur den Thau und die Sonne des Himmels, aber keiner Kunstpflege bedarf.

Der Glaube, der sich erst durch Wissenschaft und theoretische Überzeugung stählen will, hört auf, Glaube zu sein. Den Samen des echten Glaubens legt Gott selbst in unser Herz. Wo aller menschliche Verstand unzureichend wird, wo alles Wissen nicht genügt, — da be=

ginnt unſer Heiligſtes: der Glaube! Diejenigen, die da
meinen, der Glaube ſei eine Schranke des Geiſtes, kennen
weder Gott, noch ſich ſelbſt. Was zu beweiſen ſie vergebens ihre Denkkraft anſtrengen, das erſchaut der Gläubige hell und ſicher in ſeinem Innern.

Wie einſt der leitende Stern den drei Königen aus
dem Morgenlande, ſo ſchwebe uns auf der Wanderung
nach dem gelobten Lande, Goethe's ſchöner Vers vor:
„Das Wunder iſt des Glaubens liebſtes
Kind.“

Wer nicht glauben kann, ſei nicht mit uns! Wir
entſagen muthig den Brandmalen unſerer Zeit: dem ke-
cken Eigendünkel, der Gemüthloſigkeit und dem Unglau-
ben. Wenn der Menſch alle die unzähligen Wunderwerke Gottes und dann ſich ſelbſt, das größte von allen, be-
trachtet, ſo ſcheint es unmöglich, daß auch nur ein Einziger
an Gott und ſeiner Schöpfung zweifeln könne. Und dennoch zeigt uns die Erfahrung mehr als Ein Beiſpiel des
empörendſten Unglaubens, ſo entſetzlich, daß, wer nicht
ſelbſt ein Gottesleugner iſt, auch nicht zu begreifen vermag, wie man einer ſein kann. Wie unnatürlich aber
der Atheismus, zeigt ſich am auffallendſten dadurch, daß
gerade dasjenige Weſen, dem Gott vor allen übrigen das
erhabene Geiſtesvermögen verlieh, die Größe des Schö-

pfers und die Herrlichkeit der Schöpfung im Ganzen und bis in ihre kleinsten Theile zu erkennen und zu bewundern, eben diese Fähigkeit verleugnen will, wie Petrus seinen Herrn und Meister.

Wer nicht glauben will, daß diese Schöpfung das Werk Gottes sei, könnte eben so wohl behaupten, das Licht sei kein Ausfluß der Sonne. Seltsamer Widerspruch! Der Mensch ist doch im Leben stolz darauf, seine Abkunft von einem großen, mächtigen oder berühmten Stammvater herzuleiten, und dennoch kann er da schwanken, wo der größte und mächtigste aller Väter sich als den seinigen beurkundet und zwar durch nichts Geringeres als durch eine ganze Welt voll Beweisen und Wundern, die wir jetzt noch täglich erleben. Nacht brütet über der Erde, ohne Farbe, ohne Gestalt. Schwarzes Gewölk deckt den Himmel. Aber sieh! Dämmerung lichtet das Dunkel der Verwirrung. Das Morgenroth lächelt auf die sich enthüllende Gestalt des Himmels und der Erde. Schon leuchtet das Gewässer mit seinen glänzenden Spiegeln auf. Feurig entsprudelt die Quelle dem Fels. Bach und Fluß sprüh'n Funken, und Glutmassen wogt das Meer. Wetteifernd mit dieser Herrlichkeit, zeigt die grüne Erde, sich entschleiernd, den Goldglanz ihrer wogenden Ährenfelder, ihrer blumigen, thaubeperlten

Wiesen und den Kronenverein rauschender Wälder. Endlich tritt, schön wie an ihrem Schöpfungstage, die Sonne hervor, der Stolz des Himmels, die Wonne der Erde. Und in diesen herrlichen Tempel voll Schönheit und Jubel tritt der Mensch, in den Armen des todtähnlichen Schlafes erwachend, mitjubelnd und anbetend wie sein erster Ahnherr in dem Augenblicke, da er, von Gottes Hauch beseelt, sich von der Erde emporhob.

Wir stehen auf heiligem Boden. So wie des Regenbogens strahlende Wölbung ihre beiden Lichtpilaster aus des Äthers Höhe auf den Grund der Erde senkt, eine verklärte und verklärende Erscheinung, eine Annäherung des Überirdischen an das Irdische ohne materielle Berührung, ein Bild der herrlichen, obschon uns unbegreiflichen Verbindung des Geistigen mit dem Körperlichen: eben so ward die Urwelt der Patriarchen und Propheten von den herabgesenkten Armen der nähern, sichtbar geoffenbarten Gottheit mit der erbarmungsvollen Vaterliebe zu dem neugebornen Säugling schützend umfaßt.

Unter allen Naturscenen dürfte aber wohl kaum e i n e unser Gemüth mehr zur Andacht stimmen, als der Gipfel eines vor Sonnenaufgang erstiegenen Berges. Mit jedem Schritte aufwärts scheinen wir dem Himmel selbst näher zu kommen. Ist endlich die Höhe erstiegen, welche

fromme Schauer ergreifen dann das schlagende Herz und
die mächtig erweiterte Brust! Die heilige Sabbathsstille
ringsumher, nur vom Gesäusel der Bäume und vom
Flüstern wandernder Lüfte, wie von Geisterstimmen my=
stisch belebt; die bedeutungsvollen Gestalten vielfärbig
verklärter Wolken, eine geheimnißreiche Zeichenschrift des
Himmels, endlich der goldne Aufschwung der segenspen=
denden Sonne, die wie ein Priester an den Altar des
Herrn tritt und unsere Seele auf Feuerflügeln zum Un=
endlichen emporhebt, — welcher Mensch fühlte sich hier
nicht fähig, das Größte und Schönste zu vollbringen!
Das überirdische Schauspiel läßt uns fühlen, wie klein
wir im Irdischen und zu welcher Höhe des Geistigen wir
erkoren sind. Wir glauben der Erdehülle entnommen zu
sein und ätherisch in Mitte des Strahlenhimmels zu
schweben, der wie ein zweiter Himmel in unserm Innern
aufgeht.

Ein ähnliches Gefühl bemächtigte sich auch meiner,
wenn ich die großartigen Geschichten der heiligen Vorwelt
las; es war mir dann, als läge ich in staunendem Schweigen
auf dem luftigen Gipfel eines hohen Gebirges, mit auf=
wärts schauendem Angesicht, und ein Engel, schwebend im
unermeßlichen Raume, zeichne mir die verklärten Ge=

X

stalten der heiligen Vorwelt mit Purpurglut auf die Himmelsdecke.

Lodere denn empor, du reine Flamme des gläubigen Gemüthes, zum Himmel, deinem Vaterlande, da Wunder, gegründet auf das tiefe, uns unerforschliche Geheimniß der ewigen Naturgesetze, zahllos hervorgehen wie die Sterne am nächtlichen Gewölbe des Firmaments! Jauchze, du Stimme des Herzens! Du wirst dein Echo finden im Sphärenklang.

Beuge dich, mein Knie! Senke dich, mein Haupt! Bete an, meine Seele! Aufleuchtet das Reich der Wunder. Gottes Wille ist That, sein Gedanke eine Welt.

Des Sängers Weihe.

Empor, mein Lied, zu Ihm, zu dem Drei-Einigen
In Macht und Lieb' und Geistesheiligkeit,
Zu Ihm, der Welten schafft, und Welten heißt vergeh'n,
Zu Ihm, dem Urquell alles Wahren, Guten, Schönen!
Ihm sei mein Geist, mein Leben Ihm geweiht,
Dem Schöpfer, der uns Schöpfungskraft verlieh,
Ein Paradies von Bildern und Gedanken
Und einen Schatz von Farben, Formen, Tönen,
Ein grenzenloses Wunderreich
Und eines Weltalls Harmonie,
Zu fühlen, wie wir selig sind durch Ihn,
Von seiner Gottheit Strahlen zu erglüh'n,
Zu überfliegen engen Daseins Schranken,
Vom Grabe, Blumen gleich,
Zum Himmel aufzublüh'n.

Zur Nacht des ungestalten Chaos sprach der Herr:
„Es werde Licht!"
Da floß ein Strahlenmeer,
Und aus dem Strahlenmeer

Floß neues Leben,
Sich zu erheben
Unendlich zum Unendlichen.
So trauert auch des Sängers Geist in Nacht,
Bis der Begeist'rung Licht in ihm erwacht,
Und er, nachahmend Gottes Schöpferkraft,
Ein Kunstwerk aus sich selbst erschafft,
Wo Wärme mit des Lichtes gold'nem Schein
Sich zeigt in menschlich=göttlichem Verein.

———

Vor Allem ruf' ich euch, verklärte Geister,
Ihr Seligen in eurem Himmelsfrieden,
Die ihr, der Töne und Gestalten Meister,
Unsterblichkeit errungen schon hienieden,
Ihr frommen Bildner heil'ger Schöne,
Ihr Hohen, deren Schöpfungsglut
In mir des innern Lebens erste Töne
Erweckt — euch ruf' ich an: Erhebet meine Seele,
Daß mit dem Willen sich die Kraft vermähle!

———

Vor Allem steigt mein heißes Fleh'n
Empor zu Zions Wolkenhöh'n,
Dich rufend, David, Zeder Libanons!
Erhab'ner Sängerfürst!
Gleich mächtig scholl dein Harfenklang
Zu Buß= und Siegsgesang.
O Du, der Fluren Zierde wie des Throns,

Der, wie er einst als gottgeliebter **Knabe**
Die Lämmerherde mit dem Hirtenstabe
Gelenkt, als Mann die Menschenmillion
Beherrschte auf dem gold'nen Thron, —
  O wolle einen Himmelsstrahl mir senden
  Verklärter Geist, in meine Nacht,
  Daß mir gelinge, würdig zu vollenden,
  Das hohe Lied von Gottes Wundermacht!

Auch Du, o Rafael! dem schon im Erdenwallen
Der **Himmel** aufschloß seiner Schönheit Hallen,
Du Hoher, der, was **uns** unsichtbar, klar erblickt,
Und dann von Gottes Herrlichkeit entzückt,
Nachbildete die himmlischen Gestalten,
Die, da wir noch hienieden walten,
Uns schon den off'nen Himmel zeigen,
Aus dem sich Engel zu uns neigen:
  O wolle einen Himmelsstrahl mir senden,
  Verklärter Geist, in meine Nacht,
  Daß mir gelinge, würdig zu vollenden
  Das hohe Lied von Gottes Wundermacht!

———————

Und Du mein **Tasso**! golderhab'ne Sonnenblume,
Die in der Morgenröthe Heiligthume
Der Tageskönigin entgegen glüht,
Indeß ein Engelchor vorüberzieht, —
Noch hallt im Schooße stiller Nacht,
Von tausend Sternen treu bewacht,

4

Um des Erlösers Grab der Echoklang
Von Deinem heiligen Gesang.
    O wolle einen Himmelsstrahl mir senden,
    Verklärter Geist, in meine Nacht,
    Daß mir gelinge, würdig zu vollenden
    Das hohe Lied von Gottes Wundermacht!

5

————

Und nun begrüß' ich Dich, mein Jugendland,
Mein Bertholdsdorf, der Kindheit Wiege!
Dich und des Lebensmorgens Freudenflüge,
Euch ruft am Ziele seiner Erdenbahn
Der lebensmüde Pilger an.
Ich grüße dich, du wunderholde Zeit,
Da noch die kaum beschwingte Fantasie
Den farbenreichen Regenbogen
Beglückend über mich dahingezogen!
Heil dir, du wunderholde Zeit,
Da ich, vom leichten Schlummer geist'ger Nacht
Mit jedem Morgen froh erwacht
Und freudig, gleich den Morgenlüften,
Hinwallte durch ein Meer von Düften
Zur Kirch' in ihrer altergrauen Pracht!
Wie hob dann die Frühmesse mir das Herz
In heißer Andacht himmelwärts!

————

    Noch steht vor mir das heilige Gebilde
Aus meiner Jugend blühendem Gefilde;

Noch füllt der Morgenröthe Purpurschimmer
Der Kirche hochgewölbte Bogenhallen,
Und heimlich lauert hinterm Chor das Dunkel;
Nur auf dem Hochaltare wallen
Mit schwebendem Gefunkel
Die vielbewegten gold'nen Flimmer
Der ersten Morgenstrahlen.
Der Andacht tiefes Schweigen glüht
Im Kirchenraum wie im Gemüth;
Der Schwalbe Zwitschern nur,
Die auf der nahen Pfarrhofflur
Ihr frommes Nest gebaut,
Schwirrt flüchtigleise
Nach altgewohnter Weise
In des Meßglöckleins Silberlaut.
    Zu Gott ruft mich der feierliche Klang,
    Zu Gott erhebe sich auch mein Gesang!

Die Schöpfung.

Gehüllt in düst'res Nachtgrau'n, brütet ringsumher
Formloser Zwietracht Kampf. Obherrschend tobt die Flut,
Mit ihr und unter ihr durch lichtlos tiefe Räume
Ein feindliches Gedräng', und dennoch wüst' und leer,
Ein banges Streben wildverworr'ner Keime,
Ein Haßverein von Todesfrost und Lebensglut.
Gefesselt heult der Sturm, durch Flammen zischt die Flut;

Luftwellen trauern auf schwerlastendem Gestein,
Und grau'nvoll sprüht aus Sümpfen rother Funken Schein.
Zerstörung ringt und würgt wie Mord in Fieberträumen,
Und aus dem Dasein selbst will die Vernichtung keimen.
So tobt des Urstoffs Aufruhr in dem wilden Schooß
Gesetzlos, ordnungslos, und grenzenlos,
Ein unermeßlich grauenvoller Schlund!
Was flüssig, ohne Fluß, das Feste ohne Grund;
Ein allgemeiner Krieg in jeder Kluft,
Ein Kampf, von Frost und Glut, von Last und Flug,
Ein Lebensreich in weiter Todesgruft,
Ein Todesreich voll Kraft und Lebenstrug.

———————

Sollst Erde, du, zur Ewigkeit erkoren,
Ein Säugling, kaum geboren,
Im Mutterarme schon vergehen,
In deiner Wiege schon dein Grab auch sehen?
Verzweifle nimmer! Was der Segensruf
Der Allmacht liebevoll erschuf,
Darf nie vor der Vernichtung zittern.
Gleich einem Adler über den Gewittern,
Schwebt auf den wildverworr'nen Massen,
Der Geist des Herrn und spricht zur Erde
Sein lebensvolles: „Werde!“
Und bei des Wortes heil'gem Schall
Tritt aus dem Nichts — ein Weltenall!
Hinschwinden Kampf und Nacht;

In freudigstolzer Jugendpracht
Schwebt hin die wunderschöne Erde
Und über sie das goldne Licht. —

_____

So strömt, o Gott, Dein Abglanz von Dir aus
Und füllt die Welt, Dein Haus,
Mit Harmonie und Klarheit,
Als Bild von Dir und Deiner ew'gen Wahrheit!

_____

Des L i c h t e s Quell bist Du, o Gott! Das Licht durchwallt
Der Schöpfung Hallen, L i c h t umstrahlt
Des Schöpfers Thron. L i c h t ist der Erde Kleid,
L i c h t der Erkenntniß höchstes Geisterziel;
L i c h t ist des Seelenauges Zauberspiel,
L i c h t ist der Unschuld eigenstes Geschmeid',
L i c h t ist des Edelsteines Schmuck und Leben
L i c h t ist der große Spiegel, der am Tagesfest
Die Wunder Gottes uns erblicken läßt.
Und Du, Mensch, wolltest, wo dir tausend Welten funkeln,
Verharren lichtscheu in des Wahnes dunkeln
Irrgängen, und dem Himmelslicht verschließen
Dein Herz, starr in des Bösen Finsternissen?
Wie Deine Augen sich zur Sonne freudig heben,
Laß auch den Geist zum Lichtquell ew'ger Wahrheit streben!

_____

Und sieh! Schon hat sich allumwölbend
Ein glänzend blauer Ä t h e r b o g e n
VII.

Im gränzenlofen Raum des Himmels hingezogen.
Das erfte Morgenroth geht leuchtend auf hienieden,
Und bringt der neugebornen Welt,
Von Purpurglanz erhellt,
Des Schöpfers erften Gruß,
Der Engel erften Kuß
Und ihren Himmelsfrieden.
Rings waltet des Entzückens heil'ges Schweigen;
Das Waffer faugt den Rofenfchein
In feine Silberfpiegel ein,
Und glanzerfüllte Düfte fteigen
Auf, zu des Firmament's Gefilden,
Wo fie, verfchmelzend, Wolken bilden,
Den fchönften Freudenkranz`
Im Feuerglanz.

———

Wolken! Ihr des Lebens Bilder,
Des Morgens Feftgefchmeid`,
Des Abend's Feierkleid!
Euch fchauen wir als Baldachin
Im Frühgemach der Sonne glüh'n,
Wenn fie auf ihrem Thron erwacht;
Ein Ruhelager bettet ihr der Nacht,
Gefellig dunkel euch vereinend,
Thautropfen fchlummertrunken weinend,
Von Luna's Lampe überwacht.
Wenn von des Sommers Flammenmacht
Die weitgeborft'ne Erd` in Fieberdurft entbrennt

Und sich nach einer Labung sehnt,
Seid ihr des Segens milde Quellen;
Aus euren Urnen träuft des hellen
Erflehten Regens Silberflut.
Aufhebt mit frischer Lebensglut
Der hingesunk'ne Halm das Haupt;
Es grünt die Flur, der Baum prangt neu belebt,
Und der entschlaf'ne Bach
Wird spielend wieder wach.
Ihr Wolken, bunt in Farbenglut
Und reich an wechselnder Gestalt,
Schön, wenn ihr still und friedlich ruht
Wie eine Lämmerherde sanft und gut,
Wie Inseln auf dem Äthermeer;
Schön, wenn ihr majestätisch wallt
Im Zuge wie ein Siegesheer;
Schön, wenn ihr segelt gleich den Schwänen
In ihrer Flügel eig'nen Flaumenkähnen;
Schön, wenn ihr, wie des Schützen Pfeile
Hinflieget mit des Sturmes Eile.
Wie wechselt euer Anblick doch so schnell!
Jetzt golden und jetzt rosenhell,
Jetzt purpurroth, jetzt dunkelblau,
Dann stirbt die Glut in düsterm Grau.
Wie lieblich seid ihr anzuseh'n
Im weißen, schwebenden Gewand!
Wie schaurig und wie furchtbar schön
Wenn ihr euch riesengroß

In's schwarze Kleid des Sturmes hüllt,
Hoch wie Gebirge aufgethürmt
Und wie Ruinen einer Welt,
Verheerend durch den Himmel stürmt,
Die Erde mit Entsetzen füllt
Daß sie in's alte Nichts zerfällt,
Wenn jeder Blitz ein Todesloos,
Und Donnerkeile eure Waffen,
Leichen unter Trümmer raffen,
Städte in des Abgrund's Schooß.
Doch wie verändert sich die Scene schnell!
Die Schreckensnacht glänzt plötzlich goldenhell,
Und aus den Wolkenhallen sieht
Der Gläubige, von Andacht hoch entglüht,
Ein Engelchor herab sich neigen
Und schützend zu ihm niedersteigen.
Thut sich der Himmel dann im Siegeslauf
Dem Reinen rein und herrlich auf,
Schaut er durch Wolkenmeeres Strahlenhöh'
Der Zukunft volle Glorie
Und Gottes Thron in Herrlichkeit,
Er selbst ein Glaubensheld der Ewigkeit!

———

Von solcher Himmelspracht umflossen, ruht,
In Äthers weichem Mutterschooß gewiegt,
Dem Vaterarme Gottes angeschmiegt,
Der Säugling Erde froh und wohlgemuth;
Und sieh! Die Wasser theilen

Und trennen sich vom festen Land,
Denn Gleiches muß bei Gleichem weilen
Zu fester Eintracht schönem Band.

———

    Aus dem Felsen springt der Q u e l l
Lustig, kühl und silberhell,
Und wie er murmelnd gleitet
Und spielend sich verbreitet,
Wird er zum B a ch ,
Noch kindlich sanft und spiegelflach;
Doch immer drängender gesellen
Sich die gehäuften Wellen,
Vereint mit lautem Gruß;
Und wie sie rauschen, wie sie schwellen,
Gestaltet sich der F l u ß ,
Und wogt in stiller Majestät,
Wo freie Bahn ihm offen steht.
Kaum aber stellt sich seinem Lauf
Ein trotzendes Gestein entgegen,
Da hebt er sich zornschäumend auf,
Und tobt und kämpft mit Wellenschlägen,
Und stürzet sich verwegen
Von Höhen herab
Dumpftosend in's Thal,
Sein stilles Grab.
Der erste Wiederhall
Wird staunend wach,
Und bebt dem Fall

Wehklagend nach.
Er aber eilt nun fort und fort
Von Fall zu Fall, von Ort zu Ort,
Bis er, vereint mit den Genossen,
Sich rastlos hat ergossen,
Dann sich erweitert und verbreitet ringsumher,
Unübersehbar ausgedehnt, ein Flutenreich, ein Meer.

———

Zum Himmel steigt das Urgebirg empor;
Es bilden ringsumher Granit= und Marmorklippen
Des Riesenleibes starre Rippen;
Gleich weichen Muskeln schmiegt sich an
Der grünen Hügel froher Chor.
Anmuthig in sich selbst versunken,
Von eig'ner Schönheit wonnetrunken,
Ruht zwischen ihnen in des Segens Fülle
Ein Thal, das Heiligthum der Ruh' und Stille.

———

Und sieh! Es webet nun das feste Land
Sich selbst sein buntes Brautgewand.
Ein reichgewirkter Teppich überzieht,
Von Kräutern aller Art durchglüht,
Die Fluren und die Hügel.
Der Blumen vielgestalt'ges Farbenspiel,
Gewieget von der Weste Ätherflügel,
Beschaut sich wonnestill
Im silberblanken Wasserspiegel,
Und winkt sich Grüße,

Und nickt den Wellen Küsse,
Und strömet dankbar seine Düfte
Als Freudenopfer in die Lüfte.
Vor Scham, daß sie so schön, erglüht die R o s e ;
Die L i l i e hüllt sich in der Unschuld Schleier,
Die T u l p e prunkt, aufflammt der N e l k e Feuer;
Die V e i l c h e n bergen sich im Mutterschooße,
Und ringsum wie ein goldenes Gürtelband
Schlingt sich ein Ä h r e n l a n d ,
Die Segensfülle zu vollenden
Mit reichen Spenden,
Indeß die T r a u b e n wie Juwelen glüh'n
Und Funken aus dem Laubgrün sprüh'n.

————————

Bewegt und frisch
Spielt flüsterndes G e b ü s c h ,
Und hochaufragend strebt empor
Der B ä u m e kronenreicher Chor,
Hier blütenhell, dort fruchtdurchglüht.
Fest in die Erde stämmen sich die Eichen
Entschlossen, keinem Sturm zu weichen.
Der hohen Z e d e r Heiligkeit,
Die P a l m e , die dem Frieden nur sich weiht,
Der L o r b e e r , stolz auf seine Siegeskränze,
Die M y r t h e , froh, daß sie als Brautschmuck glänze,
Sie steh'n gesellig da, indeß, fern aller Freude,
Mit tiefgesenkten Zweigen,

Die weinend sich zum Bache neigen
Verlassen steht die Thränenweide.

————————

So wölbt sich wechselreich, all' überall
Mit grünen Wänden Zelt, Gemach und Saal,
Bald einzeln, bald in traulichem Verein;
Es säuselt lichtschimmernd der liebliche Hain,
Es brauset der Forst, es nachtet und hallt
Der düstere Wald.

————————

Willkommen, Erd', in deinem Feierkleid!
Willkommen in dem Brautgeschmeid'!
In deiner Schöne, deiner Herrlichkeit
Hat Gott zu seinem Tempel dich geweiht.

————————

Und sieh! Es theilet sich der Wolken Baldachin,
Und aus dem Purpur sprüht
Goldflammendes Leuchten hervor,
Und aus der feurigen Glorie tritt
Der Sonne Strahlenkreis empor
Mit seinem heiligen Licht
Wie Gottes Angesicht.
Heil dir, du glühender Lebensgeist,
Den Alles, was da waltet, preist!
Heil dir, des Himmels Heldin du!
Des Ewigen Heroldin du!
Sein Siegesbild,
Sein Flammenschild!

Vor deinem ersten Blick erwacht
Des Farbenreichs Juwelenpracht.
Der Stunden Pforte öffnest du,
Und führst den jungen Tag herauf,
Gebeutst dem Jahre seinen Lauf,
Dringst in der Erde Tiefen ein,
Reif'st Blume, Frucht und Edelstein,
Und wandelst deine Jubelbahn,
Mit Heldenschritt zur Siegeshöh' hinan.
Hast du des Segens Fülle ausgespendet,
Glorreich dein großes Tagewerk vollendet,
Weint eine Blumenwelt dir Trauerperlen nach,
Und wird durch deinen Strahl in Freudenthränen wach.
Du sinkst hinab,
Ein Phönix, in dein eignes Flammengrab,
Und wirst dann neuverjüngt uns wiederkehren,
Unsterblichkeit zu lehren,
Vorbildend, wie, was untergeht,
Zu neuem Leben aufersteht.

———

Schon hüllt der ersten Dämm'rung grauer Flor
Die Erde ein, und leise sinkt die Nacht,
Ein Schauplatz a n d'r e r Wunder nur,
Auf Thal und Hügel, Wald und Flur.
Im schwarzen Trauerfeld erwacht
Zahlloser Himmelsaugen Chor,
Die sich entzünden demanthell
Am unsichtbaren Sonnenquell.

Der **Mond** mit seinem Heil'genschein
Tritt in die **Sterngemeinde** ein.
Du nachtumhüllte Erde, bebe nicht,
Wenn Grau'n dich wie ein böser Geist umflicht!
Anbetend steht die fromme Sternenschar
Gleich Engeln an des **Domes** Hochaltar.

————

So sehen wir Dich stets, o Gott!
Im Abendlicht, im Morgenroth,
Im farbenglüh'nden Mittagsfeuer,
Und in der Nacht geheimnißvollem Schleier.
Die allumfassende Natur,
Dich zu verkünden stets bereit,
Zeigt Deiner Allmacht Spur,
In jedem Raum, zu jeder Zeit.
Es ist Dein Spiegelbild die **Welt**,
Die Deine Allmacht schuf und Deine Lieb' erhält.

————

So schön, so reich, so herrlich ausgeschmückt,
Zum großen Schöpfungs=Festgelag,
Steht da der Erde göttlicher Palast,
Der alle Schätze, alle Wunder in sich faßt.
Doch ach! von keinem **Auge** angeblickt
Und ohne einen freud'gen Herzensschlag,
Und doch bereit, um Millionen Leben
Gedeih'n und Nahrung, Schutz und Luft zu geben.
Schon spielt ein zahlloses Heer
Von **Fischen**, in Fluß und Meer;

Ihr Glanzgewimmel
Durchschwelgt die Flut,
Auf der, ein Fels, der Wallfisch ruht:
Und hinüber, herüber den Wasserspiegel
Scherzt schimmernd und singend ein buntes Geflügel,
Ein lustentbranntes Getümmel
Von Wand'rern auf Erden, von Gästen am Himmel,
Bald ruhend, bald hüpfend von Zweigen zu Zweigen
Im duftigen Blütengemach,
Mit zärtlichem Locken und Neigen,
Bald flatternd am Bach
Den Wellen nach,
Bald aufwärts sich schwingend vom Laubendach
Hoch über die Wipfel der wehenden Bäume
Hinauf in die blauen Räume;
Flötend und schwirrend,
Schmetternd und girrend,
Schallt der Freude Drang
Die Lüft' und die Thäler entlang,
Der erste Hymnus, liebeheiß,
Ein einziger langer Jubelgesang
Dem Schöpfer der Erde zum Preis.
Im ersten Rosenbusch haucht eine Nachtigall,
Der Liebe Allgewalt mit wechselreichem Schall.
Schneeweiß und ruhigstolz durchschifft der Schwan
In weicher Flügel selbstgewölbtem Kahn,
Der Wasserfläche sanftgefurchte Silberbahn,

Indeſſen in verſtummendem Entzücken
Vom Felſenhorſt die Adler in die Sonne blicken.

––––––

So will, allmächt'ger Gott! nach allen Weiſen
Dich, was da tönt und ſingt und ſchweiget, preiſen.
Und alſo regt ſich's raſtlos fort und fort.
Belebt von Deinem Geiſt und Wort,
Muß in unendlichen Geſtalten,
Das Thierreich zahllos ſich entfalten.
Stolz prangt im Goldgewande reich,
Den Herrſcherblick im Rieſenhaupte, König Leu;
An ihm vorbei
Eilt lautlos, ſchattengleich,
Der Hirſch mit prangendem Geweih,
Und mächtig brauſt, vom Mähnenſchmuck umwallt,
Einher des Roſſes edle Wohlgeſtalt.
Hoch wie ein Felſenthurm
Mit laſtendem Gewicht
Ragt empor der Elephant;
Zu ſeinen Füßen kriecht
Auf unbewegtem Sand
Der ſchattenloſe Wurm,
Das kaum ſichtbare Ebenbild
Der Rieſenſchlange,
Die mit verſchlungner Kreiſe langgedehntem Zug
Sich ziſchend windet durch das rauſchende Gefild.
Hell ſchimmert im ſummenden Flug
Der Käfer im Blütengebüſche;

Bewaffnet mit Helm und Speer
Schwärmt wählig die Biene umher
Und schwelgt am Blumentische;
Daneben spielt, gaukelnd im Farbentrug,
Der Schmetterlinge buntes Heer.
Weißwollige Herden durchhüpfen
Den blühenden Anger, die blühende Flur,
Indeß, ihnen nahe, das kräftige Wild
Hinbrauset und brüllt,
Daß Kluft und Wald
Antwortend schallt.
So preisen, Gott, Dich Millionen
Von Mücken und von Sonnen!

Schon prangt die Erd' in Herrlichkeit,
Wo Wunder sich an Wunder reiht;
Und Alles jauchzt, ein allgemeiner Chor,
Im Feierklang
Den Hallelujah=Festgesang
In seines Daseins höchster Wonne
Dankbar zu Gott empor;
Doch fehlet noch der Schöpfung Krone,
Ein Wesen, das obherrsche Allen,
Die da in Flut und Luft und auf der Erde wallen.
Und Gott erschuf nach seinem Bild,
Ihm selber gleich
Den Menschen, denkend, fühlend, stark und mild,
Schuf Mann und Weib,

An Seel' und Leib
Schön und tugendreich,
Sein Ebenbild!
Und segnet ihn, daß er in jeder Zone,
Sich mehrend, wohne,
Der Erde Herr in Allem, was er schafft
An Geisteskraft
Durch Gott ein Gott,
Nichts ohne Gott;
Durch heilige Dreieinigkeit
Von Macht und Lieb' und Geist geweiht
Zum Erben der Unendlichkeit.

————————

Und nun, da aller Kräfte reichste Fülle
In makelreiner Harmonien Hülle,
Ein Werk der Allmacht und der Liebe, ruht,
Und alles Sein vollkommen ist und gut,
Weilt, allumfassend mit den Segensblicken,
Der Schöpfer selbst in heiligem Entzücken
Auf der Vollendung großem Schöpfungsall.
Dankglühend ruht die neugeschaff'ne Erde,
Dankjubelnd ruht mit freudiger Geberde
Der neugeschaff'nen Wesen Schar;
Anbetend ruht das erste Menschenpaar,
Und alles Dasein feiert in des Glückes Fülle
Das große Sabbathfest der Ruh und Stille.
Auf geld'nen Wolken ruh'n ter Engel Lichtgestalten;

Sie blicken freudig auf der Erde frohes Walten,
Und ihre Wonne glänzt als Morgenroth,
Und Erd' und Himmel ruft:
      Gelobt sei Gott!

Das Paradies der ersten Menschen.

Im Morgenlicht der reinsten Schönheit strahlt
Das neugeschaff'ne Paradies,
Und durch das Friedensreich der Schöpfung wallt
Der Geist der Wonne hold und süß.
Wie mit dem Lamm ein frommes Kind
Frohgesinnt
In Unschuld spielt,
So spielt in ätherleichten Schweben
Noch jedes Wesen mit dem Frühlingsleben.
Noch war kein welkes Blatt von einem Wurm zerwühlt,
Kein Todter in den Schooß der Erde eingehüllt,
Noch ohne Gift war Pflanze, Geist und Leib,
Der erste Mann, das erste Weib,
Des frischen Daseins schönste Zierde,
Von Sorgen frei wie von Begierde;
Noch keine trübe Stunde,
Noch keine Thräne, keine Wunde!

Froh wandelt Eva über Blumen hin,
Sie selbst der Blumen Königin,
Und lächelt mild,

„Entschwebte die entzückende Gestalt
„Den Wellen, die der Wonne zitterten,
„Als sie durchdrang des Geistes Weh'n.
„Der Engel blickte aus der Silberflut
„Nach mir so hold, so gut;
„Er lächelte so liebevoll,
„Daß mir die Thrän' in's Auge quoll.
„O komm' mit mir hin, wo die Wellen fließen,
„Den Engel nochmal zu begrüßen!" —

———

Und Adam, er, des Paradieses Stolz und Lust,
Ein Paradies auch in der eignen Brust,
Er, Gottes Ebenbild,
Blickt ringsum, siegeskühn und liebemild,
Und schaut von Ihr, die Lieb' und Schönheit ist,
Empor zu Jenem, dessen Ruf
Die Gatten für einander schuf;
Und aus dem Auge dringt ein Strom von Licht,
Der, was er schweigend fühlt,
Hellstrahlend spricht.

———

So wandeln Beide Hand in Hand
Hin an des Baches Blumenrand;
Und wie sie vor dem Glanz des Flutenspiegels steh'n,
Läßt sich die liebliche Erscheinung wieder seh'n.
Ein Freudenruf entklinget Eva's Brust,
Die dann verstummt im Übermaß der Lust.
Doch Adam blickt jetzt auf der Gattin Angesicht,

Verklärt vom eig'nen wie vom Morgenlicht,
Jetzt auf die Huldgestalt,
Die aus dem Bache strahlt,
Und spricht: „Wie Gottes Allmachtruf
„Den Engel und den Menschen schuf
„Nach seinem Ebenbild,
„So schimmern auch aus Deinem Angesicht,
„Lieblich, klar und mild,
„Des Engels Mienen und die Engels=Seele,
„Daß sich das Irdische dem Himmlischen vermähle.
„Du weißt nicht, daß Du selbst der Engel bist,
„Der aus dem Wellenspiegel Dich begrüßt.
„Wallt Schönheit an der Unschuld Hand,
„Sich selber unbekannt,
„Dann glänzt das Leben hold und rein
„Wie dieser Bach im Himmels = Widerschein;
„Dann wohnt ein Engel in des Menschen Brust,
„Ihm selber unbewußt,
„Verschönert jede Freud' und macht die Schmerzen süß,
„Das Weib zum Engel und die Welt zum Paradies!" —

———

Eva horcht und senkt die Augen nieder,
Erhebt sie dann zum Himmel wieder,
In Thränen lächelnd, und es glüht
Ihr Antlitz, das wie Morgenroth entbrennt,
Da sie das Bild im Bache nochmal sieht,
Und in dem Engel nun sich selbst erkennt.

———

„Entschwebte die entzückende Gestalt
„Den Wellen, die vor Wonne zitterten,
„Als sie durchdrang des Geistes Weh'n.
„Der Engel blickte aus der Silberflut
„Nach mir so hold, so gut;
„Er lächelte so liebevoll,
„Daß mir die Thrän' in's Auge quoll.
„O komm' mit mir hin, wo die Wellen fließen,
„Den Engel nochmal zu begrüßen!" —

————

Und Adam, er, des Paradieses Stolz und Lust,
Ein Paradies auch in der eignen Brust,
Er, Gottes Ebenbild,
Blickt ringsum, siegeskühn und liebemild,
Und schaut von Ihr, die Lieb' und Schönheit ist,
Empor zu Jenem, dessen Ruf
Die Gatten für einander schuf;
Und aus dem Auge dringt ein Strom von Licht,
Der, was er schweigend fühlt,
Hellstrahlend spricht.

————

So wandeln Beide Hand in Hand
Hin an des Baches Blumenrand;
Und wie sie vor dem Glanz des Flutenspiegels steh'n,
Läßt sich die liebliche Erscheinung wieder seh'n.
Ein Freudenruf entklinget Eva's Brust,
Die dann verstummt im Übermaß der Lust.
Doch Adam blickt jetzt auf der Gattin Angesicht,

Verklärt vom eig'nen wie vom Morgenlicht,
Jetzt auf die Huldgestalt,
Die aus dem Bache strahlt,
Und spricht: „Wie Gottes Allmachtruf
„Den Engel und den Menschen schuf
„Nach seinem Ebenbild,
„So schimmern auch aus D e i n e m Angesicht,
„Lieblich, klar und mild,
„Des Engels Mienen und die Engels=Seele,
„Daß sich das Irdische dem Himmlischen vermähle.
„Du weißt nicht, daß Du selbst der Engel bist,
„Der aus dem Wellenspiegel Dich begrüßt.
„Wallt Schönheit an der Unschuld Hand,
„Sich selber unbekannt,
„Dann glänzt das Leben hold und rein
„Wie dieser Bach im Himmels = Widerschein;
„Dann wohnt ein Engel in des Menschen Brust,
„Ihm selber unbewußt,
„Verschönert jede Freud' und macht die Schmerzen süß,
„Das Weib zum Engel und die Welt zum Paradies!" —

————

Eva horcht und senkt die Augen nieder,
Erhebt sie dann zum Himmel wieder,
In Thränen lächelnd, und es glüht
Ihr Antlitz, das wie Morgenroth entbrennt,
Da sie das Bild im Bache nochmal sieht,
Und in dem Engel nun sich selbst erkennt.

————

Doch bald soll sich auch in der Wirklichkeit
Dies schöne Engelsbild erneuern;
Das erste Menschenpaar, dem Glück geweiht,
Soll die Geburt des ersten Kindes feiern.
Und wie sich an denselben Zweigen
Bei Früchten auch die Blüten zeigen,
Gesellet sich dem Erstling, froh gepaart,
Gar bald ein Wesen gleicher Art,
Und Bruderliebe soll die Kleinen
In Lust und Schmerz vereinen.
Doch aus dem Rosenstrauche dringen
Bei reiner Schönheit Liebesblumen, auch
Des Hasses Dornen, und die Nattern schlingen
Sich giftgeschwollen um den grünen Strauch.

———

Wer sein Gemüth von Gott abwendet,
Hat nimmer gut geendet;
Wer aber aus dem Leben scheidet
So makelrein, wie er geboren,
Dem ist ein ew'ges Paradies erkoren.
Nie klage er, der hier erliegt;
Das Gute ist's, das ewig siegt.
Zum Abgrund kann kein Strahl der Sonne dringen,
Doch mag die Seele sich zum Lichtquell schwingen,
Wenn sie, geläutert durch der Prüfung Leiden,
Sich fähig macht der wandellosen Freuden.

Kain und Abel.

„Weh Dir, Mutter, erstgeschaff'nes Weib,
„So engelrein an Seel' und Leib!
„Weh, Vater, Dir! Wie schnell schwand Dein Entzücken!
„Wie schnell entfloh vor euren Blicken
„Des Paradieses Himmelslust,
„Weil sie zuerst entfloh'n aus eurer Brust!
„Zu mächtig lockt' euch der Erkenntniß Baum,
„Zu klein schien euch des stillen Daseins Raum.
„Ich möcht' euch fluchen, denn mir ward durch euch
„Das Glück verloren in dem Lebensreich.
„Ich möcht' euch fluchen — und ich kann es nicht,
„Seh' ich den Himmelsraum in seinem Licht
„Unendlich über meinem Haupte glänzen.
„Was frommt ein Eden in so engen Grenzen,
„Wenn unser Geist das Grenzenlose ahnt,
„Und jeder Schritt an unsre Schranken mahnt?
„Wer hemmt die Flüge unserer Gedanken?
„Gestrebt habt ihr — ich preis' es — über niedre Schranken,
„Allein, warum mir zum Verderben?
„Muß ich für eure Schuld nun büßen?
„Muß ich den Fluch, der euch getroffen, erben?
„Die Schlange, die, Versagtes zu genießen,
„Euch lockte, warum quält sie mich
„Mit ihres Giftes Höllenbissen?
„Durch euch ist mir das Paradies verloren,
„Und zur Verzweiflung nur bin ich geboren.

„Es sei! Was i h r verwirkt durch eure Schwächen,
„Will ich zu meinem Vortheil rächen.
„Und mußtet i h r in eurer Ohnmacht weichen,
„Will i ch nun das Unglaubliche erreichen;
„I ch, den der Vater, i ch, den Gott verließ,
„Will selbst erschaffen mir ein Paradies.“ —

So sprach auf einer kahlen Klippe Rand
Vortretend, K a i n, die geballte Hand
Zum Paradiese und zum Wolkensitz
Emporgestreckt, frech, doch nicht ohne Grauen.
Zwar sprüht aus seinem Aug des Trotzes Blitz,
Doch schreckt ihn selbst des Herzens wilde Glut
Und wirft ihn nieder in ohnmächt'ger Wuth.
Schwer sinkt indeß die düst're Nacht herab;
Stumm ist die Erde wie ein Grab.
Dem Hingestreckten naht, sich bang umschlingend,
Von Wehmuth voll und schuldbewußt,
Der Eltern Paar mit langsam leisen Schritten.
Die Sehnsucht führt sie her zum Orte
Des Glückes, das nun, ach! verschwunden.
Erinnerung an holde Stunden,
In Ruh' und Wonne hier verlebt,
Ergreift das Herz; die Thräne bebt.
Nicht ferne glänzt des Paradieses Pforte,
Vor ihr des Cherubs leuchtende Gestalt,
Deß Flammenschwert sich aus der Nacht erhebt,
Und wie ein Meteor am Himmel strahlt.

Sie fühlen bang und schuldbewußt
Das Flammenschwert in ihrer eig'nen Brust.
Vergebens streben sie mit innern Grauen
Noch einmal nur zu schauen
Verlorner Seligkeit himmlischen Ort;
Es fasset sie des Schmerzens Glühen.
Sie möchten weilen, ach! und müssen fliehen;
Des Flammenschwertes Anblick treibt sie fort.

———

Doch nicht Verzweiflung soll vernichten
Die Armen, die Gefall'nen; nicht vergehen
Soll der Unglückliche in seinen Wehen.
Gott ist ein Gott der Gnade!
Horch! Aus der Ferne hallen
Vom nachtumhüllten Paradiese
Himmlische Harmonien
Der Engel, die in heil'gen Weisen
Gottes Macht und Güte preisen.
Und wie die Flüchtlinge betrübt hinwallen
Und immer leiser, immer leiser
Die Lobgesänge hallen,
Flößt, gleich Thautropfen, die
In dunkler Nacht und gold'ner Früh
In Blumenkelche fallen,
Der Himmelsklang in ihre Herzen
Wohlthät'ge Milderung der Schmerzen.
Sie sinken nieder und umschlingen
Sich andachtsvoll *mit brünstigem Gebet*;

Doch immer mehr und mehr verklingen
Die Harmonien in dem Engelchor.
Die Wand'rer heben ihre Händ' empor,
Ergebungsvoll in bangem Sehnen,
Und wo die Worte fehlen, sprechen Thränen.

————

Auf der schroffen Klippe Rand
Und wie seine Felsen kalt,
Liegt K a i n , einer Leiche gleich,
Doch tobt in ihm ein wilder Brand.
Vom trostlos tiefen Höllenreich
Erhebt in grau'nhaft riesiger Gestalt,
Ein Flammenberg im Schooß der Nacht,
Der Geist der Sünde sich vor ihm
Voll Schadenfreude mit verhülltem Grimm.
Zu schaden fehlt ihm noch die Macht,
Doch seine Nähe schon übt die Gewalt
Des Schwachen Willen zu verblenden,
Und Neid und Stolz in's Herz zu senden.
Schon denket K a i n nicht der Eltern Reu' und Schmerz;
Nur ihre Schuld, nur ihr Vergehen,
Nur den durch sie erlittenen Verlust
Läßt ihn der böse Dämon sehen.
Das Mitleid weicht aus K a i n s Herzen,
Stein auf dem Steine wird die Brust,
Und wie der gift'gen Schlange Stachel sticht,
Reizt ihn des Bruders fromme Kindespflicht

Zum Bruderhasse, und kaum seiner selbst bewußt,
Brüllt dumpf ein Fluch wie Donner durch die Nacht.

———

Als Kain aus dem Todesschlaf erwacht,
Erhellt das Morgengrau Gefild' und Hain —
Doch seine finst're Stirne nicht.
Er springt empor vom kahlen Felsgestein
Und starrt mit wildem Blick zum Tageslicht;
Das Allerfreuende erfreut ihn nicht.
Da seine bleichverwilderte Gestalt
Wie Nachtgewölk vom Felsen niederwallt,
Tritt Abel in dem blumenreichen Thal
Entgegen ihm, hold wie ein Sonnenstrahl,
Und bietet freundlich ihm den Morgengruß,
Und drückt auf seinen Mund den Bruderkuß;
Doch Kain stößt mit scheuem Blick
Den Grüßenden zurück.

———

Abel, sanft wie immer, spricht:
„Blick auf zum Himmel! Sieh das Morgenlicht,
„Den Perlenthau, der Blumen Opferduft,
„Der, Bruder, uns zum Morgenopfer ruft!
„Wirf ab, des schweren Herzens düstern Sinn!
„Wer möchte trauern, wenn in heller Freude
„Die Purpurwolken glüh'n
„Und Alles prangt im Festgeschmeide?
„Laß uns zum Opfersteine zieh'n
„Und Arm in Arm, und Brust an Brust

„Mit neuerwachter Lebenslust
„Das Opferfeuer zünden, daß die Düfte
„Aufsteigen in die Himmelslüfte!"

———

Dem Bruder folgt nun Kain schweigend,
Das düst're Haupt zur Erde neigend.
So wandeln sie langsamen Schrittes fort
Bis zu des Opferstein's erhab'nem Ort.
Geschichtet liegen hier des Holzes Scheiter,
Der sanfte Bruder sammelt Harz und Kräuter
Und streut sie betend um den Opferstein.
Aus dem gerieb'nen Holze lodern Flammen;
Sie lodern wehend am Altar zusammen
Mit röthlich gold'nem Schein.
Indeß die Flammen lodern, wirft sich Kain
Mit finst'rer Miene auf den Rasen nieder,
Auf welchem Bruder Abel kniet,
Dem aus der Brust mit heißem Drang
Des Opferliedes heiliger Gesang
Empor zum Morgenhimmel glüht:
        „Walle, Du mein Geist,
        „Wie der Opferduft
        „Hoch zum Himmel auf!
        „Walle, mein Gebet,
        „Wie die Opferglut
        „Rein zum Himmel auf!
        „Sei, o Gott uns gnädig!
        „Und nimm wohlgefällig

„Unfer Opfer an!

„Laß die Tiefgefall'nen

„Sühnen ihr Vergeh'n!

„Laß die Reuigen

„Wieder Gnade finden!

„Und wie die Erd' aus Nacht

„Zum neuen Tag erwacht,

„Laß uns auch neu ersteh'n,

„Daß wir Deinen Willen

„Immer zu erfüllen,

„Daß wir ohne Klagen

„Müh' und Leiden tragen,

„Daß der Eltern Blick

„Wenn sie von uns scheiden,

„Uns noch segne, uns" —

Hier unterbrach den reinen Silberton
Des frommen Betenden
Kain mit bitter'm Hohn:

„Du wagst es, Heuchler, Gottes Huld

„Zu fordern für der Eltern Schuld?

„Wie? für ein Paradies, durch sie verloren,

„Verlangst Du, Frevler, Himmelshuld?

„Den Gott, der uns vertrieben,

„Soll ich anbeten, lieben?

„Fluch ihr, die mich geboren!

„Fluch ihm, der mir das Leben

„Zur Qual gegeben!

„Fluch Dir, der gleich der Schlange

„Mit falſcher Worte ſüßem Klange
„Mir Gift in's Herz will ſenden,
„Durch Heuchelei mich will verblenden." —

———

Er ſpricht's, und ſeine Stimme tönt,
Wie eingeſchloſſ'ner Stürme Wuth
Dumpf in dem Schooß der Erde ſtöhnt.
Abel ſchaudert, betet, ſchweigt,
Und ſeines Opfers Flamme ſteigt,
So rein wie ſeine Bitte und ſein Herz,
Gerad' empor und himmelwärts;
Doch Kains Opferrauch,
Ein dicker, ſchwarzer Qualm,
Sinkt, kaum aufwallend, wieder
Zur Erde nieder,
Als ſucht' er, ſeinen böſen Flüchen gleich,
Gefall'ner Geiſter dunkles Reich.
Und nun, da Neid und Haß in ihm erwacht,
Fällt er anheim der Höllenmacht.

———

Und wie ein Tiger lauernd ruht,
Im Aug' die funkelnd=rothe Glut,
Wenn er die Beute dann erſpäht,
Auffährt, mit einem Sprung voll Wuth
Das zarte Lamm erfaßt
Und im unſchuld'gen Blute praßt:
So ſpringt auch Kain von der Erde
Empor mit wüthiger Geberde,
Ergreift mit wilder Haſt,

Vom Holzstoß einen glüh'nden Ast,
Und schwinget ihn,
Daß ringsumher die Funken sprüh'n,
Mit beiden Armen
Ohn' Erbarmen
Um Abels blondes Lockenhaupt,
Und schmettert ihn zur Erde nieder.
Der fromme Jüngling liegt erblaßt;
Blut rieselt über seine Glieder.
Mit des Gebetes letztem Worte
Schwebt seine Seele zu des Himmels Pforte.

———

Den Arm gehoben wie zum Todesstreiche,
Die Keule krampfhaft haltend in der Hand,
Das Auge starr geheftet auf die Leiche,
So steht der Brudermörder, ein Koloß,
Lautlos und regungslos und athemlos.
Selbst die mittrauernde Natur
Zeigt, starr von Schrecken, keine Lebensspur.
Kein Lüftchen haucht im weiten Raum,
Es regt kein Blättchen sich am Baum;
Die Blume senkt ihr Haupt zur Erde,
Und jedes Thier, mit ängstlicher Geberde
Stumm in die Nacht des Waldes schleichend,
Verbirgt sich matt und keuchend.
Geheimer Schauder wühlt
Durch die Natur; die weite Erde fühlt,
Dem todten Jüngling gleich,

Den erſten Todesſtreich,
Und durch die Wolken aufwärts dringt
Der erſte Todesſchrei, vom Schmerz beſchwingt.

———

Die Schöpfung ſchweigt in Trauerſtille;
In dunkler Morgenwolken Hülle
Verbirgt der Engel Schar
Das ſchmerzenvolle Angeſicht,
Und es verdüſtert ſich des Tages Licht.
Aufjauchzt der Schreckengeiſter Höllenbund,
Und aus der Erde tiefſtem Schlund
Dröhnt dumpf ein Donnerſchlag empor;
Und eine Feuerſchlange
Ziſcht neben K a i n wild hervor,
Und ſchwindet wieder in der Erde Grund.
Da wacht des Brudermörders ſtarres Herz
Aus der Betäubung auf — zu wildem Schmerz;
Er ſieht die Bruderleiche, ſchön im Tod,
Er ſieht das dunkle Himmelszelt
Wie von des Blutes Purpurroth
Graunhaft erhellt,
Brüllt vor Entſetzen, ſchäumt vor Zorn,
Sinkt nieder, rafft ſich wieder auf,
Flieht fort und fort, mit immer raſcherm Lauf
Durch Buſch und Dorn,
Stürzt über nacktes Felsgeſtein,
Stürzt in des Waldes tiefſte Nacht hinein,
Stürzt hin, als hätt' ihn ſelbſt von Mörderhand

Getroffen jetzt der Todesstreich,
Und liegt zerrissen, blutend, todesbleich
An eines Abgrunds jähem Rand,
Unseliger Verzweiflung Bild,
Deß Anblick mit Entsetzen füllt.
Der Geier fährt mit Angstgeschrei
An ihm vorbei,
Und Wolf und Tiger
Bangt vor dem Schrecklichen.
In jedem Flüstern der bewegten Luft
Hört er des Bruders Todesächzen;
Zur Zunge wird ihm jedes grüne Blatt und ruft:
„Flieh, Mörder, unsern Labeduft!"
Die Quelle weicht zurück vor seines Mundes Glut;
Im Wolkenschatten, der vorüber wallt,
Erblickt er bebend eine Schreckgestalt,
In jeder Morgenröthe Purpurflut
Des Bruders himmelan gefloh'nes Blut!
Doch aus den Wolken mild und leise
Tönt himmlischen Gesanges Weise:
    „Weh ihm, aus dessen haßentweihter Brust
    „Die Liebe floh, des Lebens Morgenglut,
    „Des Daseins höchstes Ziel und Gut,
    „Des Menschen Heil, der Engel Lust!
    „Laß, o Gott, uns schuldlos sein,
    „Ewig gut und ewig rein!
    „Rein, wie Du uns schufst zum Leben,
    „Laß uns einst zu Deinem Thron aufschweben!"

Der erste Tod.

Aus einem dichten Nebelschleier
Blickt matt der Sonne düstres Bild hervor,
Umflammt von dunkelrothem Feuer.
Wie Flammenpfeile fallen
Zur Erde ihre Strahlen
Ohne Lichtgefunkel,
Matt und dunkel.
Grauenhaft und trauerbleich
Starrt, der Lampe gleich
In einer Todtengruft,
Die Tageskönigin.
Es weht kein Hauch von Lebensluft;
Die Blume sinkt zur Erde hin.
Es schmachtet Baum und Strauch,
Es schweigt der Vögel Lustgelag;
Gehemmt ist Puls= und Herzensschlag.

Auf einem duftig=grünen Bett
Von Moos und Kräutern lag
Der erstgeschaff'ne Mensch in bitt'rer Qual,
Zu scheiden von dem Lebenslicht;
Es folgt der Tod dem Sündenfall!
Um ihn steh'n seine Söhn': Enoch und Seth.
Von gleichem Todesschmerz durchdrungen,
Hält Eva den Geliebten fest umschlungen,
Und ihre Thränen gleiten auf sein Angesicht.
In Adam's Adern brennet Fieberglut;

Nur mit Zerstörung endet ihre Wuth.

Doch E v a lüftet mit sorgsamen Händen

Die Kräuter, die dem Haupt zum Kissen dienen;

Sie sucht durch Rütteln und durch Wenden

Ihm Duft und Kühlung zu gewinnen;

Sie müht sich, mit dem blonden Haar

Den Schweiß der Stirne ihm zu trocknen,

Sie drückt auf seine Lippen heiß und wund

Mit kühlem Lebenshauch den weichen Mund,

Sie flüstert bang und leise

Mit zarter Liebesweise:

„Verlaße mich, Geliebter, nicht hienieden!

„Laß mich mit Dir hinzieh'n zu Gottes Frieden!"

———

Doch A d a m kämpft mit nimmerruh'nden Schmerzen;

Dumpf bringt die Klag' aus schwerbeklomm'nem Herzen:

 „Lüfte! weht mir Kühlung zu!

 „Haucht mich an und bringt mir Ruh'!

 „Tiefer Quellen kalte Flut,

 „Lösche mir die wilde Glut!

 „Streut auf meine todeswunden Glieder

 „Euern Schatten, hohe Zedern, nieder!

 „Netzt mich mit dem Thau der Mitternacht,

 „Wie die Blume, eh' der Tag erwacht!

 „Flüstert holde Trostesworte!

 „Labet mich mit Liebesblicken,

 „Daß sie an der Todespforte

 „Nur noch einmal mich erquicken!"

 VII. -

„Euer kummervolles Angeſicht

„Trübt der letzten Stunde Licht;

„Dieſes Schweigen — es iſt Grabesſtille,

„Die mir zeigt, wie nah' ich bin dem Ziele.

„Stärkt mich betend auf dem dunklen Pfade!

„Erbittet für mich unſers Schöpfers Gnade!" —

All' die Umſteh'nden, Kinder, Gattin,
Sie ſeufzten tief, ſie ſangen.
Ihre Lieder klangen
Hoffnungslos;
Ihr Gebet erſcholl
Wehmuthsvoll,
Zu preiſen Gott in ſeinen Werken;
Doch nicht gelang's, den Geiſt zu ſtärken
Des unausſprechlich Leidenden.
Vergebens preſſen ſie der edlen Pflanzen Saft,
Die ſonſt dem Schmerze Linderung verſchafft.
Nicht aller Kräuter Balſamfülle
Gibt Lebensgeiſt der morſchen Hülle;
Allein, je mehr die herbe Qual
Den Leidenden durchglüht,
Um deſto ruhiger wird ſein Gemüth.
Er fühlt der Sünde Strafe,
Die Folgen eig'ner Schuld,
Und leidet voll Geduld,
Und hofft, je mehr das Leben flieht,
Auf Gottes Vaterhuld.

Doch immer düstrer flammt der Sonne Glut,
Wie sie auf blutigrothem Wolkenpfad
Dem Untergange naht.
Sie sinkt, und plötzlich stürzt die Nacht
Vom Himmel nieder;
Der Sturm erwacht
Mit sausendem Gefieder.
Die schwarzen Wolken hüllen Berg und Thal;
Der Blitze feuertrunk'nes Schlangenheer
Tobt, sich durchkreuzend, wild umher;
Es dröhnt der Bäume und der Klippen Fall;
In Strömen stürzt der Regen
Dem Sturmgeheul entgegen;
Zum Himmel steigt das Meer,
Es schäumt die Flut,
Und selbst am Wogenschaum
Entbrennt der Blitze Glut.
Auch in der Erde innerm Raum
Erhebt ein Kampf sich von Gewittern;
Der Berge Gipfel zittern
In Wasser jetzt, in Feuer dann gehüllt.
Rings der Zerstörung und des Unterganges Bild,
Als sollte mit des ersten Menschen letztem Hauch
Vergeh'n die Erde, seine Heimat, auch!

————————

Endlich schweigt der Elemente Wuth,
Der Stürme heulendes Getümmel;
Des Blitzes Flamm' erlischt, es sinkt die wilde Flut.

4 *

Im blauen Kleid erscheint der lichte Himmel;
Die Erde strahlt in neuverjüngter Fülle,
Und friedlich walten Ruh' und Stille.
Jetzt, nahe schon der dunklen Todespforte,
Hebt Adam sich empor und haucht die leisen Worte:

    „Nicht zürnend wendet Gott sich von mir ab;
    „Verworfen nicht sink' ich in's dunkle Grab.
    „Kein Wölkchen hat den Sonnenglanz umzogen;
    „Am Himmel strahlt der helle Friedensbogen.
    „Seht! meine Ketten fallen;
    „Frei soll der Geist aufwallen
    „Zu dem Allmächt'gen, dessen Ruf
    „Mich und die Erde schuf.
    „Verloren ward des Paradieses Licht
    „Durch mein Vergehen, meine Schuld;
    „Verloren sei uns Gottes Himmel nicht
    „Und seiner Gnaden Huld!
    „Die Sünde flieht, mit ihr mein Leiden,
    „Und liebend darf ich von den Lieben scheiden."

    Er sprach es, schwieg, und schloß die Augenlieder;
Es schien, er bete noch im Traum.
Die Seinen sanken auf die Knie nieder.
Da plötzlich füllt den weiten Raum
Verklärungshelles Himmelslicht,
Und in dem Strahlenglanz enthüllt
Sich eines Seraphs Bild.
Es gleicht sein schimmerndes Gewand

Dem Schnee im Morgensonnengold;
Ein Palmzweig ruht ihm in der rechten Hand;
Vom Antlitz strahlt ein Lächeln hold,
Und von den Lippen bebt es tröstend mild:
         „Der Friede sei mit euch
         „Und Gottes Reich!" —
Auf Adam's Antlitz strahlt des Engels Licht;
Der Sterbende, sich hoch aufrichtend, spricht:
         „Gott, der mich schuf,
         „Ich folge Deinem Ruf!
         „Geleit', o Himmelsbote,
         „Des Staubes nicht'gen Sohn
         „Empor zu Gottes Thron!" —

Ein Lichtstrahl dringt aus den verklärten Blicken, —
Des Frommen Tod ist ein Entzücken.
Auf den Entschlafenen sinkt Eva hin,
Und ihre heißen Thränen schmücken
Der Leiche starres Lebensbild.
Wohl ihr! Mit ihm, den sie beweint,
Ist, kaum getrennt, sie schon vereint.
Sie trugen einst gemeinsam Lust und Leiden;
Es durfte nur auf wenig Augenblicke
Der Tod sie scheiden.

Des sündigen Geschlechtes Untergang.

Gefallen war durch Kain's Hand der Bruder;
Der Mörder floh; vor ihm floh Ruh' und Glück.
Er floh; sich selbst entfliehen konnt' er nicht;
Ein böser Geist folgt' ihm auf jedem Schritt,
Und alles Leben schauderte vor ihm,
Wie eine Blume vor dem Nordhauch bebt.
Verwünschung säuselt ihm die Luft,
Und Fluch rauscht ihm der klare Bach.
Er flieht; die Sünde flieht mit ihm. Der Frevler
Ward Vater eines Menschenstammes,
Mit dem sich Laster und Verbrechen häuften.
So mußte untergehen ein Geschlecht,
Das, tiefbefleckt, unrein an Leib und Seele,
Den Sündenfall durch Sünden überbot;
Doch mußt' auch, nach des Ewigen Beschluß,
Aus der Vernichtung Grau'n ein neues
Geschlecht hervorgeh'n, gut und rein und fromm,
Denn auch im Todten lebt des Schöpfers Geist,
Und nimmer kann, was je gewesen, je vergehen.

Doch jene Frevler, jene Kühnen,
Fortlebend durch Jahrhunderte,
Sie waren Riesen an Gestalt und Kraft.
Fern von der Wiege stand der Sarg,
Wie eine Wolk' am fernen Horizont.

Im Dunkel der Jahrhunderte verlor
Das Grab sich, das nur uns so nahe liegt,
Nur uns so ernst mahnt an des Lebens Kürze.
Wo war ein Ziel, Furcht Jenen einzuflößen?
Kein Ende ahnend, tobten sie ohn' Ende.
Es schwärmten die Begierden zügellos,
Und Frevel zeugte Frevel,
Wie das Gezücht der Schlangen
Im Höhlendunkel wächst.
Der Vollkraft stachelndes Bewußtsein riß
Zum Mißbrauch hin. Das riesige Geschlecht
Setzt seinen Brüdern frech das Recht der Stärke
Entgegen, Gott verweg'nen Trotz.
Sie fordern Alles, leisten nichts. Sie leugnen
Den Schöpfer, hassen die Geschöpfe,
Und seh'n im Weltall sich allein.
Der Engel Fall heißt ihnen Heldenthat,
Die Tugend Schwäche, Andacht Kinderspiel.
So tobten Streit und Zwietracht ohne Ende.
Was Einem eigen, eignete sich Jeder,
Was Jeden lockte, wollte Keiner missen.
So mußten Tausende vergehen,
Um Raum zu geben Tausenden;
Denn Böses ist des Guten Saat,
Und Ein Jahrhundert zeugt das andere.
Auflösen muß sich jede Dissonanz
Im Jubel allgemeiner Harmonie;

So gründet sich die Weltenhalle
Der Ewigkeit!

———————

    Nie stürzt das Unglück auf des Menschen Haupt
Urplötzlich wie ein Blitz aus heitrer Luft.
Gleich Todeswolken vor dem Ungewitter
Zieh'n warnende Vorzeichen ihm voran.
Sie rücken immer näher, drohender
Heran. Die Sonne flieht; das Schreckbild steht
In banger Himmelsmitte düsterm Raum.
Es sieht der Mensch das Todesheer
Hoch über seinem Scheitel steh'n,
Und achtet's nicht. Des Leichtsinns Taumel raubt
Ihm Zeit und Ernst, zu schauen die Gefahr,
Und der Vernichtung trotzt sein Übermuth.

———————

    Dem Menschen gleicht die Völkerschar.
Vergebens warnt Erfahrung ihn, vergebens
Warnt ihn der Anblick der Natur, vergebens
Warnt ihn sein Schutzgeist, warnt ihn Gott,
Und kommen muß das Strafgericht!
Ja, Gottes Weisheit, Gottes Gnade muß
Ein sündiges Geschlecht vertilgen,
Das immer tiefer in den Abgrund fänke,
Und noch den Adern von Jahrhunderten
Einflößte seiner Sünden Gift.
Aufgehen, wie die Sonne aus der Nacht,
Muß ein sich selbst verjüngendes Geschlecht,

Das Gottes Ebenbild in sich
Und seinen Brüdern liebt und ehrt,
Der Tugend hold, der Ewigkeit gewiß.

———

Zu jener Zeit des Frevels lebt' auf Erden
Nur Ein gerechter Mann mit Weib und Kindern,
Noah, von Gottes Geist beseelt, erkoren
Zum Vater eines neuen Menschenstammes.
Ihm ward geheißen, eine Riesenarche
Zu bau'n, die allen Elementen trotze,
Und in das Schiff des Lebens all' die Seinen
Zu führen, auch von jeder Art
Der reinen Thiere sieben Paare,
Doch der unreinen Ein Paar nur.
Und Noah that, wie Gott befahl.
Gehoben ward die Arche von der Flut
Hoch über der Gebirge höchste Gipfel.
Dreihundert sechzig und fünf Tage stand
Das Flutenheer auf unsichtbarer Erde;
Da wehte Gottes Odem — und es schwand
Das Flutenheer, und neuverjüngt
Trat wie aus einem zweiten Nichts
Die Erde wieder in den Himmelsraum.

———

Im Land Armenia, wo die Fruchtbarkeit
Auf grünem Rasen in dem Schatten
Unzähliger Ölbäume ruht
Und Segensfülle auf die Fluren strömt:

Ragt hoch empor vor den Gebirgsriesen
Das Haupt des Berges Ararat.
Hier fand die Arche, durch so lange Zeit
Der Fluten und der Stürme Spiel,
Endlich den ersten Ruhepunkt.
Auf des Gebirges Gipfel standen jetzt
Drei Jünglinge: Sem, Cham und Japhet,
Des greisen Vaters Noah edle Söhne.
Die Strahlen der aufgeh'nden Sonn' umgaben
Die schönen kräftigen Gestalten
Mit blendendem Verklärungsglanz.
Das Aug' voll Wehmuth, blickten sie zuerst
Hinab zur Erde, einst mit Millionen
Lebend'ger Wesen aller Art erfüllt,
Und überall voll lauten Jubelschalls,
Doch jetzt einsam und still vor ihnen liegend,
Ein schwacher Säugling, dessen Athem
Kaum Spuren seines Lebens zeigt:
Dann aber ward ihr Geist mit Allgewalt
Ergriffen von der Pracht und Schönheit
Und Herrlichkeit der neuverjüngten Schöpfung,
Jetzt für ein edleres Geschlecht der Menschen
Geschmückt zum Tempel seines Glück's.
So ist Jehova's Gnade grenzenlos!
      Selbst wenn Millionen untergehen,
      Läßt er Millionen neu erstehen.

Begeistert von des Anblick's Glorie,
Erwacht in den entflammten Herzen
Der Jünglinge das innigste Gefühl
Von Dankbarkeit und feuriger Anbetung.
S e m schilderte den Untergang
Des sündigen Geschlechtes, J a p h e t
Das Wonneleben der Verjüngung;
Und S e m begann:
„Es regt kein Lüftchen sich, die Erde schweigt.
Am Rand des fernen Horizontes steigt
Ein düsteres Gewölk herauf,
Und immer schwärzer, immer dichter,
Zieht mit kampfgierig wildem Drang
Von Sonnen=Aufgang bis zum Untergang
Das Riesenheer auf grenzenloser Bahn,
Zur Todesschlacht heran.
Nacht deckt des Himmels Sternenlichter.
Ein Herold, der in böser Stunde
Der Welt bringt eine Schreckenskunde:
So bricht mit wilder Hast
Der Sturm hervor und heult und rast,
Und stürzt herab vom Himmelsraum,
Zerreißt die Eiche und den Zederbaum,
Zerspaltet Felsgestein
In tausend Risse,
Zermalmt das Wolkenheer
In Regengüsse,
Und facht der Blitze Glut.

Bach, Strom und See entweicht
Vor seiner Wuth,
Und wird zur Todesflut.
Die Blumenflur, den Dom der Wälder,
Der Wiesen Grün, die gold'nen Ährenfelder,
Des Sommers mit dem Herbst vereinte Pracht
Verschlingt des Wassers wilde Macht.
So weit das Auge reicht
Bedeckt ein grauer Spiegel
Einförmig, unabsehbar Thal und Hügel!"

———

„So schwanden Tage hin, schwarz wie die Nacht,
Da weder Mond noch Stern am Himmel wacht.
Der Morgen kam, doch ohne Strahlen;
Fort heult der Sturm, und Regenströme fallen.
Fort braust anschwellenden Gewässers Menge;
Drein ächzen der Trostlosen Klaggesänge.
Und immer schwärzer zieht in Todesnacht
Der Wolken blitzbelad'nes Heer.
Der Himmel senkt sich in den Meeresgrund,
Und aus dem tiefsten Schlund
Steigt himmelan das Meer.
Nirgend ein Ufer, nirgend eine Küste;
Entvölkert ist der Erde Wasserwüste.
Nur auf der Berge Gipfeln wallt
Noch lebende Gestalt.
Gestachelt von des Hungers Qualen
Und ihrem Ende nahe, fallen

Raubthier und Mensch sich an, beim Todesfeste
Kämpfend um ekler Nahrung letzte Reste.
Die Schlange ringelt scheu und zahm
Sich um der höchsten Zedern Stamm,
Indeß der Adler, aus der Höhe stürzend,
Mit blut'ger Krallen Riesenkraft
Raubthier' und Menschen zu den Wolken rafft.
Verwildert und verzweifelnd steht der Mann
Und starrt, selbst leichenstarr, die Leichen an;
Die Weiber flehen,
Bleich, mit gerung'nen Armen
Um Hilfe, um Erbarmen
Den Himmel an, den sie nicht sehen,
Indeß der Säugling weint und ächzt,
An nahrungsloser Brust nach Nahrung lechzt
Mit kläglichem Gewimmer.
Die Mutter klimmt wie ein gejagtes Reh
Von Fels zu Fels mit ihrem Kind, mit ihrem Weh;
Sie eilen; schneller eilt des Wassers Wuth.
Es sinken Kind und Mutter in die Flut.
Von Zeit zu Zeit erscheint ein kühner Schwimmer
Auf einer Felsentrümmer,
Doch bald wird er dahingerafft
Mit seiner letzten Kraft;
Das falsche Klippenschiff
Zerschmettert ihn am Felsenriff,
Und spurlos sinkt er in den tiefen Schlund.
Vergebens mild, reicht nun

Der Feind dem Feind' zum Bund
Am Grabesrand
Die Retterhand;
Nicht frommt's, wenn bitterm Haß im Leben,
Der Tod erst muß Versöhnung geben!
Verzweifelnd halten sich
Auf höchster Felsenspitze
Zwei Liebende umschlungen;
Es stürzt, zermalmt vom Blitze,
Der Fels, die Liebenden mit ihm.
So enden Schmerz und Glück
Im letzten Kuß, im gleichen Augenblick!"

————————

„Verstummt ist Klag' und Wehgeschrei,
Die Erd' ein weites Todtenmeer.
Leichname schiffen ringsumher;
Umflammt von Donnerkeulen,
Und über ihnen heulen
Die Stürme ihren Grabgesang
Zum allgemeinen Untergang.
Nun weicht der felsenfeste Grund;
Es öffnet sich der Erde Schlund,
Und Berge stürzen, Städte fallen
Mit ihren Lastern und mit ihrer Pracht
In die lichtlosen Hallen
Der ew'gen Nacht.
Hoch über der Vernichtung schwebt,

In Schrecken eingehüllt,
Des Todesengels Flammenbild!" —

———

    Sem schwieg. Die Arme kreuzend auf der Brust,
Hob Japhet das gesenkte Lockenhaupt,
Und sanft entschwebten seinem Mund' die Worte:
    „Geendet war das Strafgericht.
Der Regen stürzt nicht mehr in Strömen nieder;
Erloschen ist der Blitze Glut,
Entfloh'n die Wasserflut.
Am schwarzen Flor der Nacht glänzt wieder
Der Sterne und des Mondes Licht;
Lau weht der Lüfte sanfter Flügel
Und kräuselt kaum den Wasserspiegel.
Am dämmernd stillen Himmel zeigt
Im goldbesäumten Wolkenraum
Das purpurhelle Morgenroth
Sich schön wie eines Engels Traum,
Und kündet Gnade, kündet Gott.
Auftauchen nun der Berge Gipfel,
Der Fluren Schmuck, der Wälder Wipfel,
Mit frischem Grün belaubt,
Und Silberbächlein spielen klar und mild
In ihren alten Betten durch's Gefild.
Nach einer langen Todesnacht
Erhebt sich über des Gebirges Haupt
Der gold'ne Sonnenstrahl
Zum ersten Mal

In seiner Pracht;
Er senkt sich nieder,
Um endlich wieder
Die Erde zu begrüßen
Mit seinen Feuerküssen.
Im Schöpfungsraum herrscht heil'ge Stille,
Die nur ein leises Säuseln unterbricht.
Und sieh! Wie eine Botin Gottes
Schwebt glänzend eine weiße Taube;
Bestrahlt von Gold und Purpurlicht,
Trägt sie den Ölzweig mit dem jungen Laube.
  „Geendet ist, o Gott, Dein Strafgericht,
   Und wir sind Deine Kinder wieder!
    O nimm uns gnädig auf zu neuem Bunde!"
So tönt's aus Vater Noah's Munde.
Alle sinken auf die Knie nieder;
Durch die feierliche Stille schallen
Schüchtern leise Dankeslieder,
Und Alles, was da lebt und fühlt,
Entflieht der Arche, eilt hinaus
In Gottes unermeßlich schönes Haus.
Und aus des Rasens frischem Grün
Steigt plötzlich ein Altar empor;
Ihn würdig auszuschmücken blüh'n
Der Blumen Tausende hervor,
Und ringsumher in weiten Kreisen
Steh'n die Geschöpfe aller Art,
Sie stehen liebehold gepaart,

Ein glücklicher, ein lebensfroher Chor,
Um Gott den Herrn zu preisen
In mannigfalt'gen Weisen.
Und plötzlich hat ein Regenbogen
Sich durch den Äther hingezogen.
Des farbenglüh'nden Doms Pilaster reichen,
Der Gnade und des Friedens Zeichen,
Verklärend und verklärt,
Aus des versöhnten Himmels Reichen
Hernieder zu dem Opferherd.
Mit dem Geschöpf, Ihm lieb und werth,
Vereint in dieser schönen Stunde
Der Schöpfer sich zum neuen Bunde.

Nachwort.

Das Andenken an die Schrecknisse einer vertilgenden Sündflut hat sich in den Sagen vieler Völker erhalten. Hieher gehört jene der Insel Samothrake, jene zur Zeit des Königs Ogyges in Attika, die Deukalionische, eine babylonische, welche Berosus erzählt, eine syrische, von Luzian beschrieben, eine indische, und eine chinesische. Selbst die Kamtschadalen und Grönländer sprechen von einer solchen Todesflut; eben so in Amerika die Brasilianer und die Einwohner von Florida. Die Oronokesen, deren Sage der griechischen von Deukalion und Pyrrha sehr ähnlich lautet, hegen noch jetzt vor einer neuen Sündflut eine so ungeheuere Furcht, daß sie sich bei heftigen Regengüssen, des nahen Unterganges gewärtig, in ihre Hütten verbergen.

Abraham und Isaak.

Schon hatten sich die Nachkommen des Noah auf der neuverjüngten Erde verbreitet. Von Sem, Noah's ältesten Sohne, stammte in der achten Generazion Abraham, geboren zu Ur in Chaldäa, ungefähr zwei tausend Jahre vor Christi Geburt, er, von Gott bestimmt, der Stamm=vater des hebräischen Volkes zu werden.

Als nun die Bewohner von Chaldäa dem Götzendienste sich ergaben, verließ Abraham, der Stimme des Herrn folgend, das entheiligte Land. Ihm zur Seite wandelte sein Weib Sara, auch Lot, der Brudersohn. Ihnen folgten viele Knechte und Mägde mit den zahlreichen Heerden.

So zog das fromme Hirtenvolk durch das, vom Euphrat und Tigris umflossene Mesopotanien, nach dem gesegneten Lande Kanaan, wo Abraham einen Altar errichtete und Gott den Einigen, Ewigen, Allmächtigen verkündete. Aber wie die Schlange unter den Blumen, so wohnt die Zwie=tracht, das Kind des Hochmuths und der Habsucht, unter den Menschen. Unter den Hirten Abrahams und Lot's erhob sich mancher Streit um den Besitz der besten Weide=plätze. Der menschenfreundliche Patriarch sah in einer Tren=

nung das ſicherſte Mittel zur Vermeidung des Unfriedens,
und er ſprach zu Lot: „Laß nicht Zank ſein zwiſchen Dei=
nen Hirten und meinen! Offen ſteht Dir das ganze Land.
Ich bitte, trenne Dich von mir! Zieh' hin zur linken oder
zur rechten Seite; mir bleibe die andere!" —

Da zog Lot, ein Freund des Weltgetümmels, in die
Stadt Sodom, in der Gegend am Fluße Jordan. Das
Land glich einem Garten Gottes, die Bewohner waren aber
böſe und ſündig. Abraham wählte den Hain Mamre in
der Landſchaft Hebron zu ſeinem Wohnſitze, in deſſen hei=
liger Stille er abermals die Stimme des Herrn vernahm,
die Stimme der Verheißung: „Ihn herrlich und groß zu
machen in ſeinen zahlreichen Nachkommen." —

Lot aber fühlte bald die Folgen des im Schooße der
verderbten Stadt erſtickten Sinnes für das Beſſere und Hö=
here. Kedor Laomor, ein mächtiger König von Elam
(Perſien) überfiel, von Raubſucht getrieben, das reiche Land
des Königs von Sodom und ſchleppte Schätze und Menſchen
als Beute weg. Auch Lot mit all' den Seinigen, mußte
dem Sieger als Sclave folgen; aber kaum hatte der fromme
Patriarch den Frevel vernommen, als er, den frühern Zwiſt
und die Trennung vergeſſend, ſeine Knechte bewaffnete, den
Feinden nachſetzte, ſie ſchlug, die Beute ihnen wieder ab=
nahm und Lot ſammt den Übrigen befreite. Solcher Muth
ward hochgeprieſen. Die Könige von Sodom und Salem
zogen dem Zurückkehrenden begrüßend und dankend entgegen.
Der Erſtere bot ihm ſogar den ganzen Theil der ihm gehö=
rigen Beute und Sclaven an; allein Abrahams Edel=

muth war noch größer als sein Heldenmuth. Er schlug das
Geschenk aus, und verlangte nur den Segen Melchise=
dechs, des Priester=Königs von Salem.

Noch ein höherer Segen wurde Abrahams edler
Frömmigkeit bald zu Theil. Gottes Verheißung, daß seine
Nachkommenschaft zahlreich wie die Sterne am Himmel
werden sollte, war noch nicht in Erfüllung gegangen. Sara
blieb unfruchtbar. Großmüthig nach orientalischer Sitte,
und gebeugt von dem Schmerze, kinderlos zu sein, gesellte
sie selbst dem Gatten die egyptische Magd Hagar, bereit=
willig, die von derselben gebornen Kinder an Kindesstatt
anzunehmen. Hagar, sich schwanger fühlend, ward hoch=
müthig und vergaß, unterthänig zu sein der Frau. Sara
bat nun den Gatten, die Hochmüthige aus dem Hause zu
entfernen. Abraham erwiederte der klagenden Gattin:
„Deine Magd ist in Deiner Gewalt; thue mit ihr, wie es
Dir gefällt!" — Da floh Hagar in die Wüste. Der Ver=
zweifelnden erschien ihr guter Engel — der Geist der
Demuth. Sie kehrte zurück in Abrahams Hütte und
gebar ihm einen Sohn, Ismael, den Stammvater, der
wild umherschweifenden Araber.

———————

Einst, als des Mittags Sonnenglut die Erde
Wie einen Brandaltar entzündete,
Saß in des Mamre lüftekühlem Hain
Des Patriarchen kräftige Gestalt.
Die Lüfte scherzten mit den Silberlocken,

Die wie ein Kranz um das erhab'ne Haupt
Sich wanden, und sein Geist versank in eines
Halbwachen Schlummers Fantasienspiel.
Ein Lichtgemisch von Gold und Purpurschmelz
Schien in Verklärung vor ihm aufzugeh'n,
Und als das Auge in der Außenwelt
Erspähen wollt', was er im Innern sah,
Erblickt er drei Gestalten vor sich steh'n,
So menschlich traut, so himmlisch hold.
Erhaben, liebreich, groß und würdevoll,
Stand eine männliche Gestalt, und ihr
Zu beiden Seiten standen blühend schön
Zwei Jünglinge, in deren Augen das
Entzücken mit dem heiligen Ernst verschmolz,
Und Abraham, erfüllt mit Ehrfurcht, und
In der Erscheinung höh're Wesen ahnend,
Sprach: „Ruhet aus, ihr hehren Wanderer,
Hier unterm Laubdach dieses Baumes,
Der Schutz und Schatten meiner Hütte gibt,
Und labet euch an Milch und Brot und Frucht!
Die Erde nährt den Leib, die Seele Gott." —
Die hehren Wand'rer setzten sich und ruhten,
Erquickten sich an Milch und Brot und Frucht,
Und sprachen holde Worte mit dem Wirth,
Der ohne Scheu sich des Gesprächs erfreute,
Denn Himmlisches war ja nicht fremd dem Mann,
Der noch den Himmel trug in seiner Brust,
Den Gott dem Menschen gab, als er sie schuf.

Ihm sprach die Stimme Gottes aus dem Herzen,
Und Engel nannt' er Brüder seines Glücks.

_____

Als nun die Himmelspilger ausgeruht
Und sich erlabt, verließen segnend sie
Den Mann, der gastlich sie willkommen hieß;
Dann schwanden sie, von Baum und Hütte fern,
Wie sich der Abendsonne Glanz
Im purpurlichten Meer verliert.
Des Patriarchen Seele aber füllte
Ein himmlisches Entzücken, und er sank
Im schweigenden Gebet auf's Angesicht.
Als nun die Dunkelheit der Nacht
Die Hütte und den Hain umgab
Und Schlummerruhe leise athmend
Still waltete, vernahm der Patriarch
Des Todesengels Schreckensworte:
        „Beschlossen hat der Herr den Untergang
        Der Städte Sodom und Gomorrha,
        Die frevelnd Sünd' und Missethaten häufen,
        Zum Hohn des Menschen gleich dem Thiere leben." —
Und Abraham erhebt, von Schreck ergriffen,
Da fremdes Unglück ihn wie eig'nes trifft,
Sein Haupt, und schreitet vor die Hütte.
Und sieh! Getroffen von furchtbarem Glanz,
Schließt sich sein Aug', geblendet und durchbohrt.
Die Erde bebt; in ihren Tiefen tost
Des Sturms Geheul mit dumpfem Donnerbrüllen;

Der Boden birst; Abgründe öffnen sich;
Ein rothes Flammenheer steigt prasselnd auf,
Und aus der Höhe stürzt ein Feuerregen
In blau und schwefelgelber Leuchtung nieder.
Die Giebel der Paläste stürzen krachend ein,
Und wo der Stolz der beiden Städte sonst
Geprangt in seiner Sünden Übermuth,
Da brauset nun in düsterrother Glut
Ein wildbewegtes Flammenmeer.
Geheul steigt auf zum nachtverhüllten Himmel,
Dann tiefes Schweigen ringsumher, —
Die stolzen Lasterstädte sind nicht mehr!

———————

Wir kehren zu Abraham zurück, dem Sara, nach
der Verheißung Gottes, den Sohn Isaak gebar. Aber es
geschah bald, daß Isaak und Ismael sich so wenig ver-
trugen, als Sara und Hagar. Nur durch Verstoßung
der Letztern ward die häusliche Eintracht und Ruhe wieder
hergestellt. Sie verließ zum zweiten Male Abrahams
Hütte und verirrte sich mit ihrem Sohne Ismael in der
Wüste bei Bersaba, wo sie nicht einmal Wasser fanden, um
die Qual des brennenden Durstes zu mildern und ihr Leben
nothdürftig zu fristen. Die Kräfte weichen; sie sinken zu
Boden.

So weit das Auge reicht, kein Baum, kein Strauch!
Des Samums giftig glüh'nder Hauch,
Gleich einem bösen Geiste, zieht
Betäubend, athemhemmend,

Alle Glieder lähmend,

Hin durch der Wüſte unermeßliches Gebiet;

Er treibt des Sandes heiße Wellen

Nach allen Seiten, allen Stellen.

Der Knabe, mit dem Tode ringend,

An einem Felsgerippe hingeſtreckt,

Hält, bleich, die bleiche Mutter, bang umſchlingend.

Nacht hat ſeiner Augen Licht bedeckt;

Nur ſein Ächzen zeigt noch Lebensſpur.

Doch der Unſchuld Fleh'n, zum Himmel dringend,

Hat des Himmels Hilf' erweckt.

Und ſieh! Wie kaum vorher die hellen

Thränen aus der Mutter Augen quellen,

Alſo plötzlich aus dem Schooß der Erde bricht

Eine Quelle, friſch und ſilberlicht,

Und jeder Tropfen ſpricht:

„An Gottes Gnade zweifle nicht!" —

———

So zog denn H a g a r mit dem geretteten Sohne nach
Egypten, ihrem Heimatlande. Nicht minder dem Tode nahe
befand ſich der kleine I ſ a a k, denn Gott, der in die Her=
zen der Menſchen ſieht und Prüfungen über ſie verhängt,
damit die Tugend ſich läutere, wie das Gold im Feuer, —
Gott, der Herr, forderte von A b r a h a m ſein Liebſtes, ſei=
nen Sohn Iſaak, zum Brandopfer. Der Patriarch, ſtets
bereit, das Gebot des Höchſten zu vollziehen, ſäumte nicht,
und beſtieg mit dem holden Knaben in der heiligen Feier
des Morgens den Gipfel des Berges Moria.

Das Haupt gesenkt in Demuth,
Die Augen feucht vor Wehmuth,
Klimmt A b r a h a m die steile Bergesbahn
Still und ernst hinan;
Er führt an seiner Hand
Den Liebling, den ihm Gottes Huld gesandt,
Und den er nun dem Geber opfern soll.
Schon hat er von weißglänzendem Gestein
Hoch auf dem Gipfel den Altar erbaut;
Auflodert schon der Flammen rother Schein,
Und manche Vaterthräne thaut
Vom Angesicht und stirbt schnell in der Glut.
Der Knabe sieht's und spricht:
„Mein Vater, sieh! Ich weine nicht.
Bist Du bei mir, ist Alles gut." —
Und A b r a h a m: „Ja, holder Knabe! Gott
Ist Vater von uns Allen
Und seinen Kindern immer nah.
Drum darf der Muth uns nie entfallen,
Verlangt er auch all' unser Habe,
Verlangt er selbst des L e b e n s Gabe;
Gott ist gerecht, allweise sein Gebot;
Sein Wink gibt Nacht, gibt Morgenroth.
Wer nicht in Leid und Freud ihm kann vertrauen,
Wird s i c h nie selig, I h n nie herrlich schauen.
Sohn, einst zur Freude mir geboren!
Es hat der Herr zum Opfer Dich erkoren,
Am Brandaltar muß Dich der Vater tödten,

Muß diesen Stahl mit Deinem Blute röthen.
Die Thräne fällt zur Erde nieder,
Doch aufwärts muß die Flamme wallen:
So sinken in das Grab des Leibes Glieder,
Der Geist schwebt zu des Himmels Hallen.
Entkleide Dich der leichten Hülle,
Und küße mich, und schließ die Augen zu!
So ist es Gottes Wille:
Ich muß gehorchen, — bluten Du!" —

Leise schluchzend sinkt,
Lilienblaß in seinem Harm,
Der Knabe in des Vaters linken Arm.
Das Antlitz abgewandt,
Hebt der Greis die rechte Hand
Zum Himmel auf; —
Es blinkt der Stahl, — und sieh!
Der Himmel thut sich auf,
Da, wo der Mensch auf Gott vertraut,
Und aus den Höhen tönt wie Engellaut
Die Segenskunde:
"Laß ab vom Stoß der Todeswunde!
Du hast des Herrn Gebot geehrt,
Und Dein Vertrauen ist bewährt.
So finde denn in Deinem Sohn,
In welchem Du mehr als Dein eignes Leben,
Dem Wink des Herrn gehorsam, wolltest geben,
Bestand'ner Prüfung Lohn!" —

Da hob Abraham (sagt die heilige Urkunde) — seine Augen auf, und er sah hinter sich einen Widder mit den Hörnern in die Zweige des Gesträuches verwickelt hangen, und er zog den Widder hervor, und trug ihn zum Altar, und schlachtete ihn zum Brandopfer an des Sohnes Statt. Gott hatte dem Patriarchen Mesopotamien als das Land bezeichnet, aus welchem er ein Weib für seinen Sohn Isaak wählen solle, Abraham gab dem redlichen Hausvogt Elieser den Auftrag, um eine Gattin für den Jüngling zu werben.

Schon zog der treue Diener dahin mit zehn Kamehlen, alle reich beladen mit Brautgeschenken. So kam er zur Stadt des Nachor, Abrahams Bruder, der nicht mehr am Leben war. Vor der Stadt lagerte er sich an einem Brunnen, wohin, nach der einfachen Sitte und Lebensweise jener Zeit, die Jungfrauen aus der Stadt zu kommen pflegten, um Wasser zu holen.

Elieser, überzeugt, daß alles menschliche Beginnen nur durch Gottes Beistand gedeihen könne, flehte nun zu dem Allmächtigen und schloß sein Gebet mit den Worten: Wenn nun eine Jungfrau kommt, zu der ich spreche: „Neige Deinen Krug und laß mich trinken!" und sie wird sprechen: „Trinke! Ich will auch Deine Kamehle tränken;" o dann laß sie Diejenige sein, die Du selbst Deinem Diener Isaak bestimmt hast, und laß mich daran erkennen, daß der Strahl Deiner Gnade meinen geliebten Herrn traf!" —

Kaum schwieg der treue Knecht, als schon
Erhörung kam von Gottes Thron.
Ein Mägdlein, rosig, schlank und mild,
An Blick und Miene himmelrein,
Der zarten Sitte schönstes Bild,
Tritt schwebend leicht zum Quellgestein.
Auf sanftgewölbter Schulter trug
Sie zierlich einen Wasserkrug;
Sie füllt ihn aus dem Silberquell,
Gleich ihren Augen leuchtendhell.
Mit freudigraschen Herzensschlägen
Geht Elieser ihr entgegen:
„Vergönne, holder Jungfrau'n Zier,
Des Trunkes süße Labung mir!"
Rebekka neigt sich, schwenket leicht
Den Krug auf ihre Hand, und reicht
Dem Frohen freundlich ihn zur Labe.
Und als er danket für die Gabe,
Spricht sie: „Auch den Kamehlen
Soll nicht Erquickung fehlen!" —
Und rührig eilt sie, schöpft vom Neuen,
Daß Mensch und Thiere sich erfreuen.
Elieser sieht im lieblichen Bemühen
Des Mädchens Herzensgüte glühen,
Und danket Gott, der solchen Lohn
Verleihen wolle Abraham's Sohn.
Und einer Spange gold'nen Kranz,
Armringe, reich an hellem Glanz,

Kleinodien von selt'ner Art
Und Kleiderstoffe schön und zart,
Nimmt er von der Kamehle Rücken,
Die holde Jungfrau hold zu schmücken.
Rebekka fühlt ob solcher Pracht
Mit Lust zugleich die Scham erwacht,
Und freudig scheu und leuchtendhell
Fliegt sie zur strengen Mutter schnell,
Die, froh erstaunt, als eine Braut
Geschmückt das bange Mädchen schaut.
D'rauf schreitet Vater Bethuel
Mit Bruder Laban aus der Hütte,
Den Werber freundlich zu begrüßen.
Da spricht der treue Knecht die Bitte,
Und wie sein Flehen um die Braut
Zuerst er Gott dem Herrn vertraut,
Und wie der Höchste ihn erhört
Und selbst das Zeichen ihm gewährt. —
Da eilen Alle, Gottes Willen
In Freud' und Demuth zu erfüllen.
Rebekka fühlt ihr Herz entzündet
Wie von des Himmels eig'nem Strahl,
Und ehrt der höhern Fügung Wahl,
Die selbst das Glück der Liebe gründet.
Schon ruht sie, liebreich zum Entzücken
Auf des Kamehls gewölbtem Rücken,
Und viele Dienerinnen zieh'n
Mit ihr zum fernen Gatten hin,

Den auch ihr frommes Herz erkennt,
Weil ihn des Himmels Stimme nennt.
Verschwindend schon auf fernen Wegen
Vernimmt sie noch der Eltern Segen.

———

Schon brennen Wiese, Wald und Flut
In abendlicher Purpurglut,
Und Duft umhüllt
Mit blauem Schleier
Der Dämm'rung heilig stille Feier.
Mit himmlischem Entzücken
Die Brust erfüllt
Und Andacht in den milden Blicken,
Schreitet aus dem Vaterhaus
Isaak auf die Flur hinaus;
Da beugt er mit demüthiger Geberde
Das Knie zur Erde,
Das aufwärts schau'nde Angesicht
Verklärt vom Himmelslicht.
Sein Gebet steigt auf zu Gott,
Glühend wie das Abendroth,
Und von den lichten Höhen kehrt sein Blick
Zur dunkeln Erde spät zurück.
Da sieh! im letzten hellen Schimmer —
Es wallen mit gemeff'nem Schritte
Kamehle nach des Vaters Hütte,
Und viele Männer, viele Frauen
Erscheinen, herrlich anzuschauen;

Doch herrlicher als Alle strahlt
Rebekka's liebliche Gestalt.
Dem frommen Jüngling deucht, was er erblickt,
Ein Himmelsbild,
Das ihn im Traum entzückt,
Die Seele mit Erstaunen füllt.
Verstummend und zurückgebeugt,
So kniet er, ohne sich zu regen;
Nur in den raschen Herzensschlägen
Des Innern Sturm und Drang sich zeigt.
Und auch Rebekka, wie sie ihn erblickt
Im lichtumflossenen Gefild,
Glaubt, hoch entzückt,
Zu schauen himmlischer Erscheinung Bild.
Und als der treue Knecht ihn schnell erkennt,
Und ihr des Gatten Namen nennt,
Rebekka vom Kamehle fliegt,
Verhüllend schamhaft in den Schleier
Der Blicke und der Wangen Feuer.
Im Glanz des Himmels und der Liebe nah'n
Die freundlichen Gestalten sich, und blicken
In frommer Schönheit voll Entzücken
Sich schweigend an,
Und reichen sich die Hand zum Gruß;
Die Lippe glüht — und träumt sich nur den Kuß.
Der Abend webt mit seinem schönsten Glanz
Um ihre Häupter den Verklärungskranz,

Und wie vereint sie nach der Hütte wallen,
Läßt Abraham den Segensruf erschallen.

Jakob.

Die erste Frucht der Ehe Isaaks war,
Vereinend Leid und Freud', ein Zwillingspaar:
Jakob und Esau, Brüder durch Geburt,
Doch weder an Gemüth, noch an Gestalt.
An Leib und Seele rauh, an Worten karg,
Das Herz der Liebe fremd, den Mund dem Lächeln,
Das Auge stechend, List und Trotz im Blick,
Zur Erde starrend oder seitwärts streifend,
Doch nie in einem andern Aug' sich spiegelnd,
Noch minder je dem Himmel zugewandt:
So irrte Esau stets durch düstrer Wälder Nacht,
Umfaßte manchen Baum und brach den Stamm,
Als wär's der Stengel einer zarten Blume.
Horch! Er vernimmt des Löwen dumpfes Brüllen,
Da strahlt das düst're Aug' von wilder Freude;
Noch schrecklicher erschallt die eig'ne Stimme.
Er tobt durch das Gesträuch, zertritt, zerreißt,
Was in den Weg sich stellt. Schon steht er keuchend
Dem Könige des Waldes gegenüber.
Der Leu entsetzt sich vor dem Schrecklichen;
Er flieht; der wilde Jäger stürzt ihm nach,
Ereilt den Flüchtigen, faßt ihm die Mähne

VII.

Und ringt mit ihm. Zu Boden sinken Beide,
Umfassen sich und kämpfen, drücken, würgen.
Nach einer Stunde springt der Jäger auf,
Vor ihm liegt zuckend der gewürgte Leu.
Die Hände und das Kleid mit Blut befleckt,
Kehrt Abends er zurück zur Vaterhütte,
Verschlingt einsam, was ihm die Mutter reicht,
Vermeidet jedes trauliche Gespräch,
Und sinkt zu schwerem Schlaf auf's Lager hin,
Wo wilde Träume ihn noch mehr
Zur Wildheit stacheln. Der Unglückliche!
Er kennt nicht Kindeslieb', nicht Bruderliebe.
Wohl hallt ein sanfter Laut vom Fels zurück,
Doch findet Mutterbitte nie
Ein Echo in der Brust von Stein;
Wohl saugt die Blum' den Abendthau in sich,
Doch Mutterthränen blieb sein Herz verschlossen.

———

Wie Tag sich unterscheidet von der Nacht
Und Frühlingsmilde von dem Winterfrost,
So unterschied sich auch der Brüder Wesen.
Ein Morgenroth von holder Freundlichkeit
Lag auf dem Angesicht des jüngern Jakob,
Der, Liebe suchend, Liebe fand.
Hold klang sein Wort, noch holder sprach sein Aug'.
Der Mutter Wunsch zu ahnen war sein Streben,
Dem Wink des Vaters folgte er,
Mit Lust, wie eine Sonnenblume
Sich gerne nach der Sonne wendet,

Und beider Eltern Zärtlichkeit
Vereint im holden Jüngling sich.
Den wilden Esau freute Nacht und Sturm,
Des Bergstroms jäher Sturz zum Höllenschlund,
Gebrüll des Donners, Blitzes Feuerschlangen,
Der Wolken Todesheer in ew'ger Flucht.
Des sanften Jakob's heiteres Gemüth
Erfreute sich am stillen Morgenhimmel,
Am Mondeslicht in milder Sternennacht.
Bewundernd und entzückt sah er die Blume;
Der Bach, der murmelnd über Kieseln spielt,
Der Bäume Flüstern und der Vögel Lied,
Sie tönten seiner Seele Harmonie;
Mit Stolz erfüllte ihn des Vaters Lob,
Und wenn ein Lächeln auf der Mutter Antlitz
Sich hold ergoß, schien ihm der Himmel offen.
Ertrotzen wollte Esau, was er wünschte;
So fliegt ein Stein, wie ihn die Schleuder schnellt,
Und weichen mußte Alles seinem Sinn,
Wie Schlag der Axt Holz spaltet, Steine trennt:
Doch Jakob's Seele mit den sanften Wünschen
Und des liebvollen Herzens Lust und Leid,
Sie spiegelten sich in der fremden Seele
Wie Blume, Baum und Himmelsblau im Bach,
Sie spielten über fremde Herzen hin
Wie Lüfte über Saiten, deren Klang
Den Geisterküssen leis' entgegen haucht.

———

6 *

Esau, der Zwilling' Erstgeborner,
Ein Sklave nied'rer Leidenschaft
Und ungezügelt den Begierden fröhnend,
Nahm sich den Augenblick zu seinem Gott,
Und nichts war ihm zu theuer, das er nicht
Entbrannter Lust zum Opfer brachte.
Einst labte Jakob sich an einem Lieblings=
Gerichte. Esau sieht's; des Gaumens Gierde
Erwacht mit wildem Ungestüm,
Und hastig spricht er zu dem Bruder: „Gib
„Mir das Gericht und ford're, was Du willst!" —
Und Jakob: „Ist so mächtig Dein Gelüst,
„Daß Du dafür verzichten wolltest auf
„Das Recht der Erstgeburt?" — Und Esau höhnt:
„Das Recht der Erstgeburt? was frommt es mir?
„Macht es mich froh? gibt's mir Unsterblichkeit?
„Dein sei es für das köstlichste Gericht.
„Genießen muß ich's, kann nicht widerstehen.
„Ein solcher Augenblick wiegt Jahre auf.
„Sei, Schwächling, Dein das Recht der Erstgeburt!
„Mir ward die Kraft; in ihr liegt alles Recht,
„Und nichts ist alles Recht, fehlt ihm die Kraft zum Schutz.
„Nimm hin, Du Armer, meinen Überfluß!
„Ich könnte, was mich lüstet, mit Gewalt
„Dir nehmen, könnte Leibgericht und Leben
„Dir nehmen. Zitt're nicht! Hab' Muth, Muthloser!
„Es bleibe Dein — ich schwör' es Dir —
„Das Leben und die Erstgeburt!" —

Er faßte nun den vollen Topf,
Verschlang mit gierig wilder Hast
Das dampfende Gericht, warf sich
Zur Erd' und fiel in tiefen Schlaf.
Als Isaak nun, der blinde Greis,
Des Sohnes Schmach vernahm, trat Glut
Des Zornes ihm in's Aug' und auf die Wange.
Er sprach: „Nicht bist Du würdig, Esau, daß
„Das Recht der Erstgeburt Dich schmücke!
„Verloren sei es Dir für nun und immer!"
D'rauf wandt' er sich zu Jakob hin, und legte
Die Hände segnend ihm auf's Haupt, und sprach:
„Sei Du nun Deiner Brüder Herr!
„Verflucht sei, wer Dir fluchet!
„Gesegnet, wer Dich segnet!" —
Als die Besonnenheit in Esau wieder
Erwachte, ward er seines Bruders Feind
Und strebte, mit dem Leben ihm das Recht
Der Erstgeburt zu rauben. Jakob floh
Das Haus des Vaters und des Bruders Rache.

———————

Erloschen ist der Sonne Feuer,
Schon kommt die Nacht, gehüllt in Trauer;
Sie blickt mit ihrem Geisterschauer
Hervor aus Wald und Kluft;
Sie legt den thaubenetzten Schleier
Auf Berg und Flur,
Und birgt dem Wand'rer jedes Pfades Spur.
Jakob, den Dunkelheit und Furcht verwirren,

Steht bebend still nach langem Irren,

Dann sinkt er, muth= und kraftberaubt

Zur Erde nieder, legt das Haupt

Auf einen Stein,

Und schlummert ein.

Da sieht er in dem Dunkel

Plötzlich ein Glanzgefunkel,

Das bildet eine Strahlenleiter,

Die auf der Erde steht, doch immer weiter

Mit ihren Sprossen ohne End'

Emporragt bis an's Firmament;

Wie auf des Lebensbaumes gold'nen Zweigen

Hell leuchtend auf= und niedersteigen

Der Engel Huldgestalten

Mit frohem, eifrig leisem Walten.

Da schloß sich auf sein inn'rer Sinn

Für höhern Lebens himmlischen Gewinn;

Sein Geist entbrannte

Und er erkannte:

Des Erden = Daseins Stufenleiter,

Sie führ' uns aufwärts immer weiter,

Sie führ' uns himmelan,

Dem Ewigen zu nah'n,

Bis wir in Klarheit seh'n,

Wie mit dem menschlichen Geschlechte

Im Bunde steh'n

Die Himmelsmächte.

Schah - Kuli,

oder:

Liebe, die Seele der Kunst.

Historische Novelle.

Im Jahre **1638** geschah es, daß der Turkomanen Herrscher, Sultan Morad der Vierte, genannt der Tapfere, mit einem großen Heere in das Reich des Perserfürsten, Schah Abbas, einfiel. Das Glück begleitete Jenen, er schlug die Perser, und hielt die schöne, reiche Stadt Bagdad mit einem Theile seiner Heeresmacht eingeschlossen. Schon hatte der Mond viermal gewechselt, seitdem die Belagerung begonnen. Vergebens war die Stadt zweimal aufgefordert worden, ihre Thore zu öffnen und sich dem Sieger zu ergeben. Die schwerbedrängten Inwohner beschloßen sich bis auf das Äußerste zu vertheidigen, ihr Alles auf das Spiel zu setzen, und einen ehrenvollen Untergang der Sklaverei und der Schmach des türkischen Joches vorzuziehen.

Trüb und traurig ging die Morgendämmerung über Bagdad auf. Tiefe Stille herrschte in der bangen Stadt, wildes Getümmel im Lager der Osmanen.

Wir treten in das Haus des Emirs Oglan; ein großes, schönes Gemach empfängt uns. Der Fußboden ist mit

prächtigen Teppichen belegt; die Wände sind mit reichen Kis=
sen und glänzenden Spiegeln geschmückt. Wohlgerüche duf=
ten. Durch die farbigen Fenstergläser schimmern die ersten
Streiflichter des Tages; sie fallen, als hätten sie sich den
schönsten Gegenstand im Gemache zur Verklärung erwählt,
auf Fatime, die Tochter des Emirs Oglan. Sie ruht,
Schmerz und Trauer in jeder Miene des blassen Gesichtes,
auf schwellenden Kissen, die thränenfeuchten Augen auf den
Fußboden gesenkt. Ihr zur Seite steht Tais, ihre Gespie=
lin, eine frohsinnige Griechin. Im Hintergrunde sitzen auf
Polstern einige, mit weiblichen Arbeiten beschäftigte Skla=
vinnen und singen.

Gesang.

Friede, Liebe, Freud' und Ruh'!
Ach, wo seid ihr hingeflohen?
Ringsum hallt der Krieger Drohen,
Und es wälzt den bangen Ufern
Tigris seine Leichen zu.

✳

Blasse Mädchen trauern nun
Klage seufzt von Rosenbäumen,
Schlachtgetöse weckt aus Träumen.
Allah! Sei uns wieder gnädig!
Laß das Schwert des Todes ruh'n!

✳

Als die letzten Töne des Liedes verklungen waren,
winkte Fatime den Sklavinnen, sich zu entfernen. Tais,
voll inniger Theilnahme an dem Seelenleiden der schweigen=

den Freundin, umarmte die Weinende, und es entspann sich zwischen ihnen das folgende Gespräch:

Tais. Groß ist die Seligkeit der Liebe, doch ist — ich fürchte — ihr Leid, ihr Schmerz noch größer. Nach Allem, was ich je von der Liebe hörte, las und sah, erbebt mein Innerstes vor einem Glücke, deffen Pfad so nahe an das Unglück gränzt. Mir ist dieses schauerliche Wonnegefühl noch fremd geblieben, und selbst die Fantasie vermag es nicht, mir ein klares Bild vor die Seele zu malen, was die Liebe ist, diese wunderbare Liebe, die Dich entzückt und in Verzweiflung bringt.

Fatime. Noch hüpfest Du, Glückliche, leicht wie die Gazelle durch's Leben, erfreuest Dich an den Blumen, an den Sternen, kennst keine Thränen als die Perlen des Abendthaues, keinen Seufzer als den Hauch des balsamischen Lüftchens. Die stille Nacht bringt Dir nur ruhigen Schlummer und heitere Träume, der frische Morgen nur neue Freuden. Genieße, Glückliche, die Welt, genieße Dich selbst! Doch wiffe, nahen wird auch Dir die Stunde, die unausbleiblich schicksalvolle Stunde, die dem sorglos stillen Herzen das ungetrübte Glück des Selbstgenuffes plötzlich entreißt und, wie ein mächtiger Zauberer, das bange Herz in einen Kerker einschließt, durch deffen dunkeln Raum Dir aus einer einzigen Öffnung des Lichtes Glorie entgegenströmt, die Dich dann stets heller, stets blendender umstrahlt, bis endlich verzehrendes Feuer den ganzen Kerker erfüllt. Diese Lichtglorie, dieses Flammenmeer ist — die Liebe, die Dich verwandelt.

Dann bist Du ein anderes Wesen, als Du warst, und eine neue Welt geht vor Dir auf.

Tais. Geheimer Schauer ergreift mich bei diesem Bilde. O möge mir nie diese Stunde nahen! Nur Dich, Gebieterin, will ich lieben, für Dich nur leiden, nur Deines Glückes mich freuen, will nur Deine Sklavin sein, nie die Sklavin eines Mannes!

Tais nahm die Theorbe und sang:

> Noch schwebt in tausend Nachtgestalten
> Der Tod durch die entflammte Luft;
> Der Freund muß auf dem Freund erkalten;
> Die Liebe klagt und Achmed eilt
> Hin, wo Gefahr und Ehre ruft;
> Doch froh und freundlich rettend wallen
> Die Geister um des Helden Haupt.
> Schön unter lautem Jubelschallen
> Wird er der Liebe wiederkehren,
> Vom holden Palmenkranz umlaubt.

✳

Fatime dankte der Sängerin mit einem holden Lächeln für ihre Bemühung, sie zu erheitern, und sagte: „Warum schweigt der Mund des Rufes noch immer von meinem Achmed? Denk' ich alle die Gefahren, die ihn umgeben, so faßt Glut und Frost wechselnd mein Herz, daß es bald in wilder Empörung tobt, bald stockt und starrt. Noch schmerzlicher aber bewegt der Stolz meines Vaters mir die Seele, mit Furcht und Sorge sie erfüllend. Der Stolze haßt den stolzen Achmed, und Achmed wird nie

schmeichelnd sich vor ihm beugen. Sie stehen einander gegen=
über wie zwei Felsen, bis des einen Sturz den andern zer=
trümmert. Soll Bagdads Fall die Entscheidung meines
Schicksals werden? Glaubst Du, mein Vater ahne unsere
Liebe, die wir vor ihm und aller Welt verbergen?

Tais. Schlau ist die Liebe, noch schlauer die Welt.
Die Liebe träumt gerne, doch nimmer schließt der Arg=
wohn seine tausend Augen. Zweifle nicht, daß Dein Va=
ter um Deine Liebe weiß, obschon er den Unwissenden
spielt!

Fatime. Weh mir! Dann muß ich das Ärgste be=
fürchten. Sein Zorn —

Tais. Ihn zu zeigen, dazu ist's jetzt nicht an der
Zeit. Der kluge Mann berechnet wohl, wann Zürnen oder
Verstellung besser ziemt. Dein Vater fühlt, wie nöthig Ach=
med's Arm jetzt für Bagdad ist und für das Wohl der
Perser. Der allgemeine Ruf nennt den Emir Oglan stolz
und streng, doch nicht hart und gefühllos. Die rauhe Au=
ßenseite birgt ein edles Herz und einen hohen Geist.

Fatime. Schweigt auch mein Vater jetzt; so ist er
doch nur das Ungewitter in der grauen Wolke; die Erde
schmachtet, dem Himmel bangt. Sie schweigt und brütet
Tod. Die Freundlichkeit, die er mir zeigt, gleicht dem Blitz,
der noch im Schooße der grauen Wolke schläft. Er wird mir
nun jeden Weg verschließen, und ich werde kein Wort der
Liebe weder erhalten, noch senden können. Achmed wird
mich meineidig glauben, indeß die Glut der Sehnsucht mich
verzehrt.

Tais. Träume von der Liebe nicht zu schön! Baue nicht zu sehr auf Männerliebe! Dich wird kein Mann verstehen und beglücken. Der Perser liebt Behaglichkeit und Ruhe; verhaßt ist dem Bequemen jedes starke Gefühl, das ihn mächtig bewegen und begeisternd heben will. Er liebt die Anmuth und das Zierliche nur in Formen und Worten. Er prunkt gerne mit Weisheit, sie hat aber ihren Thron nur auf seinen Lippen. Die Liebe kennt er nicht, denn er liebt zu sehr sich selbst, und das Vergnügen ist sein Gott. Mit unserm lebenslangen Kerker erkauft seine Eifersucht sich die Freuden, die er Liebe nennt. Damit ja kein Anderer uns Todten sich nähere, baut er, wenn der Tod uns seiner Macht entzog, noch eine Scheidewand um unsern Sarg. Wer selbst nicht liebt, weiß auch den Werth der Gegenliebe nicht zu schätzen.

✳

Dieses Gespräch wurde unterbrochen durch eine Sklavin, welche meldete: Schah Kuli, der Sängerfürst, bitte die Königin des Morgenlandes, die Sonne der Schönheit, vor ihr erscheinen zu dürfen. Fatime legte ihr Haupt auf die Schulter der Freundin und flüsterte: „Er, der Lust dem Herzen, Licht dem Leben gibt, er sei willkommen wie ein Tag der Freude!"

Eintrat Schah Kuli, Dichter und Tonkünstler. Begeisterung strahlte aus seinem Blick, Edelsinn aus jeder Miene. Idealisch gekleidet, mehr im griechischen als im Perserkostüm, stand er da wie eine Erscheinung aus höherer

Welt. Auf seinem rechten Arme ruhte das Scheschdar, die kleine Harfe der persischen Sänger. Die Finger seiner rechten Hand flogen über die kaum berührten Saiten wie Lufthauch dahin, daß himmlisch sanfte Töne ihnen entquollen.

Fatime begrüßte ihn mit den Worten: „Des Him= mels Tochter ist die Kunst. Dem Genius, ihrem Liebling, öffnet sich, wo er wandelt, Thür und Thor, und jedes Herz erklingt bei seinem Lied, wie Memnon's Säule beim ersten Strahl der Morgensonne. Wo Du erscheinest, wal= tet Harmonie, und Dein Gesang erweckt alle Blüten des Lebens. Als Schutzgeist stehst Du in unserm Familienkreis, und Bagdad rühmt sich Deiner. Versöhnung streitender Ge= fühle, Erhebung der verzagten Seele, der Sieg der Tugend und der Liebe, sie sind Dein Werk. Dich sendet Gott mir in dieser trüben Stunde. Sohn des Himmels! sei auch m e i n Genius!"

Schah Kuli. O daß es mir gelingen möge, Herz und Seele Dir in Licht zu kleiden! O daß mein Saitenspiel sanft wie Ton der Liebe Dich ansprechen möge! Du weißt es; freudenlos war meine Jugend, Trauer mein Leben. Nur im Schooße der Einsamkeit erhob sich der Strahl mei= nes Geistes, sprang mit der Quelle über Felsgestein, ver= senkte sich in den Schattenhain, flog mit dem Adler zur Morgensonne empor, schwärmte in stiller Mondnacht mit der klagenden Nachtigall, sprach mit den Geistern der Sterne. Verlassen und vergessen von der Welt, schuf ich selbst mir meine eigene Welt, und war's auch nur eine Traumwelt, es war doch eine schöne Welt, eine Welt ohne

Menschen, aber voll von Engeln, und was ich dort ver=
lor, fand ich hier. Erst als der Strahl der Schönheit im
Kreise der Frauen meine Seele traf, erst da erwachte der
Träumer — in einem Feenreich. Ein neuer Sinn erschloß
sich mir. Die Saiten meiner Seele, bis dahin nur leise ath=
mend wie die Harfe, wenn der Geisterhauch der Abendlüfte
sie berührt, — sie klangen jetzt in voller Harmonie; — ein
Strom von Bildern und Empfindungen rauschte dahin,
und was bis jetzt in mir als Morgenröthe glomm, ward
nun eines Sonnenaufgangs reiche Pracht. Die Kunst schloß
mit dem Leben einen Bund, und Begeisterung pflückte die
Blüten des Daseins zu dem schönsten Freudenkranz. Ich
hatte mich gefunden und die Welt; der Träumer ward ein
Mensch und bald der Mensch Gott, weil sein Gott ihn hoch
über sie erhob. Die Frauen sind des Lebens Priesterinnen
im Heiligthum der Schönheit und der Liebe. Sie sind es,
die das heilige Feuer der Tugend und der edleren Sitte näh=
ren; sie sind es, die menschlich hold in uns das Göttliche,
durch ihre Zartheit unsere Kraft, durch ihre Hingebung un=
sere Größe wecken. Von ihren Händen ward in mir die
Blume des Ideals gepflegt. Was ich durch euch, was ich
durch Dich geworden bin, die Du selbst eine Blume des
Ideals bist, es sei auch euer, sei Dein Eigenthum! Fa=
time lächelt und Gesang entglüht; Fatime trauert, und
jedes Lied verstummt.

Fatime. So willst Du Achmed's Heldenruhm
durch Dein Saitenspiel erhöhen?

Schah Kuli. Verherrlichung des Großen und des
Schönen ist des Sängers heiliger Beruf. Ich will für Dich
Achmed's Thaten preisen, (für sich) selbst wenn das Herz
im Jubellaut mir bricht.

*

Schah Kuli zog nun einen frischen Blumenstrauß
aus dem Kleide hervor, und überreichte ihn, mit thränen=
feuchtem Auge, doch mit freundlich lächelnder Miene Fati=
men mit den Worten: „Ein Herold der Liebe! Achmed
sandte ihn mir, daß meine Hand Dir selbst ihn überreiche!"
— Dazu flüsterte er kaum hörbar: „Dir Lebensblüten,
Todesblumen mir!" —

Fatime, in diesem Augenblicke den edlen Überbringer
und die ganze Welt vergessend, drückte den Strauß an den
hoch aufwogenden Busen und rief: „O ihr holden Blumen
der Liebe und der Freude! Wie leuchtet euer Glanz mir in
die Seele! Wie dringen eure Gluten mir in's Herz! Schah
Kuli! Enthülle mir das Geheimniß der holden Bilder der
Liebe! Der Blumen vielerlei sind hier vereint."

Schah Kuli. Um mich von Dir zu trennen.

Fatime. Wie leuchtet das schimmernde Farbenspiel

Schah Kuli. Mir bringt es düstre Nacht.

Fatime. Sie verkünden mir Hoffnung.

Schah Kuli. Sie gebieten mir Entsagung.

Fatime. Ein Flor von Freuden blüht mir auf.

Schah Kuli. Der Leiden Übermaß! —

*

VII.

Schah Kuli schien jetzt wie aus einem schweren
Traume zu erwachen und plötzlich gewahr zu werden, daß
er Worte gesprochen habe, die sein Inneres, dessen Ausbruch
er sonst sorgfältig beherrschte, im unbewachten Augenblicke
gegen seinen Willen verriethen. Fassung gewinnend, sagte
er nun: „Laß denn, Du Blume der Schönheit, den blauen
Himmel Deiner Augen auf diesen Blumen der Liebe ru=
hen! Vernimm die Deutung! Aus dem Hellgrün des nim=
merwelkenden Amaranths erhebt sich, von Veilchen umge=
ben, der Rose sanfte Glut; sie sprechen: „Blume der Schön=
heit! Eine glückliche Zukunft wird die Leiden der Gegenwart
lohnen." — Die liebliche Orangenblüte, welche das düstere
Gelb der Ringelblume verdeckt, kündet Dir, daß die Ver=
zweiflung erliegen, die Hoffnung siegen muß, da sein
Muth kein Hinderniß scheut. Hoch über die Tulpe ragt der
Sonnenblume Gold, strahlend wie die Sonne selbst, em=
por, Dir zurufend: „Befürchte keinen Wankelmuth! Un=
wandelbar ist meine Treue!"

Fatime. O mache sie unsterblich, diese Blumen!

Schah Kuli. Noch aus der Asche meines Herzens
möge Dir ein Flor von allen Freudenblumen blühen!

✻

Überwältigt von seinen Gefühlen, die er kaum länger
zu beherrschen vermochte, neigte der Leidende sein Haupt
und verließ das Gemach. Das Bild des Unglücklichen er=
füllte Fatimens Herz mit Wehmuth. Sie sank in die Ar=
me der Freundin, und ihren Lippen entquoll die Klage:

„Entzückend tönt des Sängers Saitenspiel. Ein Strah=

lenkranz umgibt sein Haupt, doch er schwebt zu hoch über mir. Verehren kann ich ihn, lieben nicht. Ich bin auch nicht jenes Götterbild, das seine Fantasie sich von mir erschafft, und bald würde jener Zauberglanz erlöschen, in dem er jetzt mich erblickt. Lieben k a n n ich ihn nicht, täuschen d a r f ich ihn nicht. Das Kind des Staubes scheut den Sohn des Himmels. Im irdischen Paradiese wohnt die Leidenschaft; s e i n e Heimat ist die Sternenwelt, und seinen höchsten Lohn findet er in sich selbst, ein Lohn, den keine Liebe ihm gewähren kann. Edler Sänger! Je mehr ich Dich in Deiner Höh' erblicke, um desto mehr ergreift ein Schauer mich, denk' ich an meine Nichtigkeit. Unfähig wäre ich, Dich zu beglücken; doch mögen diese ungesehenen Thränen als eine Geisterstimme Dir verkünden, daß ich, ohne Gegenliebe zu fühlen, Dich verstehen, Dich verehren kann! Weh mir, daß der Geopferte den Kranz des Opfernden mir bringen mußte! Ein bitterer Tropfe vergällt den Becher der Freude, aber das Schicksal will es, daß ich den Genius fliehen, den Helden lieben, daß ich der Gegenwart trotzen und doch vor der Zukunft zittern soll!" —

✻

Schah Kuli hatte sich indeß mit seinem Schmerz in eine einsame Gegend des Gartens geflüchtet. Die rauschenden Wasserfälle, die duftenden Blumenbeete, die säuselnden Lauben, — ihm rauschten, ihm dufteten, ihm säuselten sie nicht. Spurlos zogen die Erscheinungen der Außenwelt an i h m vorüber, der ganz in sich versunken war. Plötzlich aber wurde er aus seinen düstern Träumen aufgeschreckt durch

7 ✻

eine kriegerische Musik, welche vom Jubel begleitet, aus der Ferne, immer näher kommend, zu ihm herüber scholl. Erst nun vermochte er seinen Schmerz auszusprechen:

„Achmed, mit Sieg und Ruhm gekrönt, kehrt zurück vom kühn gewagten Ausfall. Heil, Achmed, Dir!" So schallen tausend Stimmen durch alle Straßen der Stadt! Nur meine Stimme ruft: „Weh Dir! weh mir!" —

„Das Schlachtgetümmel schweigt, allein in meinem Innern beginnt ein fürchterlicher Kampf. Wohin ich blicke, glühen schon erblaßte Bilder vor meiner Seele wieder auf. Hier lag sie schlummernd in der Rosenlaube; die goldenen Locken wiegten sich spielend im Hauch der dufterfüllten Abendlüfte. Im Himmelslicht der Schönheit lag sie, träumend in der süßen Fülle ihrer Reize. Da entfloh, wie der Klang einer leise bebenden Harfensaite, mein Name ihren Lippen, die, in Glut entbrannt über diesen Selbstverrath, die unschuldigen Wangen mit Purpur übergoßen, wie eine Feuersbrunst den Himmel röthet! Oh! Die Geister der Gestirne verweilten bei diesem Anblick staunend in ihren goldnen Sphären. Fatime! Du erwachtest. Da schwebte der Engel der seligsten Stunde im Strahl des Entzückens über uns dahin! Der herzendurchdringende Blick des in Thränen schwimmenden Auges verkündete Liebe, die, unaussprechlich selbst, den leisen Seufzer erweckte, weil sie im verstummenden Worte hinstarb. Entweihte Szenen! Fliehet von meiner schmerzgefolterten Seele! Entflohen ist des Lebens Geist, erloschen hinter düsterem Nachtgewölk der Liebe Sonnenlicht und Sonnenglut! Nicht Erdenglück ist mir beschieden; nur Menschenwohl und Menschenweh soll mich an Menschenschicksal fesseln. Zu den Sternen hinauf soll ich blicken, dort die Geheimnisse höherer Welten ahnen; als Nachtigall soll ich in Nächten meine Klagen zum Monde senden, als Lerche betend der Frühsonne entgegen fliegen, als Adler, hoch auf Felsen horstend, herabschauen auf der Erde nichtiges Treiben und des Daseins flüchtige Erscheinungen als Traumgesichte an mir vorüberziehen lassen. So wandle denn mit leiser Spur, wie Lufthauch auf dem Wellenspiegel, des Lebens Lust und Last an mir vorüber, und kümmert die Welt sich nicht, daß ich bin, so wisse sie einst ehrend, daß ich war."—

Verstummend sank der Klagende auf eine von Thränenweiden beschattete Rasenbank. Von ihm unbemerkt, näherte sich Emir Oglan, mit ihm Molla Bahadin, der Astrolog, im Gespräche vertieft. Mit inniger Gemüthsbewegung sagte Oglan: „Als ich den Sieg vernommen hatte, den Achmed errungen, erstieg ich den heiligen Berg im Osten, um mein Gebet dem nähern Gott zu senden. Unendlich lag der Horizont vor mir im Lichtgewande der lächelnden Natur. Der hellblaue Äther, vom Purpurduft des Abends beleuchtet, bog sich über die stille Erde, wie eine fromme Mutter über ihr schlummerndes Kind. Mein Blick verlor sich in des Himmels Ferne; Wonne, wie aus dem Reiche des Lichtes durchströmte mich, und meine Seele ruhte an der Brust des Friedens. War mir's doch in dieser Stunde, als wäre nie Krieg gewesen auf Erden! Sanft zu meinen Füßen lagen die Wohnungen der Menschen, wie Rosenbüsche im sichern Thale freudeglühend ruhen. O Gott! rief ich: Es hat ja Deine Hand selbst den lebensfrohen Perser für das Glück des Friedens gebildet. Laß ihn ungestört ge= nießen sein irdisches Paradies!" —

Molla Bahadin unterbrach die Herzensergießung des greisen Emirs, indem er ihn aufmerksam machte, daß Achmed, umgeben von einer Schar der Krieger, auf sie zukomme. Der Emir, dadurch plötzlich in hohem Grade aufgeregt, rief zürnend: "Von einer Kriegerschar umgeben? Will er schon den Heerführer spielen, wohl den künftigen Großvezier? Sein Stolz verschmäht den Rath der Klugheit. Mir gleich will er sich stellen; nur deshalb erscheint er mit einem glänzenden Gefolge vor mir. Es sei! Je prahlender der Hochmüthige mir naht, desto schlichter und einfacher finde er mich! Mein gegründeter Haß nehme jetzt das bescheidene Lächeln der Bewunderung an! Für jede Jahreszeit reift eine eigene Frucht." —

Indeß war Achmed herangekommen. Er trat mit leichter Verbeugung vor den Emir und sagte mit festem Blick und stolzem Ton: "Willkommen hoff' ich Dir zu sein, o Herr! weil ich im Siegesglanze zu Dir komme."

Oglan. Das Glück war Deinem Unternehmen hold.

Achmed. Die Sonne bringt den Tag, der Muth das Glück.

Oglan. Möge Dein erster Sieg, junger Held! ein Funke sein, der bald in helle Flammen auflodert.

Achmed. Ich will mir einen Flammenkranz winden, dessen Glanz seine Strahlen durch das ganze Perserreich verbreiten soll.

Oglan. Und der Schach soll aus meinem Munde Dein Lob vernehmen. Dein Lohn wird Dir nicht entgehen. Huld und Gnade —

Achmed. Bedarf ich nicht, doch der Schach bedarf meines Armes. Mein Blut, mein Leben trag' ich zu Markte; sie heischen nicht geringen Preis. Den Kranz des Ruhmes setz' ich mir selbst auf das Haupt; der Kriegerwürden Ehre muß mir werden. So ausgerüstet und einer schönen Zukunft sicher, darf ich im Gefühle meines Werthes schon jetzt ansprechen, was ein Schwächerer erst am Ziele seiner Laufbahn zu bitten wagt. Und sieh, o Herr! ich sprech' es an, in diesem Augenblicke sprech' ich's an. Vom Schlachtfeld kommend, mein Schwert von Feindesblut geröthet, sprech' ich vor Dir das Wort der Liebe aus, den heißen Wunsch, daß ich Dein Eidam sei. Ich bin Fatimens werth, bin Deiner, bin des Perserreiches werth. Gewähre denn, was ich anspreche!" —

Emir Oglan hatte beschlossen, eh' er sich in eine nähere Erklärung einlasse, zuerst beschwichtigende Worte zu reden, um den Ungestümen in eine sanftere Stimmung zu bringen. Der brausende Jüngling aber, der da forderte, wo er bitten sollte, erregte im Gemüthe des edelstolzen Greises einen so bittern Unwillen, daß er über die Weise, wie er ihn nun behandeln sollte, mit sich nicht einig werden konnte, daher auch keine Worte fand, um das zu sagen, was er ohne Nachtheil für sich und für ihn sagen möchte und durfte. Achmed aber deutete dieses Schweigen ganz anders, als es zu deuten war, er sah darin nur den verweigernden Hoch-

muth. A ch m e d , noch heiß von der Schlacht, stolz auf sei=
nen nicht unbedeutenden Sieg und in sich fest überzeugt,
daß er das Höchste bereits verdient habe und daß kein Lohn
für ihn zu groß sei, ward dadurch noch mehr entflammt, und
er erhöhte sich selbst nun in eben dem Grade, als O g l a n
ihn herabzustimmen für nöthig hielt. Entrüstet über das
schroffe Benehmen des unlieben, zudringlichen Brautwerbers,
der alle feine, dem Perser so werthe Formen des Anstandes
verletzte, bediente sich der Emir nun mit aller Umsicht und
Besonnenheit nur solcher Äußerungen, welche dem Jüng=
ling aus Klugheit nichts verweigerten, aber noch weniger
ihm etwas bestimmt zusagten. Alles, was er sagte, war
darauf berechnet, den Ungeduldigen ausweichend hinzuhalten.

Eben dieses Gemessene und kalte in O g l a n s Beneh=
men und Reden that nun gerade das Gegentheil von der
beabsichtigten Wirkung, indem A ch m e d darin nur stolzen
Spott erblickte, der mit ihm ein beleidigendes böses Spiel
treiben wolle. Er wurde immer heftiger und ging dem Aus=
beugenden immer gerader an den Leib. O g l a n legte nun
gezwungen die Maske ab, und die beiden Gegner sprachen
sich hart. A ch m e d ging so weit, sich Drohungen zu erlau=
ben; sie wurden mit ähnlichen Drohungen erwiedert. So
kam es denn, daß A ch m e d mit einem Schwur betheuerte,
er werde das, was der Emir ihm verweigere, zu ertrotzen,
ja mit Gewalt zu erringen, wo nicht, die ihm zugefügte
Schmach zu rächen wissen. O g l a n verließ ihn mit den
Worten: „Jetzt schweige jeder Zwist der Einzelnen! Das
Wohl des Staates nimmt uns Beide in Anspruch. Dieser

heiligen Pflicht muß alles Andere weichen. Sind die Feinde besiegt, dann laß uns Feinde sein!" —

Wuth flammte in Achmeds Innern. Er schritt heftig auf und nieder, er riß den Säbel aus der Scheide und stieß ihn funkenstiebend wieder hinein. Er wußte nicht, was er that, nicht, was er thun sollte. Erst als sich der Sturm etwas zu legen anfing, fiel es ihm ein, daß er nun vor Allem auf Mittel und Wege sinnen müsse, Fatime zu sehen und zu sprechen. Indem er eben den Entschluß gefaßt hatte, das Äußerste zu wagen, brachte ihm ein Krieger die Schreckenskunde, daß ein zweiter Ausfall der Perser von einer Schar der Turkomanen, Sultan Morad selbst, wie ein gemeiner Soldat an ihrer Spitze kämpfend, mit bedeutendem Verluste bis unter die Thore von Bagdad zurückgeschlagen worden sei, und daß Morad mit lauter Stimme geschworen habe, die alte Stadt der Kalifen müsse, eh' die Sonne dreimal über ihr untergehe, entweder in seiner Gewalt sein oder in Schutt und Trümmern vor ihm liegen. Den tapfern Achmed ergriff bei dieser Nachricht ein Entsetzen, welches ihn erstarren machte, als ob der düstere Todesengel selbst vor ihm stände. Aus seiner Betäubung erwachend, wußte er sich im ersten Augenblicke nicht zu rathen noch zu helfen. Soll er in's Schlachtgetümmel stürzen, ohne sie gesehen zu haben? Nimmer! Sehen muß er sie, und kann es auf keine Weise geschehen, beschließt er, das Äußerste zu wagen und mit dem Säbel in der Hand sich den Weg zu ihr zu bahnen. Sogleich ruft er seine Krieger zu sich und befiehlt ihnen, ihm zum Hause des Emirs zu folgen, dann seiner Zurückkunft

und seiner ferneren Befehle zu harren. Die ihm Ergebenen
erklären sich bereit, jedem seiner Winke zu gehorchen, Blut
und Leben für ihn zu opfern.

Indeß hatte Fatime durch ihre getreue Tais die An-
wesenheit des Geliebten und das feindliche Ende seines Ge-
spräches mit dem Vater vernommen. Sie soll ihn jetzt nicht
sehen, sie soll ihn vielleicht nie wiedersehen. Die Schrecken
ewiger Trennung ergreifen sie: Die Verzweiflung der Hoff-
nungslosigkeit reißt sie blindlings dahin. Sie fühlt nur den
Wahnsinn der Liebe, sie denkt nur den Geliebten, sie vergißt
Welt und Anstand, sie enteilt dem Palaste und fliegt gegen
alle Sitte des Morgenlandes, ohne Schleier durch die Straßen Bagdads, um ihn zu finden. Achmed erblickt eine
weibliche Gestalt. Darf er seinen Augen trauen? Er ruft
den Namen Fatime, und ihm entgegen schallt es: „Mein
Achmed!" Sie liegt in seinen Armen; er überströmt sie
mit Liebesworten und Liebkosungen. Sie vermag, ihrer selbst
nicht mächtig, weder diese noch jene zu erwiedern. Nur einmal öffnet sie die Augen, aber dieser einzige Blick spricht
Alles aus, mehr als alle Liebesworte, alle Liebkosungen.

Achmed gewinnt zuerst die dringend nöthige Geistes-
gegenwart, denn er ist Mann und ihm liegt die heilige
Pflicht ob, für die Sicherheit und für den gefährdeten Ruf
der Liebebethörten Sorge zu tragen.

Achmed erkannte, daß er nun auf Alles verzichten,
und nur darauf bedacht sein müsse, die Unglückliche in den
Palast zurück zu bringen, eh' die Sache stadtkundig werde

und ein böses Gerücht das Vergehen zu den Ohren des Emirs bringe.

Indem er dazu die Anstalten traf, eilten Boten herbei, mit der Nachricht, daß eine starke Heeresabtheilung der Turkomanen gegen die Stadt heran rücke. Ein anderer Bote brachte den Befehl des Emirs, daß alle Krieger unverzüglich sich auf dem Walle versammeln sollen. Achmed glich nun einem Unglücklichen, den die Feuerwogen eines Lavastromes bis zum Felsenrande eines Abgrundes verfolgen. Ihm bleibt nichts übrig als in den Flammen zu vergehen oder in die Tiefe zu stürzen.

Tais eilte herbei. Achmed legte Fatimen in ihre Arme und gab den zwei Verläſſigſten ſeines Gefolges den Auftrag, die beiden Jungfrauen dahin zu geleiten, wohin diese es verlangen würden. Er selbst ordnete mit trostlosem Herzen seine Schar, um sie auf den Wall zu führen. Den Säbel mit wüthiger Geberde aus der Scheide reißend, rief er: „Nun Alles oder Vernichtung!“ —

In diesem Augenblicke stand der Emir vor ihm mit zornflammenden Augen. „Wie?“ — rief er — „so begeistert Dich die Stimme der Pflicht? So beflügelt Dich Dein Muth? Jetzt, wo jede Minute hundert Leben, wo jede Minute das Wohl der Stadt gefährdet, weilt der junge Held behaglich hier im Schooße der Sicherheit, ferne den Feinden?“

Diese, mit mächtiger Stimme gesprochenen Worte wirkten auf Achmed zerschmetternd, auf Fatimen aber mit so schrecklicher Gewalt, daß sie, wie aus einem Traume

erwachend, den Vater erkannte und mit einem Schrei des
Entsetzens zu Boden stürzte. Noch fürchterlicher war aber
O g l a n s Entsetzen, als er nun auf freier Straße die Toch=
ter ohne Schleier und vor fremden Männern erblickte. Er
stand, keines Lautes, keiner Bewegung fähig, ein Bild er=
starrender Verzweiflung, und tiefes Schweigen herrschte
rings um ihn her. Endlich sagte er mit dumpfer Stimme
gebietend: „A c h m e d! Auf dem Walle ist Dein Platz.
Eile hin! Verweilst Du einen Augenblick, so treffe Dich
des Hochverrathes schmählichste Strafe!" —

A c h m e d schien jetzt nicht mehr d e r zu sein, d e r er
war. Der Muth des Stolzen war dahin. Gebeugt, stumm,
die Augen zu Boden gesenkt, schritt er wie der Geist eines
Abgeschiedenen vor seiner Schar dahin. Das Schwert
schwankte in der zitternden Hand. Er wußte nicht, was um
ihn vorging; er wußte nicht, was ihm befohlen ward. Waf=
fengetöse weckte ihn aus der Betäubung. Er schwang sich
auf das ihm vorgeführte Pferd, sprengte mit verhängtem
Zügel dahin und verschwand.

S c h a h K u l i war früher herbeigekommen, um Zeuge
einer herzzerreißenden Szene zu sein. O g l a n trat mit er=
grimmter Miene vor die Tochter, die, sich vor ihm im
Staube krümmend, seine Füße umschlang. Jedes Gefühl
der Rührung war aus seiner Brust gewichen. Ohne die lei=
seste Spur von Mitleid zu zeigen, sagte er: „Verachtungs=
würdige! Verletzt hast Du die Heiligkeit der Scham und
der Sitte, das Kleinod des Weibes. Geschändet hast Du
Dich selbst und die Ehre meines Hauses. Die Sittlich=Todte

ist dem Grabe verfallen. Nicht würdig bist Du, daß des
Vaters Dolch Dich sühnend tödte. Stirb den Tod der
Verbrecherin! Bringt sie in das Begräbnißgewölbe der
Oglan!" —

Der Befehl des Emirs wurde vollzogen. Schah Kuli
trat mit schmerzenbleichem Antlitz vor ihn; er bot alle Bered-
samkeit des Dichters und des Menschen auf, sagte Alles,
was Geist und Herz ihm eingab, stellte vor, daß Fatimens Fehler nur die Verirrung des überraschenden Augen-
blickes gewesen sei, daß der Schmerz, welcher sie darüber
foltere, ärger sei als jede Strafe; daß er, seines Kindes
sich beraubend, sich selbst am schwersten strafe; daß er als
Greis und Vater nach Natur und Gesetz der mildeste Richter sein müsse; daß Verzeihung die Krone der Menschlichkeit, der Mann der geborene Schützer des Weibes sei; daß
ein so grausamer Spruch mit seinem Edelsinn im grellsten
Widerspruche stehe, als ein Frevel an Tugend und Schönheit erscheine, denn Gott habe das schwache Weib so ganz
zum Gegenstande des Mitleids für den Mann geschaffen,
daß selbst der Schmerz und das Unglück den Reiz ihrer Anmuth erhöht und Thränen die Perlen ihrer Schönheit sind.

Oglan erwiederte mit düsterer Miene: „Es ist der
Fluch des Mannes, daß selbst die falsche Thräne das Weib
verschönt. Ihm blüht kein Segen aus der Tochter. Sie
hängt nicht unzertrennbar am Stamme des edlen Geschlechtes, so wie der treue Sohn, des Vaters Ebenbild, sein
Nachfolger und Stammhalter. Sie hört nur die Lockung
der Leidenschaft, folgt, die Ihrigen verlassend, dem Frem-

den, lebt fremdem Gram und fremder Freude eines neu
auffproffenden Geschlechtes. Dieses ist das Bild selbst der
edelsten und besten Tochter! Dreifaches Weh über die Ent=
artete!" —

Mit diesen Worten verließ Emir O g l a n den trauern=
den Fürsprecher. In diesem aber ward nun nicht nur der
Edelmuth des herrlichen M e n s c h e n, sondern auch die
höchste Begeisterung des D i c h t e r s, als natürlicher An=
wald der Schönheit und des Unglücks, entflammt, und er
beschloß, Alles aufzubieten, um s i e zu retten, die er liebte,
ohne auf Gegenliebe Anspruch zu machen, wie man sich am
Anblick eines Sternes erfreut, ohne den Wunsch, ihn als
Eigenthum zu besitzen. Die reinste Liebe machte ihn fähig,
selbst dem Glücklichen wohlzuwollen, der ihm F a t i m e n s
Liebe raubte. O Liebe! wie tief kannst du den Menschen er=
niedrigen, aber wie hoch kannst du ihn auch erheben!

Im Berge Khakan, an der östlichen Seite der Stadt
Bagdad, befand sich das Begräbnißgewölbe der O g l a n.
Hoch aufsteigende kahle Felsen umgaben die Ruhestätte der
Todten. Im Hintergrunde stürzte ein Fluß über das Ge=
stein in die Tiefe hinab. An den Felswänden standen die
marmornen Särge. Nur in jener Gegend, wo der Fluß
niederstürzte, fielen durch eine kleine Öffnung einige Licht=
strahlen des Tages zwischen den Eisenstäben der Eingangs=
pforte in den Ort des düstern Nachtgrauens.

Hieher ward F a t i m e gebracht. Sie lag bewußtlos
auf ein Monument hingesunken. Ihr zur Seite stand T a i s,
wehklagend: „Tief ist die Ohnmacht, dem Tode ähnlich.

Sie athmet kaum. Scham und Trennungsschmerz haben
ihr Empfindung und Bewußtsein geraubt. So ist's. Wenn
jeder Trost vor uns in Luft zerfließt, und der Rettung Ar=
me kraftlos sinken, dann übt die Erde ihr altes Mutter=
recht. „Nicht weiter!" ruft sie dem Verfolger zu und, ih=
ren Schooß öffnend, nimmt sie das verlorne Kind auf." —

Indeß war Fatime aus ihrer Erstarrung erwacht.
Jetzt erfuhr sie erst, an welchem schauerlichen Orte sie sich
befand, und sie fühlte sich nur gestärkt, um die Macht des
auf sie eindringenden Schreckens mit mehr Kraft ertragen zu
können. Vergebens bemühte sich Tais, sie zu trösten, ei=
nen Strahl der Hoffnung ihr schimmern zu lassen. Fatime
erwiederte, die Zukunft überblickend: „Was kann, was
darf ich hoffen? Nur zwei wahrscheinliche Wechselfälle seh'
ich vor mir, einer so schrecklich wie der andere. Trifft mich,
nach des Vaters Spruch, das Loos des Todes, Achmed
aber lebt und strahlt als Sieger, — wie schrecklich wird er
meinen Tod am Vater rächen! Widerriefe aber mein Vater
selbst den Todesspruch, und Achmed fällt in der Schlacht
—was wäre mir das Leben, was wäre alles Glück der Erde
ohne ihn!" —

Das Geräusch nahender Schritte machte Fatimen
verstummen. Der Emir trat an den Fluß; Gesicht und
Hände mit den reinigenden Fluten benetzend, betete er:

Du heil'ge Kraft der reinen Flut!
Entlade mich von Staub und Blut!
Rein sei der Körper wie die Seele,
Daß jeder Sinn einst ohne Fehle

Der Fülle hoher Seligkeit
Im Paradiese offen stehe,
Daß ich das Licht der Wahrheit sehe,
Wie hier mein Antlitz in der Flut,
Wenn Todesnacht den Leib umruht.

Als die Reinigung geendet war, ging er zu Fatimen hin, die, von Tais unterstützt, die Arme über die Brust gekreuzt, mit gesenktem Haupte vor ihm stand. Oglan sprach mit dumpfer Stimme: „Schon hat Sultan Morad den Wall von der Ostseite mit der Wuth des Sturmes erstiegen, schon hat ein Theil seines Heeres die mondgeschmückten Fahnen auf die zertrümmerten Mauern gepflanzt, ein anderer rückt vom Thore gegen Norden herein mit lautem Schall siegrasender Kriegsmusik. Ali! lasse mich nicht Bagdads Fall, nicht die Schmach des Persernamens überleben! Du aber, Fatime, verehre in Schah Kuli Deinen Schutzgeist! Ihm, nur ihm verdankest Du es, daß ich das verwirkte Leben Dir schenke. Noch kämpft Achmed in den vordersten Reihen unserer Krieger. Dir sei verziehen, erkämpft sein Schwert den Sieg! Trifft mich des Todes Loos, — auch dann sei Dir verziehen!"

Mit diesen Worten eilte der Greis, taub gegen Fatimens Bitten und Thränen, auf den Wall, dahin, wo der Kampf mit steigender Erbitterung am ärgsten wüthete.

Die Scharen der Turkomanen, immer zahlreicher eindringend, durchzogen plündernd und verheerend Bagdads Straßen. Von oben herab scholl Geheul und Kampfgetöse in die Tiefe des Grabgewölbes, dann folgte Todesstille. Fa= time schmiegte sich zitternd an einen Sarg. Tais kniete schweigend neben ihr. Unbemerkt von ihnen wurde Ach= med, aus zwei Wunden blutend, von einigen Soldaten über eine geheime Felsentreppe herabgetragen. Die Todten= wohnung war schon die einzige sichere Schutzstätte geworden. Achmed lag da, ohne Empfindung, ohne Bewußtsein. Er hatte gekämpft, bis die letzte Kraft, bis Gesicht und Ge= hör ihn verlassen hatte. Nur der Liebe seiner Getreuen war es gelungen, ihn der Wuth anstürmender Feinde zu entzie= hen. Sie wuschen nun seine Wunden, verbanden sie, so gut es sein konnte, und eilten wieder in das Schlachtge= tümmel.

Als Achmed sich endlich aus seiner Betäubung erhol= te, ergriff ihn Staunen und Schauder, sich plötzlich, ferne vom Schlachtfeld, in einem Orte düstern Nachtgrauens zu sehen. Er hob sich mühsam mit halbem Leibe empor, starrte mit wilden Blicken umher und flüsterte schwer athmend: „Wo ist die Schlacht? Ist sie durch einen Zauberschlag ver= schwunden? — Bin ich lebendig den Todten beigesellt? Im Leichengewölbe! Ohne Sarg — schnöde hingeschleudert? — Solche Frevel kann nur Feindeshand verüben; der Freund ehrt noch im Todten das Vaterland. — Geist des Schwei= gens und der Ruhe, der durch Jahrhunderte hier thront! Zerstört ist dein altes Reich, entweiht der Thron, der dich so lange trug, entweiht das Heiligthum der Gräber durch das Leben, das sie unter euch warfen! — Was geht über

VII.   8

meinem Haupte vor? Siegt das Perferheer ohne mich? Muß ich Bagdads Fall hier schmachvoll überleben? Wie ent= komm' ich dieser Gruft?" —

Achmed raffte sich auf; er kam bis zu Fatimen, er erkannte sie, er rief ihren Namen. "Auch Du unter den Todten? wie kamst Du hieher? Fatime! kennst Du nicht die Stimme des Unglücklichen, dem die Liebe Dich zum Opfer brachte? Höre mich! Sprich! Hat der Wille Deines grausamen Vaters Dich hieher gesendet? Ist's sein Gebot, daß Du unter Gräbern hier verschmachten sollst?" —

Fatime, die Alles, was sie jetzt sah und hörte, für eine Erscheinung oder für ein Blendwerk der Fantasie hielt, sammelte sich endlich und erkannte die Wahrheit dessen, was hier vorging. Sie reichte dem Geliebten schweigend die Hand, und ein Thränenstrom entstürzte ihren Augen; Tais aber nahm das Wort und sagte: "Vernimm die Wahrheit! Des Vaters Todesspruch hat sie hieher gesendet; er kam aber dann, milder gestimmt, und seine letzten Worte waren: "Dir sei verziehen, erkämpft Achmed's Schwert den Sieg. Trifft mich des Todes Loos, — auch dann sei Dir ver= ziehen!" —

"Wie?" rief Achmed: "Du der Preis des Sieges? Tod oder Seligkeit! Fort! Fatime! Du siehst mich nur als den glücklichsten aller Sterblichen oder — nie wieder!" —

Er wollte, aller Wunden vergessend, forteilen, ohne noch einen Ausweg zu wissen. Fatime hielt ihn zurück. Er schloß sie mit inniger Zärtlichkeit in die Arme und sagte:

„Ja, Geliebte! Nicht so darf ich von Dir scheiden. Wenn Tausende vom Nektarbecher der Liebe nur kärglich nippen, so laß uns alle Seligkeit in e i n e n Augenblick zusammen= drängen! Tod und Leben für diesen Kuß! Er öffne mir die Bahn zum Siege oder die Pforte des Paradieses!"—

Er küßte und drückte sie stürmisch an die Brust. Sein scharfes Auge hatte die Felsentreppe erspäht; er eilte hinauf, als wären seine Füße beflügelt.

————

Auf einer hier und da mit Gebüschen durchkreuzten Ebene zwischen Bagdad und dem türkischen Lager wandelten zwei Gestalten einher, ein Perser und ein Osmane. Einer beobachtete den Andern mit argwöhnischen Blicken, und wie sie sich mit behutsamen Schritten näherten, erkannte Einer im Andern den Spion. Da hatte denn Jeder seine eigenen Gedanken.

S e l i m, der Osman, dachte: Trifft der Perser auf eine Schar der Seinigen, so ziehen sie mich fort, und mein Kopf ist die längste Zeit auf seinen Schultern gewesen.

S a d i, der Perser, dachte: Nicht ferne stehen die Os= manen; treffen sie mich hier, so zieht die Schnur mir den Hals bis zur Athemlosigkeit zusammen.

S e l i m dachte: Der Spitzbube erkennt mich. Moha= med, hilf! Gib mir eine List ein!

S a d i dachte: Der Schuft schaut mich durch und durch; da nützt kein Läugnen.

Selim dachte: Der Betrug hat schon so Man=
chem aus der Noth geholfen, sollte nicht auch die Wahrheit einmal nützen können?

Sabi dachte: Das Beste ist, ich sag' ihm das, was
er ohnedies schon weiß. Aufrichtigkeit ist eine schöne Tugend,
insbesondere dann wunderschön, wenn sie mehr nützt als
die Verstellung.

Aus diesen scharfsinnigen Gedanken zweier Spione ist
zu ersehen, daß das Morgenland in der Denkungsart über
gewisse Dinge mit dem Abendland eine auffallende Ähnlich=
keit hat.

Selim eilte nun zu Sabi hin, Sabi zu Selim,
beide umarmten sich herzlich, und es ergab sich das folgende
lakonische Gespräch:

Selim. Willkommen, Brüderchen!

Sabi. Ein Herz, Ein Sinn!

Selim. Spion?

Sabi. Wie Du.

Selim. Glück auf den Weg!

Sie küßten sich, und Jeder schlug die entgegengesetzte
Richtung ein. Unter den Zelten des türkischen Lagers wan=
delte aber höchst mißmuthig der wohlbeleibte Aga Tiriaki
herum, in folgendes Selbstgespräch vertieft:

„Der Sultan hat uns Soldaten zwar den Wein erlaubt;
was nützt aber die Erlaubniß, wenn im ganzen Umkreis un=
seres Lagers kein Wein zu haben ist? Bekomm' ich aber
nicht bald Wein, so werd' ich noch gegen meinen Willen ta=

pfer, denn ohne Wein wird der Mensch schwermüthig, die
Schwermuth führt zur Unzufriedenheit mit sich selbst und mit
der Welt, die Unzufriedenheit führt zum Menschenhaß, der
Menschenhaß zur Grausamkeit, die Grausamkeit zum Heldenmuth. Wer also keinen Wein trinkt, muß ein Unmensch
werden." —

Als Tiriaki diese flüssige Betrachtung geendet hatte,
erblickte er, auf ihn zukommend, seinen Todfeind, den
Großvezier Muhamed, der schon längere Zeit auf eine
Gelegenheit wartete, um den guten Tiriaki die Schnur
küssen zu lassen. Beide beobachteten daher gegen einander
das liebenswürdigste Benehmen. Tiriaki begrüßte mit tief-
gebeugtem Haupt den Großvezier als Sonne des Morgenlandes, und die Sonne ließ im Vorübergehen auf Jenen
einen Strahl gnädigen Lächelns fallen. Als Tiriaki den
Vezier weit genug entfernt glaubte, ging er an eine abge-
legene Stelle, zog seine Tabakpfeife hervor, öffnete eine
Grube, stieg hinab, und fing zu rauchen an. Während den
einzelnen Zügen kleine Pausen machend, sprach er satyrisch
lächelnd: „Angebetetes Kräutlein! Deinen Genuß hat uns
der Sultan im Lager verboten; eben deshalb ist das
Schmauchen zur Leidenschaft geworden. Edler Tabak! du
bist das Sinnbild der Welt, das Sinnbild von allem menschlichen Thun: „das erhabene Nichts!" —

Muhamed, hinter einem Baume lauernd, sah und
hörte Alles, und dachte gleichfalls satyrisch lächelnd: „Genieße immerhin den köstlichen Rauch, das erhabene Nichts.
Es möge bald auch Dein Sinnbild werden!" —

Indessen näherte sich der Sultan, der überall uner= wartet zu erscheinen pflegte. Muhamed empfing ihn mit den folgenden Worten: „Großmächtigster Sultan! Schön und herrlich ist's zu schauen, wie die Haufen der Erschlage= nen sich vor der Festung thürmen. Es scheint, als ob die verfallenen Mauern aus Menschen wieder aufgebaut wären. Der Tod hält auf den Wällen offene Tafel, doch regt sich dabei kein Laut, als wären die Gäste stumm und taub ge= boren. Nur die warmen Spuren des Blutes zeigen, daß Menschen noch vor Kurzem hier gehaust haben. Erlöschen muß der Perser Name, wie das Licht der Sterne, wenn der Sturm erwacht."

Ohne dem Grausamen irgend einen Beifall zu bezeigen, erwiederte der Sultan mit gebieterischem Ton: „Führe die letzten Scharen meines Heeres zum Siegeseinzug in die Stadt! Der Soldat bleibe jedoch ruhig! Keiner wage es, aus den Reihen zu treten! Blinden Gehorsam ford're ich; nur so kommt Großes zu Stande. Schrecklich bin ich den Übertretern meiner Befehle; ihr kennt mich." —

Muhamed erwiederte mit heuchlerischer Miene: „Ich, der Erste, der die mondgeschmückte Fahne auf Bagdads höchste Mauer pflanzte, und Deinen Namen den Sternen nannte, ich wage es, o Herr! Dir in Demuth zu rathen: Geselle, was da lebt, den Todten zu! Bagdad werde dem ebenen Boden gleich, auf dem es steht! Nur so kann der Übermuth der Verwegenen — —"

„Schweig!" zürnte der Sultan; „der Perser liebt sein Vaterland; soll ich dies als ein Verbrechen strafen?" —

Der Vezier, der sich so zurückgewiesen sah und nun einmal in der Laune war, etwas Böses zu thun, führte den Sultan zu der Grube, in welcher der Aga sich am Tabakrauch ergötzte. Als dieser den Sultan erblickte, sprang er schnell heraus und warf sich zu dessen Füßen.

„Du wagst es, mein Verbot zu übertreten?" sagte Morad.

„Ach!" seufzte der Aga, „ich verbarg mich in die Grube, um sicher zu sein; ich glaubte nicht, daß Deine Macht sogar unter die Erde reiche."

Diese Worte thaten auf den hochsinnigen Herrscher mehr Wirkung, als der Sprechende vermuthete.

Morad schwieg betroffen; dann sagte er: „Armseliger Wurm! Dein Mund verkündete einen Spruch der Weisheit, von welchem Du selbst keine Ahnung hegst. Ein höherer Geist legte sie Dir auf die Zunge. Ja! eine Beute des Augenblicks ist das Leben, beschränkt und nichtig unsere Macht. Jede Grube, jede Erdscholle erinnert uns daran, wie leicht, wie schnell alle Größe schwindet. Für diese Lehre sei Dir vergeben!"

In diesem Augenblicke brachte ein Anführer der Janitscharen die Nachricht, kurze Zeit nach dem Einzuge des siegreichen Heeres habe sich ein tollkühner junger Perser, mit Wunden bedeckt, nur von wenigen Gefährten begleitet, in die dichtesten Scharen der Osmanen gestürzt, und mit wild

geſchwungenem Säbel, einem Todesengel gleich, die Ta=
pferſten der Osmanen zu Boden geſtreckt. Allgemeiner
Schrecken verbreitete ſich; Hunderte ergriffen die Flucht.

Blitze der Wuth flammten aus Morads Augen,
und er rief mit furchtbarer Stimme: „In Aſien und Europa
weht die furchtumſtrahlte Fahne meiner Siege, und trotzen
will mir die ohnmächtige Stadt? Was noch im Lager ſteht,
rücke vor in dichten Maſſen! Ich ſelbſt will an ihrer Spitze
kämpfen. Verſchont ſei nicht das Kind an der Mutterbruſt,
nicht der Greis, der betend auf Gräbern kniet! Mordet nun,
ſengt und brennt, wie's Jeden lüſtet!" —

Morad zückte und ſchwang das mit Edelſteinen be=
ſetzte Schwert; Muhamed ergriff die heilige Fahne. Mit
wildem Geheul folgten ihnen die blutlechzenden Scharen.
Sie drangen in die Stadt, tödtend und plündernd. Ach=
med, jener Todesengel, welcher die Osmanen in Schrecken
geſetzt und in die Flucht getrieben hatte, ward gefangen,
die Stadt von allen Seiten eingeſchloſſen.

––––––––––

Unter Denjenigen, welche ſich mit Achmed in die
Scharen der Turkomanen geſtürzt hatten, befand ſich auch
Schah Kuli, der ſeine Rettung nur einem Wunder zu
danken ſchien.

Die Nacht ſank. Das Schlachtgetümmel ſchwieg. Die
Flammen loderten aus vielen Häuſern zum ſchwarzen Him=
mel empor. Auf den Trümmern einer eingeſtürzten Feſtungs-

mauer stand Schah Kuli, blickte auf die mit Schutt und
Leichen bedeckte Erde hinab, blickte zum glutrothen Him=
mel empor. Verzweiflung trieb ihn umher wie einen Geist,
dem das Grab die Ruhe versagt. So verging die Nacht.
Die ersten Glutflammen des Morgenrothes erhellten den
Himmel. In diesem Augenblick schien ein großer Gedanke
in seiner Seele zu erwachen. Er sank auf die Knie, und hob
mit beiden Händen seine Harfe empor, welche das Morgen=
licht mit einer Glorie umfloß.

Auf einer weiten Ebene außerhalb Bagdad sammelten
sich die osmanischen Kriegsscharen, und umgaben in halb=
mondförmiger Stellung einen hohen, thronähnlichen Sitz.
Züge von Janitscharen führten die Bewohner Bagdads bei=
derlei Geschlechts und die kriegsgefangene Besatzung, beinahe
dreißigtausend an der Zahl, in mehreren Abtheilungen her=
bei. Der Vezier befahl den Truppen, sich zum Blutvergie=
ßen bereit zu halten, denn es sei des Sultans Wille und
Befehl, daß kein Perser am Leben bleibe. Tiefe Stille
herrschte ringsumher. Die Sonne schoß ihre ersten Strahlen
über die Gebirge hervor. Die Bewohner höhern Rangs wa=
ren in besondere Abtheilungen zusammen gestellt. Unter die=
sen befanden sich Emir Oglan und Fatime, Achmed
und Schah Kuli. Jetzt erschien der Sultan. Ingrimm
verdüsterte sein Angesicht. Er bestieg den Thronsitz, zu dem

mehrere Stufen führten. Die Vornehmſten ſeines Heeres umſtanden ihn. Die Gefangenen warfen ſich zur Erde, furchtſam emporblickend. Nach langem Schweigen erſchollen Morad's Schreckensworte: „Das Todesurtheil ſprech' ich über euch!" — Muhamed winkte. Die Soldaten zuckten plötzlich die Säbel und umzingelten die Gefangenen mit den emporgeſchwungenen Waffen. Muhamed fragte: „Soll das Todeswerk beginnen?" —

Das Antlitz abgewendet, ſprach Morad mit dumpfer Stimme: „Beginnt!" Und laut rief Muhamed: „Beginnt!" — Eh' aber noch das Gemetzel begann, ertönte ein furchtbarer Schrei. Schah Kuli riß ſich aus der Menge, drang durch die erſtaunenden Scharen der Bewaffneten, ſtürzte, das Scheschdar im Arme, vor Morad's Thronſtufen hin, und ſprach:

„Schleudert Deine Rechte den vernichtenden Donnerkeil, ſo ſende Deine Linke den ſegnenden Gnadenſtrahl! Höre Sultan, die letzten Worte eines Lebenden, die er für Tauſende von Todesopfern ſpricht!" —

Lächelnd und voll Verwunderung über ſolche Kühnheit, ließ Morad ſeine großen Feueraugen auf der edlen Geſtalt des Sprechers weilen, dann ſagte er mit mildem Tone: „Wer biſt Du? Was verlangſt Du?"

Dadurch ermuthigt, begann Schah Kuli: „Seit meiner Jugend kaum aufgeblühtem Daſein war all' mein Streben und jede meiner Kräfte der Kunſt geweiht. Meinen Weg erhellend mit der goldenen Fackel der Dichtkunſt, ver-

senkte ich mich in das geheimnißvolle Labyrinth der Harmo=
nie des edlern, höhern Lebens. Mich lehrte sie ein Genius,
und heilig ist meine Kunst. Durch des Gesanges Zauber kann
ich die Herzen der Menschen rühren, den Geist erheben und
zermalmen, Entzücken und Entsetzen hervorrufen, der Lei=
denschaften flammensprühende Ungeheuer beherrschen und sie
zum Schönen und Guten lenken. Noch ist es mir aber nicht
gelungen, in die verborgenen Tiefen der Kunst einzudringen,
denn unermeßlich ist ihr Reich. Hätte ich ihren himmlischen
Kranz errungen, des Lebens höchstes Ziel, dann würde ich
mein Loos gegen keinen Thron der Erde vertauschen, — nicht
gegen Morad's Thron! — Erlaube mir, eh' auf Deinen
Wink das Blut der Tausende strömt, eine Probe meiner
Kunst im Gesang und Saitenspiel Dir zu geben!" —

Morad sprach: „Ist Deine Kunst den Worten gleich,
so ist sie schön und herrlich. Beginne den Gesang!" Mu=
hamed murmelte mit heimlichen Ingrimm: „So singe
Bagdad und Dir selbst das Todeslied!" —

Schah Kuli hob sein Haupt zur Sonne empor und
sprach: „O Hafiz und Sadi! Ihr Himmelsgeister, zu
deren Marmorsärgen Persien wallt, sie mit Rosenkränzen
zu schmücken! Bei den Lauben des Paradieses beschwöre ich
euch: Wenn ich schon als Knabe in den Hallen eurer Grä=
ber Nächte durchwachte, geheimnißvollen Himmelsstimmen
horchend, allen Freuden des Daseins entsagte und eurer
Kunst mein Leben weihte, o so umschwebt mich nun und
sprecht durch meinen Mund!" —

Feierliche Stille herrschte. Die Tausende schienen eine ungeheure Marmorgruppe zu bilden. Schah Kuli erhob sich von den Knien, ergriff das auf der Erde liegende Scheschdar, trat in der edlen Stellung eines Begeisterten vor Morads Thron und begann, während die Saiten dumpf und leise rauschten:

Welches Ächzen, welches Klagen
Athmet aus dem Schooß der Nacht?
Ausgewüthet hat die Schlacht,
Und vom Blutfeld zieht der Tod
Fort im hohen Siegeswagen.
Gestreckt auf weiter Fläche liegen
Die Trümmer von den Tausenden
Den Todten Todte aufgehäuft,
Die Sieger den Besiegten, schmiegen
Verstümmelte sich Sterbenden,
Die sterben w o l l e n und nicht k ö n n e n,
Der Todessense schon gereift.
  O gräßliche Scenen
  Voll Heulen und Stöhnen!
  Bei strömendem Blut
  Verzweiflung und Wuth!
Doch schon verhallt das Wehgeschrei,
  Und düstre Nacht verhüllt
  Das weite Leichengefild.
Der Kampf des Lebens ist vorbei!
Die immer schwächern Töne schwinden;
Geopfert starrt ein Heer.
Es regt kein Laut sich mehr,

Und zürnend über Graus und Schutt
Schreitet in verhol'ner Wuth
  Der Geist der Rache hin.
  Du, Morad, riefest ihn!
Er kam, gehorsam Deinem Wink;
Er hat des Elends Maß verspendet:
  Es ist vollendet!
  Du riefst ihn freventlich;
  Nun aber wagt er Dich
  Vor seines Thrones Stufen
  Zur Rechenschaft zu rufen.
Von Allen verlassen,
Nur von der Verzweiflung nicht,
Sollst Du erblassen.
Aber, auf Strömen des Lichtes aufwallend,
Von Friedensgesängen erschallend,
Zieht der Edeln Geisterchor
Durch des Paradieses Thor.
Von glanzerfüllten Blumen weht
Sanftathmendes Entzücken;
Sie würdig zu empfangen, steht
Mit liebevollen Blicken
Ätherischer Jungfrauen Kreis,
Geschmückt mit Reiz und Palmenreis.
Nur freien Tod für's Vaterland
Umstrahlt des Ruhmes Sternenband;
Den Sklaven, stürb' er zehnfach auch,
Begrabet kaum des Landes Brauch.

❋

In Furcht und Hoffnung schweben
Wir zwischen Tod und Leben.
Die Tugend spricht durch meinen Mund:
Ihr Engel, tretet in den Bund!
O Sultan, höre den Gesang!
Er ist des Himmels reinster Klang.
Sei größer als Dein Zorn! o schone!
Verzeihung ist des Fürsten Krone.

*

Du sahst, o Fürst, die Tausende!
Sie füllten Thal und Höh'.
    Wo sind sie hin?
Und es schlug doch in Jedem von ihnen
Ein Herz voll Liebessinn.
Und Jedem von ihnen entglühte die Brust
    Von Lebenslust!
    Wo sind sie hin?
Wehrlose Weiber, gefesselte Helden,
Lallende Kinder und zitternde Greise
Zog Morab's Wuth zum Richtplatz hin.
So weit geht Menschenrache nicht!
Ein Würgengel selbst stieg aus heulender Nacht!
Schon rasen Drometen, schon brausen die Trommeln,
Schon blinken blutlechzende Schwerter, schon —
Morab! Morab! sei ein Mensch!
Dein Herz ist edel, groß Dein Geist,
Dein Arm ein Blitz in Todesschlacht.
Muth adelt Deine Kraft,
Und Deine Weisheit schafft
Die angestaunte That.

Mächtig herrschend wie ein Gott
Waltend über Menschennoth,
Streuft Du Weh und Wonne,
Wie ihr Licht die Sonne
Von der Hoheit Himmelsbogen,
Wie ein Strom die ew'gen Wogen.
    Laß der Thaten Eine
    Deinen Thron nicht schänden,
    Nicht Dein Grab entehren,
    Deinen Ruhm entwenden!
Vor Tausenden D i r ward die Macht, zu beglücken.
Sei Ebenbild Gottes, der Menschen Entzücken!

* * *

Morad sprang mit emporgehobener Rechte vom Throne auf und rief: „Lebt und seid frei!" — Ein tausendstimmiger Jubelschrei stieg zum Himmel. Die Entfesselten stürzten sich auf ihre Knie. Schah Kuli blickte auf sie, schweigend, im erhabenen Gefühle des bewirkten Glückes, und als die Dankbaren sich um ihn drängten, sprach er mit seligem Lächeln: „Nicht mir, — der Kunst zollt euern Dank, und jeder Gute sei dem Künstler hold!" —

Morad rief: „Fordere! Jeder Lohn sei Dir gewährt." — Schah Kuli erwiederte: „Ich habe Bagdad und das Leben und die Freiheit von vielen Tausenden gerettet; kann ich einen schöneren Lohn finden, als dieses Bewußtsein?" — Er wendete sich nun zu dem herantretenden Emir Oglan mit den Worten: „Laß mein Werk mich

krönen! Fatime werde Achmed's Weib und segne
mich!" —

Die Liebenden sanken sich in die Arme. Sultan Mo=
rad zog den, mit Edelsteinen besetzten goldenen Halbmond
aus seinem Turban, stieg vom Throne und reichte ihn dem
— durch Beglücken glücklichen Sängerfürsten.

Die

Sehnsucht nach der stillen Wohnung.

VII.

Ich war von meinen Kinderjahren an ein Freund der Stille; sie ging mir über Alles, und das Schönste verlor für mich seinen Werth, sobald es mit Lärmen oder Geräusch verbunden war. Eine Waldpartie, in der, außer dem leisen Rauschen der Baumwipfel, dem Gemurmel eines Bächleins und dem Gesange der Vögel, das tiefste Stillschweigen herrschte, war mir ein Paradies. Selbst die Ruhe eines Friedhofes that mir wohl, und eine stille Frühmesse in der uralten Dorfkirche beruhigte mein Gemüth, erhob meine Seele; alles Getöse aber zerriß mir das Herz. Insbesondere verhaßt waren mir die kreischenden Stimmen zankender Weiber, die gällenden, schneidenden Töne schlechter oder schlecht gespielter musikalischer Instrumente, das Geklapper der Mühlenräder und Wägen, das polternde Gehämmer der Schlosser und Schmiede, das Geläute unharmonischer Glocken, Kindergeschrei, Schafgeblöke, Gänsegeschnatter, das Gekläffe kleiner Hunde, distonirende Singstimmen, Knarren der Thüren u. s. w.

Diese mir angeborne Liebe zur Stille steigerte sich mit der zunehmenden Liebe zum Dichten, die mir gleichfalls an-

9 *

geboren zu sein schien. Mein Museum sollte daher stets vom tiefsten Schweigen umgeben sein; dies war das Haupter= forderniß, welches ich bei dem Miethen jeder Wohnung stellte, ohne je befriedigt zu werden. Mein Leben glich da= her durch viele Jahre einer rastlosen Wanderschaft, ich selbst dem ewigen Juden, der nirgends Ruhe fand.

Als ich, meinen Verhältnissen folgend, das Still = Le= ben ländlicher Einsamkeit verließ und in die Stadt zog, nahm ich meine erste Wohnung bei einem Singmeister, einem ält= lichen, ernsthaften Junggesellen, der mich versicherte, daß er den ganzen Tag nicht zu Hause sei. Eben dies entzückte mich; ungestörte Stille war ja eben mein sehnlichster Wunsch.

Zwölf glückliche Tage flogen dahin. Ich arbeitete vom frühen Morgen bis in die späte Nacht, hatte auch wirklich schon zwei Novellen und eine Humoreske geschrieben, auch einen Liederkranz auf die Einsamkeit angefangen; da brach am dreizehnten Tage in dem Nebenzimmer, welches mein Quartierherr bewohnte, plötzlich ein — so kam es mir im ersten Augenblick vor — tausendstimmiges Getöse los. Es war ein Chor aus „Robert der Teufel." Das höllische Ge= schrei dauerte eine volle Stunde, während welcher ich, Ver= wünschungen ausstoßend, wie ein Wahnsinniger im Zimmer herumlief, nur die Worte ausstoßend: „Himmlische Ein= samkeit! höllischer Teufel!" —

Es wurde an die Thür gepocht, und mit einem vor Freude verklärten Angesicht trat der Singmeister in's Zim= mer mit dem Ausruf: „O himmlischer Mayerbeer! o göttlicher Teufel!" —

„Wie? (polterte ich ihm entgegen.) Ich wollte, Ihr himmlischer M a y e r b e e r wäre noch ungeboren und Sie sammt ihren höllischen Geistern wären in stumme Fische verwandelt! Sie haben mich belogen, Sie versprachen mir die tiefste Stille, und nun——"

„Verzeihung! (sagte der Betroffene.) Ich habe Sie nicht belogen; erst seit gestern hat mir der Theaterdirektor die Abrichtung seines Chorpersonales übertragen. Sie werden nun selbst einsehen, daß ich ein so einträgliches Geschäft nicht zurückweisen konnte." —

Ich. Und S i e werden wohl auch einsehen, daß Ihre Teufelschöre mich bald dahin brächten, im Chore der Engel mitzusingen. Sie müssen Ihre unterirdischen Hymnen wieder aufgeben, oder —

Er. Lieber zehn Zimmerherren, als dieses herrliche Geschäft!

Ich. So sind wir geschiedene Leute. Ich suche mir sogleich eine andere Wohnung.

Er. Fahre hin, unharmonische Seele!

————

Der Choriphäus sprach diese Worte mit Verachtung, kehrte mir den Rücken zu, und ging brummend zur Thür hinaus.

Nach einer Stunde brachte mir mein Schneider den neuen Gehrock. Ich klagte dem Gefühlvollen meine Leiden. Er äußerte unverholen seinen Widerwillen gegen die ganze Tonkunst, und trug mir ein Miethzimmer in seiner eigenen Wohnung mit der Versicherung an, daß dem Gesang und

allen mufikalifchen Inftrumenten der Eintritt bei ihm ver=
fagt fei.

Wir wurden fogleich einig, und ich bezog fchon am
nächften Morgen meine neue Wohnung in dem Augenblicke,
als ein Dämonengetöfe, meine Schritte beflügelnd, mich
aus der alten hinaustrieb.

Drei ftille Tage in der Schneiderwohnung flogen mir
dahin wie drei Stunden. Ich dichtete und fchrieb ohne Un=
terbrechung.

> »Immer fchwarz und immer naß
> Ging's aus meinem Tintenfaß.«

Leider aber war's im Buche des Schickfals befchloffen,
daß auf diefe drei Tage des Entzückens drei Tage der Ver=
zweiflung folgen follten. Die Gattin des Herrn Schneider=
meifters kehrte am vierten Tage von einer kleinen Luftreife
zurück, und kam mit nicht weniger als eilf unfchuldigen, kern=
gefunden Kindlein im Haufe an, den füßen Früchten einer ge=
fegneten, glücklichen Ehe. Die ganze Brut fchien Pocken,
Mafern, Scharlachausfchlag, Bräune und alle übrigen Kin=
derkrankheiten nur deshalb fo gut überftanden zu haben, um
jetzt, wie ein Heer von Höllengeiftern, über mich und meine
Ruhe herzufallen und die Stille von der Erde zu verfcheu=
chen. Das Schreien, Weinen, Poltern, Heulen, Winfeln
und Kreifchen nebft dem gällenden Nafengefange der Am=
men und Wärterinnen nahm kein Ende. Die unglückfeligen
kleinen Kreaturen fchienen ganz fchlaflos zu fein; fie machten gar
keinen Unterfchied zwifchen Tag und Nacht. Mund und Fü=
ße der Schneider = Nachkommenfchaft blieben in ewiger Thä=

tigkeit. Ein Kind quickte mit einer hölzernen Trompete, das andere ließ einen Kukuk schreien, das Dritte schlug die Trommel, zwei Andere balgten sich, Eines fiel und heulte, ein Anderes fuhr mit einem rasenden Wagen herum u. s. w. In Mitte der lärmenden Unholde saß die Schneidermutter, und Thränen der Freude quollen über die Wangen der Glücklichen. Dann gesellte sich der Schneidervater zu der Schneidermutter, und flüsterte den Schneidergesellen lächelnd zu: „O die kleinen Engel!"

Ich arbeitete an einem Gedichte: „Der Glücksstern;" aber mein Unglücksstern brachte mich dahin, die ersten Blätter wieder zu zerreißen, und ich schrieb dafür ein Gedicht, betitelt: „Der Unstern;" bald nachher ein anderes: „Der bethlehemitische Kindermord," voll der gräßlichsten Schilderungen. Die Verzweiflung hatte mir den Stoff und die kannibalische Begeisterung gegeben, die Verzweiflung lieh mir auch die grellsten Farben dazu. Bei einem Lobgedicht auf den Gesang der Nachtigall wurde ich so verwirrt, daß ich mit einer Humoreske auf die Gänse endigte. Vergebens that ich mir zwei lange Tage hindurch übermenschliche Gewalt an; meine unerhörte Geduld hatte nur die traurige Folge, daß ein Theil des wilden Heeres mit täglich zunehmender Keckheit sogar in mein Zimmer stürmte, aus dem ich in diesem Augenblick wie ein Hirsch dem Bereiche der Parforce=Jagd entfloh, mit meinen in Eile zusammengerafften Manuskripten und Büchern zum Schneidermeister rannte, ihm den Miethzins auf den Tisch legte, und das Haus verließ.

✳

Ein Zettel an einem Hausthore in der nächsten Gasse verkündigte, daß im dritten Stockwerk eine Wohnung zu vermiethen sei. Ich stieg die Wendeltreppe hinauf, klingelte, und ein ehrwürdiges Mädchen zwischen sechzig und siebzig Jahren öffnete die Thür. Ich besah das Zimmer; es gefiel mir. Meine erste Frage war: Ob die Vermietherin Kinder habe? — Sie erwiederte, zart erröthend: „Weder jetzt, noch zu hoffen!" —

„Keine Kinder?" rief ich entzückt; „Gott sei Dank!" Der Handel wurde sogleich abgeschlossen, und eh' eine Vier-telstunde verflossen war, nahm ich meine neue Wohnung in Besitz, mit dem erfreulichen Bewußtsein, daß im Neben-zimmer ein alter, schweigsamer, schwächlicher Hagestolz wohne, der, wie die Quartier-Inhaberin mich versicherte, nicht nur ein Feind vom Reden, sondern auch ein Men-schenfeind sei. Es blieb mir also nichts zu wünschen übrig. Welche glückliche Lage, ganz dazu geschaffen, um Lorbeern und Honorar im Überflusse zu erwerben! Ich setzte mich so-gleich an den Schreibtisch, dem ich Überglücklicher es nicht übel nahm, daß ihm der vierte Fuß mangelte, durchblät-terte meine Plane zu künftigen Werken, nahm einen der-selben aus dem Hefte heraus, und fing, nach kurzem Nach-sinnen, frisch zu schreiben an. Gedanken und Bilder ström-ten mir zu, wie die Wellen eines Flusses. Ich mochte un-gefähr zwei Stunden geschrieben haben, als ein plötzliches Gekreisch mir beinahe das Trommelfell zersprengte.

Einige schmetternde, ungeheuer falsche Töne eines Wald-horns, das Lieblings-Instrument des alten, schweigsamen, schwächlichen Nachbars Hagestolz, s i e waren es, die mir, wie die Posaune des jüngsten Gerichtes dem Sünder, plötz= liches Entsetzen durch alle Glieder jagten. Indem ich auf= sprang, entdeckte ich erst jetzt eine vorher nicht bemerkte Thür, welche ehmals die Gemeinschaft zwischen beiden Ge= mächern unterhalten hatte. In meiner Verzweiflung kam mir aber doch der etwas beruhigende Gedanke, daß der alte Junggesell zu schwächlich sei, um seinen Athem lange auf diese Blase=Virtuosität vergeuden zu können; ich beschloß daher, das Ende der Höllenmusik, welches bald erfolgen müsse, ruhig abzuwarten. Und siehe da! es trat wirklich nach wenigen Minuten eine Pause ein. Ich ergriff, in der Meinung, den Sturm überstanden zu haben, die Feder, um an meinem Gedichte: „Die Äolsharfe", weiter zu arbeiten; ich hatte aber kaum ein paar Dutzend Verse ge= schrieben, als eine neue Horn=Explosion losbrach. Ich ergab mich in mein Schicksal, legte die Feder weg, und saß, an den Nägeln kauend, eine Viertelstunde, während mir die herrlichsten Gedanken, wie die Vögel aus einem Käfig, ent= wischten.

Fünfzehn Minuten waren in das Meer der Ewigkeit geflossen, und — das Horn schwieg. Wer war glücklicher als ich! Stürmisch vor Freude, stieß ich die Feder so gewal= tig auf den Boden des Tintenfasses, daß sie aus dem schwar= zen Meere als Mohrin mit verbogener Spitze herauskam, und das erste Wort, welches ich schreiben wollte, ein gro= ßer Klecks wurde. Als ich das verunglückte Wort zum zwei= tenmal schrieb, erscholl der furchtbare Ton des Schreckhorns

wieder, ein Ton, der mir das Mark in den Gebeinen er=
schütterte, ein Ton, der die Todten in den Gräbern erwe=
cken konnte.

In demselben Augenblicke setzte der Hornist ab, und
sagte: „Ist das Duett fertig?" — Die Stimme des Haus-
herrn erwiederte: „Ja — und w i e!" —

Sogleich fingen z w e i Waldhörner, statt des e i n e n,
zu toben an. Eine Art von Wahnsinn ergriff mich. Ich
sprang wie ein Beutelthier im Zimmer herum, und die Gei=
ster der von den Hornisten ermordeten poetischen Gedanken
wirbelten wie ein Hexentanz in meinem Kopfe. Die Gold=
stücke des verlorenen Honorars sprühten mir wie Höllen=
flammen entgegen, und die eingebüßten Lorbeern träuften
von Blut.

Ich gedachte mit nassen Augen des Spruches: „Non
habemus civitatem permanentem" *), ging nach geendig=
tem Duett in das Zimmer der höllischen Virtuosen, legte, ohne
ein Wort dabei zu sprechen, den Miethzins in die untere Höhle
der Öffnung eines dieser Satans = Instrumente hinein, sagte
mit feierlicher Betonung: „Hier ist meines Bleibens nicht!"
und schritt feierlich zur Thüre hinaus.

✳

Während ich mehrere Gassen durchwanderte, um eine
neue Wohnung zu suchen, riß mich mein Mißmuth in den
tollen Irrthum, daß Musik und Kindergeschrei Eines und
dasselbe seien. Ich beschloß also, bei der nächsten Zimmer=

---

*) »Wir haben keine bleibende Stätte.«

miethe die unerläßliche Bedingung zu setzen, daß weder ein
Kind noch ein Musikus sich im Hause befinden dürfe. Der
Gedanke, daß ich bei meinen beschränkten Vermögensum=
ständen schon zweimal das Miethgeld für einen ganzen Mo=
nat gezahlt hatte, wo ich das Zimmer doch nur wenige Tage
oder Stunden bewohnte, war die Essigmutter der widrigsten
Empfindungen; denn wie wenig Ursache ich hatte, das Geld
hinauszuwerfen, geht schon daraus hervor, daß ich vor Kur=
zem an meine Mutter einen sehr zärtlichen Brief geschrieben
hatte, worin ich sie bat, mir neun Hemden zu schicken, weil
der Anstand es fordere, wenigstens ein volles Dutzend zu haben.

Nachdem ich mehrere Miethzimmer besehen hatte, wel=
che die erwähnten Friedensbedingungen nicht erfüllten, stand
ich wieder vor einem Hausthore, an dem ein Zettel klebte,
der mir sagte, daß hier ein schönes, lichtes Zimmer mit sepa=
ratem Eingang, nur für Herren, zu vermiethen sei. Ich
stieg drei Treppen aufwärts, besah das Zimmer, und der
Vermiether, ein solider Mann, gab mir sein Ehrenwort,
daß in dem ganzen Hause weder ein Kind noch ein musika=
lisches Instrument zu finden sei. Wer war glücklicher als ich!
Nach einer Stunde saß ich schon in meiner neuen Wohnung.

Der Vermiether bewillkommte mich mit freundlichem
Ernst, und bat um die einzige Gefälligkeit, mich sehr ruhig
zu verhalten, denn sein Haus sei der wahre Tempel des
Schweigens; nicht einmal das Nagen einer Maus oder
eines Holzwurms sei hier zu vernehmen. Der Hausherr er=
klärte mir, daß er nur dem Geist lebe, das heißt, daß er
ein Schriftsteller sei. Ich erwiederte, daß ich zu seiner Fahne

geschworen habe. Er gab mir den Bruderkuß, und nannte seinen Namen, der mich aber befremdete, da ich ihn weder in einem Journale genannt, noch je auf dem Titelblatt eines Werkes gefunden hatte.

Zwei Tage verfloßen; ich schrieb ohne Aufhören. Die beschriebenen Bogen häuften sich, und ein Heer von Leich=namen stumpfer Federkiele lag auf dem Tische.

Am Morgen des dritten Tages meiner glücklichen Ein=samkeit saß ich eben beim Frühstück, als sittsam und leise an die Zimmerthür gepocht wurde. Und siehe da! Herein trat, das Gesicht zu einem freundlich grinsenden Lächeln verzerrt, mit vielen Kratzfüßen, mein Quartierherr. Er hielt unterm linken Arme ein Packet Schriften. Bei dem Rückenkrüm=men und Kratzfüßeln entschlüpfte dem Tragenden das Papier und fiel klatschend zu Boden. Hatte mich schon das Getöse erschreckt, so erschrak ich noch mehr, als ich die M e n g e des, ach! beschriebenen Papiers erblickte. Herr S ch m i d, so hieß der Mann, ließ sich durch den kleinen Unfall nicht im Geringsten aus seiner philosophischen Gemüthsruhe brin=gen, sondern hob, meine Beihilfe zurückweisend, die Pa=piere sorgsam auf, und sagte mit dem ihm eigenen stereoty=pen Lächeln und mit dem Ausdruck unverkennbarer väterli=cher Zärtlichkeit: „Ihr losen Schelme! Ihr ungerathenen Kinder! Ihr kleinen Mohren, auf schneeweißem Linnenzeug ruhend! Ihr Geister in Lumpenhülle! Wollt ihr eurem Vater, dem Archimagus, entlaufen, eh' ihr noch mündig seid, um in den Mund aller Welt zu kommen?" —

Während dieser Rede stand ich unbeweglich wie eine

Bildsäule, indem ich aus jenen entsetzlichen Phrasen er=
kannte, daß der gefallene Papierkoloß aus einer Quantität
von Manuskripten bestehe, welche höchst wahrscheinlich be=
stimmt seien, mir entweder vorgelesen oder zur Beurtheilung
vorgelegt zu werden. Ich hatte mich, leider! nicht getäuscht!

Mit einer bittersüßlichen Mischung von stolzem Selbst=
gefühl und demüthiger Bescheidenheit legte Herr S ch m i d
seine Manuskripte auf den Tisch und sagte mit dem ihm
eigenen stereotypen Lächeln: „Erlauben Sie mir gefälligst,
Ihnen einige von einem gewissen I g n a z i u s A l o i s i u s
S ch m i d geschmiedete Kleinigkeiten zur unparteiischen Beur=
theilung vorzulegen. Es sind nur winzige Versuche, deren
keiner mehr als drei bis vier Bändchen in Taschenformat
einnimmt. Schriftsteller müssen einander ja wechselseitig
Beistand leisten. Es geht ja nichts über die Harmonie der
Geister." —

Ich wurde bleich wie die mich umgebenden kreideweißen
Zimmerwände, nickte schweigend mit dem Kopfe, wie die mar=
morne Statue des ermordeten Comthurs in M o z a r t s Don
Juan, und ließ den Herrn S ch m i d gewähren. Der Mensch
zankt und lärmt, wenn ihm der Bediente eine Lieblings=Kaf=
feehschale zerschlägt, aber er verstummt und erstarrt, wenn
das Erdbeben tausend Häuser zertrümmert.

Und nun fing denn Herr S ch m i d an, mich zuerst mit
den Titeln der Manuskripte bekannt zu machen, wobei er
mich versicherte, es gebe kein Fach im philosophischen,
historischen und poetischen Gebiete, in dem er sich nicht schon,
mit mehr oder weniger Glück versucht habe. Das erste Ma=

nuſkript führte den Titel: „Hiſtoriſch-politiſches Weltpano-
rama aller Völker und Zeiten, nebſt vorſündflutlichen Fern-
blicken und Viſionen der Zukunft." — Das zweite: „Welt-
ſchmerz eines Zerriſſenen; Lyriſche Ergüſſe." — Das Dritte:
„Die wilden Menſchen und die zahmen Thiere; humoriſti-
ſche Parallelen." — Das vierte: Theorie der unentdeckten
Wiſſenſchaften." — Das fünfte: Lebensglut und Todeswuth;
tragiſche Trilogie." — Das ſechſte: „Die weinenden Jahrhunderte; ein Luſtſpiel zum Tobtlachen." — Das ſiebente:
„Der Krieg der Elephanten und der Mücken; ſatyriſche Di-
daskalie." — Das achte: „Meſſing, Blei, Glasſcherben;
ein kritiſches Quodlibet." —

Ich erklärte, daß leider ein bringendes Geſchäft es
mir für den Augenblick unmöglich mache, der intereſſanten
Vorleſung beizuwohnen; wolle er mir aber etwa eines der
ſchätzbaren Manuſkripte vertrauen, ſo — —

„Alle, alle!" rief er freudig. „Machen Sie mir aber
nur das einzige Vergnügen, ſich ein paar Vorreden leſen
zu laſſen, die von Tiefſinn und Humor ſprudeln. Sie ent-
halten, gewiſſermaßen die Quinteſſenz von jedem meiner
Werke." —

Ich ließ es mir, meine Geduld auf die Folter ſpan-
nend, gefallen. Als ich ſtatt zwei Vorreden ſchon deren vier
verſchluckt hatte, wollte ich haſtig aufſtehen; er drückte mich
aber mit ſanfter Gewalt auf den Stuhl zurück und bat, nur
der Inhaltsanzeige gütigſt einige Minuten zu ſchenken. Ich
ergab mich mit beiſpielloſer Reſignazion in den Willen des
Schickſals. Die chaotiſchen Inhaltsmaſſen waren überſtanden,

ich wollte abermal aufstehen; er hielt mich abermal fest: „Nur
die ersten Blätter meiner kühnen Theorie der unentdeckten Wis-
senschaften und ein paar gräßlicher, grauenerregender Sodoma-
und Gomorrha- Szenen, worin das tragische Element in seiner
höchsten Stärke waltet, belieben Sie noch anzuhören. —

Und ich ergab mich abermals in den Willen des Schicksals. Als auch dieser bittere Kelch geleert war, sagte er:
„Nur ein paar Gläschen von den vulkanischen Strömen
meiner lyrischen Ergüsse müssen Sie noch genießen, dann
sollen Sie von dem Quälgeiste befreit sein.“ —

Ich stand auf, mit der Versicherung, daß ich keine
Minute mehr zu verlieren habe. Indem er nun einige Schritte
zurücktrat, bemächtigte ich mich des verlassenen Terrains
und schritt der Thüre zu, um mich aus meinem eigenen Zimmer zu flüchten, in dem ich vom Feinde blockirt wurde. Er
vertrat mir aber bittend und beschwörend den Weg und hielt
mich an den Rockknöpfen mit beiden Händen fest. Die Verzweiflung gab mir Muth und Kräfte, und indem er eben
ein Gedicht zu deklamiren anfing, sprang ich, alle Knöpfe
verwünschend, mit den Worten: „Verse, Herr Schmid,
wer schmiedet sie nicht?“ blitzschnell zur Thüre hinaus, leider ach! mit dem Verlust zweier Knöpfe, die in den Händen
des Feindes zurückblieben.

Als ich das Freie gewonnen hatte, und glücklich um die
Straßenecke gekommen war, blieb ich, erschöpft und athemlos stehen, und überdachte alle die unzähligen Leiden, die
wie eine Schar von Geiern über mich hergefallen waren.
Wehmuth umdüsterte meine tiefbetrübte Seele, und ich sagte

mit lauter Stimme: „Bin ich denn verurtheilt, die R u h e hienieden nur in einer einzigen Wohnung — im stillen, küh=len, engen, dunkeln, düstern, kalten Grabe zu finden?" — Die Bilder der erduldeten Leiden zogen wie schwarze Wolken durch meine Fantasie. Ich sah mich, wie einen Schiffbrü=chigen auf dem stürmischen Meere der kleinen Schneider=Ka=kodämonen; ich hörte das Gebrülle der Chorsänger, echter Höllengeister meiner gefolterten armen Seele; ich fühlte in allen meinen Nerven das gräßliche Kreischen und Schmet=tern der tartarea tromba, welche Torquato Tasso die Sata=niden als Virtuosen spielen läßt; ich schauderte vor der Stentorstimme, mit welcher der recitator acerbus mir seine opera omnia vorlas, ich glaubte die Posaune des letzten Gerichtes und den Urtheilsspruch ewiger Verdammniß zu vernehmen. Wo nun eine ruhige Wohnung finden? In den meilenlangen, pfadlosen Urwäldern Amerika's? In einer Wüste des steinigen Arabiens? Auf einer unbewohnten öden Insel?" —

Tausend Ideen und Plane durchkreuzten mein Gehirn und wurden eben so schnell ergriffen als festgehalten. Aus diesem Bildermeere tauchte endlich die Erinnerung an eine, im Schooße einer sehr einsamen schönen Gegend liegende Abtei auf, die mir eine heilige Ruhestätte gewähren würde, wo ich nicht nur einen Verein edler, würdiger und gelehrter Männer, sondern auch einige meiner geliebtesten Jugend=freunde fände, die, vom Weltgetümmel abgeschieden, der Welt durch Geist und sittliche Würde mehr nützten, als die Weltmenschen mit all' ihrem rastlosen Umtrieben, selbstischen

Plänen, prunkenden Empfindungen und bengalischem Ge-
niefeuer.

Dabei blieb es. Ich kehrte nochmal in das verlaffene
Zimmer zurück, bezahlte dem Vielwiffer den Miethzins,
packte meine wenigen Habseligkeiten zusammen, und machte
mich auf den Weg. Am Abend des nächsten Tages war die
Fußreise geendigt. Die untergehende Sonne verweilte noch
über einem waldigen Berggipfel; am Fuße des Berges stand
die Abtei, und ich klingelnd vor der Pforte.

Der Pförtner, ein Greis mit langem grauem Haar,
auf deffen Gesichte sich die Abendröthe der Natur mit dem
Morgenrothe der Gesundheit vereinigte, empfing mich freundlich und geleitete mich unter zahllosen Fragen über Dies und
Jenes zu meinem ältesten Jugendfreunde, dem vortrefflichen
Priester H o n o r i u s. Jahre waren verfloffen seit unserm
letzten Beisammensein. Zuerst welches unsichere beiderseitige
Anstaunen! Endlich welcher Jubel des Erkennens! P. H o =
n o r i u s stellte mich dem Abte vor, einem Manne, deffen
edles Äußere feinen Anstand mit Würde vereinigte, so wie
in seinem Innern Geist und Herzlichkeit, Ernst und Heiterkeit mit einander verschmolzen. Er ließ mir ein schönes Gemach mit der Aussicht in den Klostergarten anweisen. Die
tiefe Stille, die in diesem Heiligthum des Friedens herrschte,
ward nur durch das leise Rauschen eines Bächleins, durch das
Summen schwärmender Käfer, durch den Gesang der hier ein-
gebürgerten Vögel, und durch das trauliche Geflüster in den
luftigen Baumzweigen unterbrochen. Die geistlichen Bewohner

der Abtei wetteiferten im gefälligsten Benehmen, beobachteten die zarteste Aufmerksamkeit, um mich in den Arbeitsstunden nicht zu stören, und widmeten mir ihre, vom Kirchendienste und von den übrigen Berufsgeschäften freien Stunden.

Und so hatte ich Glücklicher denn die so lange vergebens gesuchte Ruhestätte gefunden! Nur Eines, nämlich das nicht selten erschallende Geläute vieler großer und kleiner Glocken kam mir in den Stunden der Begeisterung manchmal unge= legen. Da aber diese Störung auch die einzige war, und ein harmonisches Glockengeläute, obschon es bei längerer Dauer etwas Betäubendes hat, doch, im Ganzen genommen, durch das Feierliche und Erhebende dieser Himmelsklänge auf mich einen angenehmen Eindruck machte, so wurde ich mit dem wiederholten Läuten dieser Himmelsstimmen bald so befreundet, daß sie meine gute Stimmung sogar steigerten.

Aber ach! Menschliche Leiden währen gewöhnlich lange, desto flüchtiger sind aber unsere Freuden. Das Schwere senkt sich und lastet auf dem Boden ; das Leichte wird von einem Lüftchen emporgehoben und fortgetragen. So mußte das Unerwartetste geschehen ; eine neue Konstellation mußte am politischen Himmel eintreten, um einen Sturm herbeizufüh= ren und mich dem Hafen der Ruhe zu entreißen.

Ein Krieg brach aus. Truppenmärsche begannen, und wollten kein Ende nehmen ; Einquartierungen über Einquar= tierungen ! Selbst die Abtei blieb nicht verschont. Die Söhne des Mars füllten alle Straßen und Häuser. Säbelscheiden= Geklirre, Trommeln und Trompeten, Wagengerassel, **Kom=**

nandsworte, und Pferdegewieher füllte die Luft. In allen
Gängen, Sälen und Zellen wimmelte es von luftigen, laut -
redenden, lärmenden Kriegern. Die guten Mönche bewir=
theten ihre bewaffneten Gäste, so gut sie es vermochten,
konnten aber, ungeachtet ihrer zuvorkommenden Bereitwillig=
keit, manchen Ungenügsamen nicht befriedigen. Sie mußten
sich selbst Ruhe und Bequemlichkeit versagen, wofür sie oft
nicht einmal den traurigen Trost fanden, ihre dargebrachten
Opfer erkannt zu sehen, denn was sie auch leisteten, es galt
nur für Schuldigkeit.

Ich selbst glich einem aus seinem dunkeln Gebüsche auf=
gescheuchten Vogel. Am dritten Tage dieser militärischen
Herrschaft ging ich zum Abte. Er erschrack über meine ver=
störten Mienen. Ich dankte ihm für seine gütige Aufnahme,
sagte ihm, daß ich es in diesem ruhelosen wilden Getümmel
nicht länger auszuhalten vermöge, nahm von ihm und den
geistlichen Freunden Abschied, und verließ innigst gerührt
die heiligen Hallen, in deren stillen Räumen ich so glück=
lich war.

Ich wanderte nun mehrere Stunden nach einander
über Stock und Stein, ohne Ruh' und Rast, wie der ewige
Jude, ohne irgend ein bestimmtes Ziel vor mir zu haben.
Schon ging die Sonne, von mir beneidet, zur Ruhe; die
Erde wurde immer stiller, die Stimme des Unmuths in mir
immer lauter. Ich erstieg einen Berg, von dessen Gipfel ich
ein kleines, von waldigen Hügeln umgebenes Thal erblickte,
welches von aller Welt abgeschieden zu sein schien. Die letz=

10 ❀

ten Strahlen der untergehenden Sonne woben einen golde=
nen Schleier um die einsame Gegend, und indem die Far=
benpracht der Erdenblumen in der Dämmerung allmälig
erlosch, erglühten am Abendhimmel die vielfarbigsten Wol=
ken, wie Ätherblumen schimmernd. Dabei herrschte ringsum=
her eine so tiefe Stille, daß ich jeden meiner Schritte, selbst
das leiseste Gesäusel in den Gebüschen hörte, an deren Blät=
ter ich im Vorbeigehen streifte.

In der Mitte des Thales ragte, auf einer Terrasse ste=
hend, ein freundliches Landhaus empor. Um ein Obdach für
die Nacht zu erhalten, verließ ich meine Höhe. Waren die
Bewohner des Landhauses so freundlich wie das Äußere des=
selben, so konnten sie mir eine gütige Aufnahme nicht ver=
sagen. Mit Tagesanbruch wollte ich dann wieder den Wan=
derstab ergreifen; wohin? Das wußte ich selbst nicht.

Unter solchen Gedanken kam ich an den Bereich der
Villa. Im Vorgärtchen ging ein Mann, eine Gießkanne
in jeder Hand, auf und nieder, einen Staubregen über die
Blumenbeete strömend. Ich fragte, wer der Besitzer dieses
Hauses sei, und ob ich hoffen dürfte, e i n e Nacht hier be=
herbergt zu werden. Der Mann antwortete mir, daß er
meinen Wunsch der Eigenthümerin sogleich melden wolle,
und ging hinein.

Eine E i g e n t h ü m e r i n also? Das klang roman=
tisch. Nebstdem durfte ich auch einen r u h i g e n Aufenthalt
erwarten, da man die Frauen die S t i l l e n i m L a n d e
zu nennen pflegt, obschon sie deshalb nicht immer auch die

Stillen in ihren Häusern sind, wo sie im Gegentheil oft sehr laut werden, wenn z. B. die Göttin der Zwietracht, oder des Eigensinnes, oder der übeln Laune, oder der Rechthaberei u. s. w. ihre Fackel, oder ihren Szepter, oder ihre Geißel schwingt.

Der Gärtner kam mit der erwünschten Nachricht zurück, daß die gnädige Frau mir Obdach und Bewirthung nicht nur für diese Nacht, sondern auch für ein paar Tage mit Vergnügen gewähren wolle, sie selbst könne mich aber heute nicht empfangen, da sie sich schon zur Ruhe begeben habe. Das Wort Ruhe machte auf mich einen sehr angenehmen Eindruck, und ich erfreute mich theils an dem Gedanken, daß man hier einen Werth auf die Ruhe, folglich auch auf die Stille lege, theils an der Bemerkung, daß der Gärtner eine günstige Personal-Beschreibung von mir geliefert und die Dame dieselbe gut aufgenommen haben müsse. Geht Alles gut, dachte ich mir, so kannst du vielleicht hier im Schooße der Einsamkeit einige glückliche Tage zubringen, einige Romanzen und Novellen an's Licht fördern, und dann wieder den Wanderstab ergreifen, nachdem du der holden Besitzerin dieser holden Einsiedelei die jüngsten Kinder deiner Laune vorgelesen, ihren zärtlichen Dank dafür geerntet hast, und ihre Segenswünsche für die schönen Stunden dich begleiten.

Ich fragte den Gärtner mit einiger Theilnahme, ob die Gnädige etwa unpäßlich sei?

„O Himmel!" erwiederte er, „Sie ist mehr als unpäßlich, sie ist krank an Leib und Seele, so blaß und so schön, so leidend und doch so gut! O Sie werden in ihr einen unglücklichen Engel erblicken! Die Ärmste! Sie ist eine ungeheure Freundin der schönen Natur, und kann, leider, nicht das Geringste von der schönen Natur ertragen. Die Morgenluft ist ihr zu kühl, die Abendluft zu feucht; der Sonnenaufgang thut ihren Augen weh; der Sonnenuntergang macht sie melancholisch, und im Mondschein weint sie. Die Blumengerüche betäuben sie, die Bäche sind ihr zu naß, die Berge zu hoch, die Ebenen zu einförmig, die Wälder zu dunkel und traurig. Der Winter ist ihr zu kalt, der Sommer zu heiß, das Frühjahr zu unstät, der Herbst zu neblig. Die arme Frau! Ein wahres Unglück! Was ist da zu thun? Wir weinen oft Alle mit ihr, wie die Kinder." —

Der Gärtner führte mich Bedauernden in das mir bestimmte Zimmer. Ich dachte ein halbes Stündchen über die interessante, kranke, blasse, schöne Trauergestalt nach, genoß das mir aufgesetzte Abendmahl mit dem besten Appetit, legte mich in einem angenehmen Taumel zu Bette, und schlief ununterbrochen bis in den Spätmorgen.

Als ich kaum gekleidet war, erschien der Gärtner, und lud mich ein, mit der gnädigen Frau zu frühstücken. „Dieses" sagte er, „wäre zwar eigentlich das Geschäft der Jungfer Zofe; sie konnt' es aber nicht über's Herz bringen, das Zimmer eines Mannes mit einer Einladung zu betreten. Überdies hatte sie auch alle Hände voll zu thun." —

Auf meine Frage, womit sie denn gar so sehr beschäf-

tigt sei, erwiederte er, satyrisch lächelnd: „Mit dem Nichts=
thun. Eigentlich hat sie aber doch sehr viel zu thun, indem
sie sich den ganzen Tag schämt. Sieht man sie an, so schämt
sie sich, daß man sie ansieht; sieht man sie n i ch t an, so
schämt sie sich, daß man sie n i ch t ansieht. Sagt man
ihr eine Schönheit, so schämt sie sich über die Schönheit;
sagt man nichts, so schämt sie sich über die Vernachläſſigung.
Hat sie starken Appetit, so schämt sie sich, daß sie so viel
ißt, richtet man eine Frage an sie, so möchte sie vor Scham
vergehen. Soll sie einen Auftrag an eine dritte Person be=
sorgen, so kann sie sich dabei zu Tode schämen. Lacht sie, so
schämt sie sich, gelacht zu haben. Soll sie eine Ware feilschen, so
will sie vor Scham vergehen, wenn sie einen Groschen weniger
bietet. Kurz! Sie steht auf und schämt sich; sie ißt, und schämt
sich; geht und schämt sich gehend; sitzt und schämt sich sitzend;
schämt sich vor Männern, Frauen und Kindern, vor dem
Hahn und der Henne, bis sie voll Scham zu Bette geht
und voll Scham wieder erwacht. So ist unsere schamhafte
Jungfer Zofe beschaffen, auf deren Wangen das ewige Krebs=
und Morgenroth der allerjungfräulichsten Schamhaftigkeit
glüht. Es ist ein wahres Unglück für Jeden, der mit dieser
verschämtesten aller Zofen den ganzen Tag zu thun hat, denn
man weiß nicht, was man mit ihr anfangen soll, bis man
endlich selbst anfängt, sich zu schämen." —

Ich mußte herzlich lachen über den Mann, der sich in
Charakterschilderungen so wohl gefiel, und folgte ihm auf
eine Gartenterrasse, auf welcher der Kaffehtisch unter einem

offenen Zelte stand. Auf einem Ruhebette prangte Fräulein
Isabella, in halb sitzender, halb liegender Stellung. Ei=
nen Fliegenwedel von Pfauenfedern schwingend, stand
neben ihr die Zofe, die, als sie mich kaum erblickt hatte,
sich alsogleich zu schämen anfing, bis in den Hals er=
röthete, und die Augen zur Erde, ja beinahe in die Erde
senkte.

Je röther aber die Zofe erglühte, desto unbefangener
verharrte die Gebieterin in ihrer gewöhnlichen Blässe, in=
dem sie meinen Gruß mit freundlicher Unbefangenheit erwie=
derte und meinen Dank ablehnte. Ich muß gestehen, daß ich
über dem Anblick dieses eben so anmuthigen als interessan=
ten Wesens die Zofe und ihre Röthe, den charakterisirenden
Gärtner und das ganze Landhaus vergaß, und den blauen
Himmel nur in ihren himmelblauen Augen sah. Isabel=
la war eines jener Wesen, die jeder Mensch von Gemüth
und Fantasie schon früher gesehen oder gekannt zu haben
glaubt, wenn er sie auch nie gekannt, nie gesehen hat. Es
gibt ja Menschen, mit denen wir uns bei dem ersten Blick
oder Wort so befreunden, als ob wir sie schon von jeher ge=
kannt hätten und nur einige Zeit von ihnen entfernt gewesen
wären.

Isabella's edle Züge, ihre seelenvollen Augen und
ihr offenes, zutrauliches Benehmen, ja selbst der Wohlklang
ihrer echt italienischen Bruststimme, drangen mir in das In=
nerste. Ich bemerkte auch, daß es ihr recht angenehm war,
auf mich einen solchen Eindruck zu machen. Ein elektrischer

Funke schien in mein Herz gefahren zu sein, und wir be=
mühten uns nicht, unser wechselseitiges Wohlgefallen zu ver=
bergen. Ich erzählte ihr mein ganzes Leben und Streben;
sie äußerte dabei die innigste Theilname, wie an den Schick=
salen eines nach Jahren zurückgekehrten Bruders, der ihr
seine Reiseabenteuer erzählte.

Am nächsten Tage war mir's, als hätte ich schon ge=
raume Zeit in diesem Aufenthalte mit Isabella verlebt.
Am dritten Tage fühlte ich, daß es mir schmerzlich fallen
würde, von diesem Orte und seiner schönen Besitzerin zu
scheiden. So verfloßen mir einige eben so stille als glückliche
Tage. Wir theilten uns wechselseitig alle Leiden und Freuden
unsers Lebens mit. Unsere Gedanken und Gefühle, Gesin=
nungen und Ansichten harmonirten im Größten wie im Klein=
sten; es blieb uns kaum ein Zweifel übrig, daß wir für ein=
ander geschaffen seien und ohne einander nicht leben könnten.
Endlich faßte ich den Entschluß, Isabellen alles dieses
offenherzig zu erklären, und sie auch um offenherzige Mit=
theilung ihres Entschlusses zu bitten; denn ich erkannte
deutlich, daß wir, reich an Liebe, hier auch irdische Reich=
thümer sammeln müßten, indem nicht nur unsere einfache
Lebensweise wenige Bedürfnisse haben würde, sondern auch
Isabella mit zeitlichen Gütern ziemlich gesegnet sei, und
meine in der ungestörten Stille dieser glücklichen Siedelei
höchst fruchtbare Muse mir jährlich keine unbedeutende Ho=
norar=Ernte in's Haus bringen müsse. Sollte irgend etwas
unser Friedensreich stören, so könnten es nur neugierige

Fremde fein, die hieher kamen, um den berühmten Dichter in feinem verborgenen Paradiefe aufzufuchen.

————

Schon erfchien über diefem Refultat meiner Nachtge= danken der Morgen in feinem rofafarbenen Gallakleide. Ich trat an's Fenfter und überdachte noch einmal, was ich Ifa= bellen fagen wollte. In diefem Augenblicke erfcholl das hohe **A** einer weiblichen Stimme mit einer bewundernswür= digen Tragung des Tones. Eine Kadenz von zwei Oktaven folgte nach. Der Ton drang mir in die Seele; alle Nerven bebten wie von einem elektrifchen Schlag. Der Landmann kann nicht betäubter dafteben, wenn ein Donnerkeil vom Himmel fällt, und fein Haus plötzlich flammenhell auf= lodert.

Woher diefer durchdringende Ton von fo entfetzlicher Schönheit? — Ach leider aus — Ifabellens Kehle! Aus der Kehle der ftillen Göttin des entzückenden Friedensreiches. Ich glaube, der Tod felber, wenn er mir als fcheufalartiges Gerippe erfchienen wäre, ja, der furchtbare Pofaunenton des jüngften Gerichtes hätte mich nicht fo erfchreckt, als die= fer Ton.

Als ich mich etwas erholt hatte und zur Befinnung kam, fagte ich, von einem Fieberfchauer ergriffen, zu mir felbft: „Die= fer Ton — von ihr? Sie alfo, die ftille Friedensgöttin, eine rafende Bravour=Sängerin? Dann gute Nacht, Ruhe! Auch von hier bift du verbannt! Lebt wohl, ihr Felder und ihr Berge!

Unglücklicher! Ergreife Deinen Pilgerstab und wandere hin!" —

Ich ging ernst und langsam nach Isabellens Zim= mer, öffnete leise die Thür, und ein Meer von Rouladen stürzte mir entgegen. Ich blieb wie versteinert auf der Schwelle stehen und ließ eine ganze italienische Bravour= Arie gleich einer todesschwangeren Gewitterwolke über mei= nem Haupte dahinbrausen. Meine Augen blieben starr auf die Sängerin geheftet, deren Antlitz, sonst voll himmlischer Anmuth, in der jetzigen Anstrengung aller Muskeln die häßliche Larve einer Furie zu sein schien.

Die Arie war geendigt. Isabella erblickte mich und lächelte freundlich, weil sie glaubte, ich stände hier vor Ent= zücken so unbeweglich. Sie winkte mir und sagte: „Freund! Vernehmen Sie, daß heute mein sehnlichster Wunsch in Erfüllung gegangen ist."

Nun erzählte sie mir, daß sie heute früh das Dekret als erste Kammersängerin des Herzogs von * erhalten habe, daß sie sich unendlich freue, aus der unerträglich langweiligen Einsamkeit der sogenannten schönen aber leblosen Natur in das Paradies der lebenden Naturen überzutreten, und daß sie, wie eine Nachtigall nach dem starren Todesschlafe des Winters, jetzt zum Frühling ihres Daseins erwache, ihre Stimme, die Seele der Seele, versucht und glücklich wiedergefunden ha= be. Ihr Ton sei noch immer so rein, so sicher und so me= tallreich, wie er es vor zwei Jahren war, da sie als Opern= sängerin Tausende rasend gemacht und das Theater in die

Gefahr gebracht habe, von dem Sturme des Beifallklatschens einzustürzen.

In diesem Augenblicke war meine Liebe zu Isabellen so erloschen, wie ein im Freien brennendes Johannisfeuer, auf welches ein Wolkenbruch herabstürzt. Die schöne Sängerin schien mir, nachdem der Zauber gelöst war, wie vom bösen Geiste besessen zu sein. Sie wiederholte die unglückselige Bravour = Arie, um mein Urtheil über ihre Stimme und ihren musikalischen Vortrag zu hören. Mein Urtheil? das heißt so viel als: meinen Beifall. Als die Arie geendigt war, befand ich Unglücklicher mich in der traurigen Nothwendigkeit, die Verhaßte loben und über ihre Freude erfreut sein zu müssen.

Ich verließ sie, sobald ich es ohne Unhöflichkeit thun konnte, zog mich in die Einsamkeit einer Grotte zurück und dachte, während die verschämte Zofe jetzt lärmend und vor Freude beinahe unverschämt wild umhersprang, darüber nach, unter welchem Vorwande ich mich am schicklichsten aus dem verlornen Paradiese entfernen könnte. Endlich ward ich mit mir einig. Ich machte einen Spaziergang in das nächst gelegene Städtchen, kam zurück und brachte einen von mir an mich eigenhändig geschriebenen Brief mit, des Inhalts, daß die gefährliche Krankheit eines nahen Verwandten mir gebiete, an sein wahrscheinliches Todesbett zu eilen. Die Nachricht von meiner plötzlichen Abreise machte auf Isabellen einen sehr unangenehmen Eindruck. Sie gab ihre Einwilligung dazu nur unter der Bedingung, daß ich längstens am vierten Ta=

ge wieder zurückkehre, und bot die ganze Macht ihrer Lie=
benswürdigkeit auf, um mich willfährig zu machen. Endlich
rückte sie sogar mit dem Geständnisse heraus, es sei ihr sehn=
lichster Wunsch, daß ich mit ihr an den Hof des Herzogs
reise und als entfernter Verwandter in ihrer Nähe bleibe,
nach drei Jahren sei ihr Kontrakt zu Ende, und wir zögen
dann wieder in das Elysium der Einsamkeit zurück, um nur
uns selbst zu leben.

So viel Gewicht sie auf diesen Antrag legte, eben so
leicht wies ich ihn zurück, unter tausend glücklich erfundenen
Entschuldigungsgründen. Alles, was sie von mir erhielt,
war das Einzige, daß ich noch einen Tag blieb, und sie dann
nach der herzoglichen Residenz begleitete, jedoch nicht wei=
ter als bis an das Stadtthor, wo ich mich zu einem zärtli=
chen Abschied zwang, und auf einem begrasten Fußsteige
nach dem nahe liegenden Walde eilte.

————————

Wie wohl ward mir um's Herz, als ich mich hier wie=
der allein und in ungestörter Stille fand. In einer herzog=
lichen Meierei erfrischte ich mich, nahm Lebensmittel zu mir,
und drang tiefer in den Wald hinein, fest entschlossen, die=
ses Heiligthum der Ruhe nicht sobald wieder zu verlassen.
Der Pächter der Meierei gab mir einen Jungen mit, der
mir die Viktualien in einem Korbe trug. Wir waren kaum
eine Stunde lang gegangen, als wir ein halbverfallenes,
sogenanntes Tirolerhaus erblickten. Mein Führer erzählte

mir, daß dieses Haus dem Herzog gehöre, jetzt aber
weder bewohnt noch besucht werde. Das war mir genug.
Ich beschenkte den verabschiedeten Führer, beschloß hier auf
längere Zeit meine Residenz aufzuschlagen, setzte mich unter
einen alten Eichenbaum, nahm meine Lebensmittel und hielt
meinen feierlichen Einzug in das Tirolerhaus. Es stand auf
einer kleinen Anhöhe, von Akazien und Lindenbäumen um=
geben. Aus einem Fels sprang ein klarer Quell hervor. In
einem mit mehreren noch ziemlich wohl erhaltenen Geräth=
schaften versehenen Zimmer fand ich auch ein Lager von
Stroh und Blättern, mit Kotzen bedeckt, eine Nachtlampe,
eine Öhlflasche und einiges Geschirr. Welche Schätze! und
wie aus den Wolken gefallen! Ein deutlicher Fingerzeig
Gottes, daß hier meines Bleibens sei!

Schreibmaterialien hatte ich, wie immer, bei mir. Wel=
che Menge von Geisteskindern konnte ich hier an's Licht för=
dern, und zwar unter einem interessanten, romantischen Na=
men, wie z. B. von Robert dem Einsiedler, oder von Hu=
go, dem Sohne des Forstes, Klänge aus dem grünen Frie=
densreich, Waldeinsamkeit u. s. w.

Ich befand mich in meinem Tirolerhause so glücklich
wie ein Tiroler, der glücklich ist, und so einsam wie ein Ein=
siedler. Ich war hier zugleich der Dichter und sein lesendes
Publikum, Wirth und Gast, Herr und Diener. Ich schlief
auf meinem Lager von Stroh und Blättern ganz köstlich.
Der Genuß von Milch und Wasser machte mir ein leichtes,
ruhiges Blut, und die Verdauung war herrlich, denn ich
hatte eh' zu wenig als zu viel gegessen.

Die Morgenröthe schimmerte freundlich durch das klei=
ne Fenster herein, und schmückte die Holzwände des niedern
Zimmers mit Purpurtapeten. Ich sprang auf, eilte hinaus,
und rannte freudetrunken durch die Gebüsche. In dem Au=
genblicke erscholl der mir sehr verhaßte Klang mehrerer Wald=
hörner; darein mischte sich ein verworrenes Getöse von Hun=
degebell, Pferdegewieher und Menschenstimmen. O Him=
mel, eine Parforce=Jagd! Alle Hirsche im Walde erschra=
ken, ich selbst noch mehr als alle Hirsche. Wo aus, wo
ein? Das wüthende Heer kam immer näher, an seiner
Spitze ritt der Herzog, neben ihm — ich erkannte sie deut=
lich, meine entzauberte Isabella! Zwei flüchtige Hirsche
flogen an mir vorüber über Stock und Stein; ich hinter den
Hirschen drein, als wäre ich selbst ein Hirsch. Zum Glücke
entdeckte ich eine Grotte, keuchend wie die gehetzten Hirsche,
sprang ich hinein, und warf mich fast athemlos auf den moos=
bewachsenen Boden. „Also auch hier keine dauerhafte Ruhe?
Mein Gott! ist sie denn nirgends auf Erden zu finden?"

So sprach ich halblaut zu mir selbst, und ergoß mich
in wehmüthige Klagen, ohne daß ich es wagte zu entschei=
den, wer unglücklicher sei, ich oder die Hirsche? —

Die wilde Jagd entfernte sich, das Getümmel verlor
sich. Ich stand auf, und schlich behutsam nach meinem Ti=
rolerhause. Ach! welches neue Entsetzen ergriff mich! Ein
fürchterlicher Lärmen scholl mir aus dem Häuschen entgegen.

Die Jagdgesellschaft nahm hier das Frühstück ein. Gläser=
klang, Vivat= und Hurrahgeschrei, Jagdlieder und Fanfa=
ren tobten durch einander. Ich floh wie ein scheues Reh.
Als ich Abends wiederkam, war Alles leer und stille. Ich
suchte vor Allem meine Manuskripte, die ich auf dem Tische
liegen ließ; sie lagen jetzt — nicht ganz unverletzt, in einem
Winkel. Auf dem Tische stand dafür eine nicht unangenehme
Erscheinung: ein Paar volle Weinflaschen und eine Kalbs=
keule. Da ich diesen Tag, ein schmales Frühstück ausgenom=
men, nichts gegessen, Flucht und Angst aber meinen
Appetit sehr geschärft hatte, warf ich mich mit Heißhunger
über die Kalbskeule her.

Indem ich ein Bein, gierig nagend, an den Mund
hielt, fühlte ich mich plötzlich von rückwärts ergriffen. Eine
unsichtbare Hand schüttelte mich gewaltig und schleuderte mich
einige Schritte weit. Ich fiel taumelnd zu Boden, und er=
blickte nun einen riesenhaften Kerl mit verwilderten Mienen.
Ein schwarzer Backenbart umgab das verbrannte Gesicht wie
ein dichtes Gebüsch. Diese Räubergestalt rief mir mit einer
Donnerstimme zu: „Bestie! wer hat Dir erlaubt, Dich
meiner Wohnung zu bemächtigen und d a s zu verschlingen,
was m i r gehört? Willst Du fliehen, borstiger Eber? oder
soll ich Dir den Fänger in die Seite stoßen?" — Mit diesen
Worten zog der Waldmensch ein Waidmesser aus dem Le=
dergürtel, und machte Miene, seine Drohung in's Werk
zu setzen.

Wer war schneller als ich! Ich raffte mich vom Boden

auf, bat um die einzige Gnade, meine Manuſkripte mit mir nehmen zu dürfen, und als mir die Bitte mit ſtummen Kopfnicken gewährt wurde, fing ich an, wie ein Krebs rück= wärts zur Thüre hinauszukriechen. Der Wilde folgte ſchwei= gend mit dem Waidmeſſer, welches er mir entgegen hielt, als wolle er mich wie einen Eber anrennen laſſen. Als er endlich in das Haus zurückging, floh ich aus dem Reiche der Stille und des Friedens ſo ſchnell, als ob ich Flügel an den Füßen hätte. Ich habe nachher erfahren, daß der furchtba= re Nimrod ein wahnſinniger Jäger war, der in dieſem Wal= de hauſte. Und ſo wollte das Schickſal, daß ich menſchen= ſcheuer Menſch mit einem menſchenſcheuen Menſchen im ein= ſamſten Schlupfwinkel zuſammentreffen mußte, um durch ihn aus meiner Einſamkeit vertrieben zu werden.

Indem ich mit langen Schritten den Wald durchzog, dachte und ſagte ich zu wiederholten Malen: „Nur bei den Todten wohnt die Ruhe!" Ich mochte ein paar Stunden ge= gangen ſein, als der Wald ſich endlich öffnete, und eine fruchtbare, freundliche Ebene, mit Äckern, Wieſen und Dörfern bedeckt, vor mir lag. Ich ging ſchnell und erreichte nach einer halben Stunde ein Dorf, welches eine ſehr an= muthige Lage zwiſchen Fruchtgärten, Kartoffel = und Mais= feldern hatte. Einige hundert Schritte vor dem Dörfchen lä= chelte mir der Friedhof entgegen, einer der ſchönſten und freundlichſten Friedhöfe, die ich je geſehen hatte. Der Na= me Friedhof mahnte mich an meine im Walde wiederholte Redensart: „Nur bei den Todten wohnt die Ruhe!" —

Ich stand stille und labte mich an meinen Lieblingsge=
danken von Ruhe und Stille. Ein Greis mit schneeweißem
Haupthaare trat mir grüßend entgegen; ich fragte ihn, wem
jenes niedliche Häuschen an dem Gebüsche von jungen Aka=
zien und wilden Rosengesträuchen gehöre. Er sagte mir, die=
ses Haus gehöre sein und er sei der Todtengräber des Ortes,
jetzt acht und siebenzig Jahre alt; mit dem erreichten acht=
zigsten Lebensjahre sei er gesonnen, sich unter seinen Tod=
ten in den Ruhestand zu setzen.

„Ich kann wohl mit Recht sagen," fuhr er fort, „un=
ter meinen Todten, denn Alle, die hier ruhen, habe ich
zur Erde bestattet. Der letzte Pfarrer ließ diesen Friedhof
auf seine Kosten vor acht und fünfzig Jahren herstellen, und
gab mir das Amt des Todtengräbers, welches schon mein
Vater und Großvater verwaltet hatte. In vierzehn Tagen
ist die Hochzeit meiner Tochter. Hab' ich mein achtzigstes
Jahr erreicht, so übergebe ich dem Schwiegersohne, der jetzt
mein Gehilfe ist, meine Stelle und mein altes Haus, und
beziehe das hübsche neue dort, welches ihm nach meinem
Tode gleichfalls zufällt, unter der Bedingung, daß er mich
eigenhändig zur Erde bestattet, meiner Tochter aber bis zum
letzten Athemzuge gut und treu bleibt. — Es ist schon spät;
wollen Sie bei mir übernachten? Sie sind mir herzlich
willkommen; ich kann Sie bewirthen, wie sich's gehört."

Ich nahm die freundliche Einladung mit Vergnügen
an. Der herzensgute Greis führte mich durch die Hügelrei=
hen und hölzernen Kreuze des stillen, im Abendroth schim=

mernden und blumenreichen Friedhofes in sein etwas düsteres altes Haus, an dessen Eingang die Tochter uns begrüßte. Auf meine Frage, ob sie in diesem Aufenthalte der Melancholie nicht manchmal selbst schwermüthig werde, antwortete sie: „Keineswegs! Ich bin im Gegentheile so heiter wie mein Vater und mein Verlobter. Wenn man mit dem Tode vertraut ist, lernt man erst das Leben recht kennen, schätzen und gebrauchen! Die auf den Grabsteinen befindliche Inschrift: „Heute mir, morgen dir! heute roth, morgen todt!" lehrt uns stets an das Leben und an den Tod, an uns selbst und an unseren Nächsten, an die Gegenwart und an die Zukunft denken. Auf diesem Friedhofe bin ich geboren, auf diesem Friedhofe habe ich froh und glücklich gelebt, auf diesem Friedhofe hoff' ich, wenn Gott will, bei den Meinigen zu ruhen, um mit ihnen aufzuwachen am Tage des jüngsten Gerichtes!" —

Nach einem Stündchen kam auch der künftige Schwiegersohn, ein stiller, freundlicher Jüngling, von Gott reichlich begabt mit einem reinen Herzen und gesundem Verstande. Er liebte das Mädchen innig, und ehrte den greisen Vater.

Die Leute gewannen mich herzlich lieb. Ich verlebte bei ihnen einige Wochen zufrieden und glücklich: aber auch hier sollte die unerläßliche Bedingniß meines Glückes nicht von Dauer sein. Ein rauher, nasser, nebeliger Herbst trat ein, und brachte ein bösartiges Fieber mit sich, welches, einer Seuche gleich, wüthete, und viele Menschen i'ns Grab riß.

Leichenbegängniffe über Leichenbegängniffe! Auch der greife Todtengräber ward ein Opfer der Krankheit, und vom Schwiegerfohn zu den von ihm Begrabenen gebettet.

Ich zog von hinnen und wiederholte im Gehen: „Auch bei den Todten wohnt die Ruhe nicht!" —

Die

vier Temperamente

in den

vier Jahreszeiten.

Humoreske.

Im Frühling.

Phlegmatiker

So haben wir das Frühjahr wieder!
Lauf der Natur! Nu — mir ist's recht.
Die Sonne scheint vom Himmelsgiebel
Wohlmeinend nieder.
Die Blüten duften auch nicht übel;
Man fühlt den West gleichsam poetisch wehen.
Die Vöglein singen gar nicht schlecht;
Das Bächlein läßt sich wohl geschehen,
Wenn ihm die bunten Blümlein lachen.
Das wird sich noch recht artig machen!
Ja selbst der Unken Lamentabel
Hört sich im Ganzen ganz passabel.
Nu, nu! Jetzt sind die guten Zeiten
Für Liebesangelegenheiten.
Im Mond, den man vom Lenze nennt,
Führt Liebe ja das Regiment
Durch die ganze Wesenleiter.

So wandl' ich denn gemächlich weiter!
Begegnet mir auf meiner Tour
Etwa ein hübsches Mädchen heut,
Sprech' ich mit ihr von der Natur —
Vielleicht nicht ohne Zärtlichkeit!

Choleriker.

Höllisches Gezücht der Mücken!
Wie sie sausen, stechen, zwicken!
Ein Frühlingsregen muß die Keime wecken, —
Da bleibt man nun im Sumpfe stecken!
Geziefer wimmelt rings im Grase;
Kaum findet man zum Ausruh'n Platz.
Der Baum schnellt Blüten auf die Nase;
Den Herrn vom Hause spielt der Spatz,
Und alle Vögel schrei'n wie toll.
Das wirbelt, gakert, schreit zusammen, —
Schweigt doch einmal in's Teufels Namen!
Die Frösche quaken kanibalisch,
Die Herden brüllen animalisch;
Ach, üb'rall herrscht die Thierwelt vor,
Füllt hier das Thal, fliegt dort empor.
Bleibt mir mit der Natur vom Leib'
Und mit der Frühlingslustbarkeit!
Ringsum nur Ungemach!
Man ist des Lebens sicher kaum.
Hier stößt der Kopf an einen Baum,
Dort watet man durch einen Bach;

Hier grinst ein Bauer wie ein Faun,
Dort springt ein Hund hervor vom Zaun;
Und um das Unheil zu vollenden,
Begegnen Einem überall,
Zärtlich mit verschlung'nen Händen,
Die Verliebten ohne Zahl,
Seufzen, schmachten, drücken,
Küssen,
Und zerfließen
In Entzücken,
Während von der andern Seite
Bleiche, grämlich sieche Leute,
Lebend'ge Leichen,
Mit Krügen voll Gesundheitswässern
Wie Schnecken an den Zäunen schleichen,
Um nun in e i n e m Frühling auszubessern,
Was eine jahrelange Saat
Von Übeln hundertfach getragen hat.
Bleibt mir mit der Natur vom Leib
Und mit der Frühlingslustbarkeit!

Melancholiker.

Wie vom Tod erwacht nun die Natur
Geschmückt mit ihrem Feierkleide.
Wozu? Ihr glänzendstes Geschmeide
Deckt und hüllt nur der Zerstörung Spur.
Blüten, kaum entknospt, raubt Windesflügel,
Blumen übertünchen Gräberhügel.

Mit der Mordluſt lechzendem Verlangen
Lauern unter Veilchen gift'ge Schlangen.
Schaurig ſaust der Hain im Blätterwehen,
Daß ſein Schmuck, ſobald, ach! muß vergehen!
Bange ſeufzt des Haines Sängerin,
Daß ſo ſchnell die Liebe ſoll verglüh'n,
Und der Bach im Silberkleid
Zeigt des Lebens Flüchtigkeit.
In der Vögel hellen Luſtgeſang
Tönt, wie nächtlicher Geſpensterchor,
Schwermuthvoller Unken dumpfer Klang
Aus der Heide düſterm Nebelmoor.

Ach! wozu die holde Frühlingspracht?
Bald wird des Sommers tolle Sonnenglut,
Bald wird der Herbſt mit ſeiner Stürme Wuth
Sengen, brennen, wie mit Feu'r und Schwert
Menſch des Menſchen Hab' und Gut zerſtört.
Schönes ſoll hienieden nicht beſtehen,
Flüchtig muß die Luſt vorübergehen,
Wie des Weſtes Flügel,
Wie ein Bild im Waſſerſpiegel.

Seht den Schmetterling! Wie bunt er gauckelt!
Wie der Schwärmer ſich auf Roſen ſchauckelt!
Schmetterling, noch heut ſo ſchön geſtaltet,
Biſt zum Wurme morgen ſchon veraltet,
Und die Blume, heut' dein Luſtgelag,
Iſt dein Grab am nächſten Tag!

Dir gleicht der Mensch, sein Leben und sein Glück;
Auch sie zerstört ein Augenblick.

    Zu den Gräbern ihrer Lieben geh'n
Die Verlaß'nen weinend nun hinaus,
Und mit schmerzlichsüßem Troste pflücken
Junge Blumen sie zu Kranz und Strauß,
Klagend auszuschmücken
Das dunkle Haus.

Sanguiniker.

    Willkommen sei,
O lieber Mai,
Du süßer, holder Menschenfreund!
Lauten Schalles
Jubelt Alles,
Und ich juble mit vereint.
Im rosigen Licht
Glänzt jedes Gesicht;
Zum Blumenspiel
Wird jedes Gefühl.
Wer trüb und bang gewesen,
Muß nun durch Lust genesen,
Die freundlichste Hore
Der Lebens-Aurore
Entzündet mit himmlischem Strahl,
Was schlief und was starrte, mit Einem Mal.
O Frühling, du Blühender,
Freuden-Erglühender,

Jubelreich=Tönender,
Alles=Verschönender!
Schlug je eine Stunde
Mir Dornen in's Herz, —
Geheilt ist die Wunde,
Vergessen der Schmerz!
Ich fühle jetzt nur das Entzücken
Der Tausend von Stimmen und Blicken;
Ich schwebe wie der Käfer hin
Mit federleichtem Sinn;
Dem blinkenden Bach
Eil' ich nach,
Und flieg' empor
Mit dem Lerchenchor
Im Morgenschein.
Die Blumen, die Blüten,
Sie alle sind mein!
Die Welt wird mein eigen
Mit Einem Blick!
Wer könnte wohl schweigen
Bei so viel Glück?
Ja, Freunde, ja, segnet und preist
Den guten Geist,
Der ringsum waltet
Und Alles gestaltet,
Er, dessen milde Kraft
So schön das Schönste schafft!
Äugelein licht,

Rosengesicht
Sind sein Bild
Froh und mild.

 Sanft ist die Kühle nun, sanft auch die Glut;
Es liebt sich im Frühling noch einmal so gut.
Freund und Freundin freue
Sich der Himmelsbläue,
Und was sonst nicht reizend schien,
Wird es nun im Frühlingsgrün.
Das Leben ist schön, die Menschen sind gut;
O habt nur zum Leben und Lieben den Muth!
In Gottes Armen die Welt ja ruht;
Es schuf sein: „Werde!"
Im Frühling die Erde. —
 Drum mag auch so Manches so Manchen gefallen,
 Ich rufe doch immer vor Allen:
 Willkommen sei,
 Du lieber Mai!

Im Sommer.

Phlegmatiker.

Ein Sommermorgen, das ist wahr,
Bleibt doch die schönste Zeit im Jahr;
Nur kaprizire man sich nicht,
Um drei Uhr früh schon aufzusteh'n,

Den Sonnenaufgang anzuseh'n.
Ei, Sonn' ist Sonn', und Licht bleibt Licht,
Und zeigt sich später auch noch schön.

    Mir scheint, es ist heut ziemlich heiß.
Sie ächzen, lechzen, lamentiren,
Ach, daß sich Gott erbarm'!
Ich find' es allerdings wohl warm,
Von glüh'nder Hitze aber weiß
Ich wahrlich nichts zu peroriren.
Und wär's auch wirklich noch so heiß,
Man muß es leiden doch, und schweigen,
Denn Brand und Hitze sind einmal
Dem Sommer eigen;
Das Beste selbst hat seine Qual!

    Ei, sieh! wie hübsch steht das Getreide!
Da hat der Landmann seine Freude.
Ja, mich freut's auch; da wird das Brot
Wohl größer, Dank sei Gott!
Der Hafer scheint von bester Art;
Die Menge wird ihn wohlfeil machen;
Da mögen Pferd und Fuhrmann lachen.
Die Gerste auch mit ihrem Bart
Verspricht gar herrliches Gedeih'n;
Da kann uns gutes Bier erfreu'n.
Das Obst geräth auch gar nicht schlecht,
Wohlschmeckend, viel und vielerlei;
Gar gute Sache für die Kinder!
Und dann — das köstlich fette Heu,

Wie gute Nahrung für die Rinder!
Ja, ja, der Sommer ist schon recht!
Die Blumen blühen überall,
Bedecken Wiese, Berg und Thal.
Zwar finde ich das ganze Blumenwesen
Gar leichte Ware, wie's Gedichtelesen.
Mitunter ist es wohl ergetzlich,
Doch treiben's Manche damit gar entsetzlich.
Die Blümlein riechen gut, das ist wohl wahr,
Doch schwärmt ja Mancher wie ein Narr,
Erblickt er Rosen, Lilien, Veilchen.
Was ist's denn auch? Ein kleines Weilchen, —
Da sind sie welk, der Spaß ist gar.
     Nun wird es angenehm!
Die Sonne läßt sich kaum mehr sehen,
Und kühle Abendlüfte wehen.
Ich will nun ganz bequem
Bis an den Fuß des Hügels gehen;
Da streck' ich meine Glieder
Auf sammetweiches Gras
Im Wirthshausgärtchen nieder
Und trinke mein bescheidnes Glas. —
     Doch halt! Was seh' ich denn da oben?
Hui! Wölklein haben sich erhoben
Und ziehen vor die Sonn' ein Gitter.
Potztausend! Das gibt ein Gewitter.
Prosit! Ich trolle mich nach Haus,
Und trink' mein Glas im Trocknen aus.

Choleriker.

Das ist nicht auszusteh'n!
Das ganze Zimmer
Um sechs Uhr schon voll Sonnenschimmer,
Und eine Hitze zum Vergeh'n!
O wär's doch nur schon wieder Nacht!
Allein, was hat man auch von ihr? Sie macht
Die Erde dunkel wohl und still,
Doch nimmer kühl.
So ist denn nichts zu hoffen!
Der Schwefelpfuhl steht offen.
Sechs Gläser Limonade trank ich im Flug,
Drei Gläser Mandelmilch auf einen Zug,
Drei Gläser Wasser und noch mehr,
Und immer dürstet mich noch sehr.
Er siedet das Blut,
Ich bin ganz Glut;
Es brennt mein Kopf, mein Haus,
Der Wald, das Feld,
Die ganze Welt!
Das Fenster auf! Ich halt's nicht aus.
Da sehe man den Gräuel nun!
Wie Alles lechzt, wie Alles glüht!
Wie Alles ringsum Funken sprüht!
Der Mühlbach ausgetrocknet auf den Grund!
Kein Vogel regt sich ringsumher,
Die Fische kochen

In Fluß und Meer,
Und jeder Hund
Mit keuchender Lunge,
Sperrt auf den Mund.
Die schönsten Mädchen, von Hitze gequält,
Sind kaum zu kennen, ja ganz entstellt.
Seht, wie die Adern strotzen!
Seht, wie die Augen glotzen!
Bleich das Gesicht, und alle Locken hängen
In aufgelösten Längen. —
Die Schnitter liegen auf den Garben,
Die selbst mit dürren Häuptern darben!
Und wie betrübt die Bäume steh'n!
Das Gras, wie gelb, ach, kaum zu seh'n!
Geht nicht der Sommer bald zum Teufel,
So kommt die Pest noch ohne Zweifel. —
        Da heißt's: „Auf's Land hinaus!"
Was hat man da? Man hockt zu Hauf
Und brütet immer
Den langen Tag im Zimmer,
Und statt der Blumen im Garten
Sieht man — Spielkarten.
Was hat man von der schönen Zeit?
Ich wollt', sie wäre hundert Meilen weit!
        Dank sei dem Himmel! Endlich sinkt
Die Sonne, und der Abendstern
Kommt aus der Fern',
Und blinkt und winkt.

VII.

Leb' wohl nun, Stadt und Haus!
Ich muß hinaus.
O herrlicher Duft!
Erquickende Luft!
Wie neu belebt,
Sich Alles hebt!
Nun frisch im Lauf
Den Hügel hinauf!
O himmlische Gegend! O welcher Genuß!
Doch wie? Was fällt mir da auf die Hand?
Verwünscht! Ein Regen, und bald ein Guß!
Blitz und Donner, Schlag auf Schlag!
Du allerliebster Sommertag!
Das ist doch zum Verzweifeln!
Erst dörrt man wie ein Häring aus,
Kommt dann, wie ein Stockfisch gewässert, nach Haus.

Melancholiker.

Wie Viele werden seufzen, klagen,
In diesen sonnenhellen Tagen!
Doppelt schwer fällt Jedem, der nun fröhnen muß,
Seine Last; ja schwer fällt jetzt selbst der Genuß
Von Allem, was den Menschen sonst erfreut.
Dem Leiden ist, was lebt, geweiht!
Blumen senken ihre Häupter, zart und jung,
Ähren fallen von der Sense Schwung.
Überall des Leidens Bild
Auf der Wies' und im Gefild!

So wird der alte Fluch erfüllt:
Spät und früh
Arbeiten sie
Im Schweiße ihres Angesichts,
Und ernten nichts,
Und häufen Garben,
Um zu darben.
Der Bach mit seinen Fluten
Versiegt vor Sonnengluten.
Des armen Wandrers Zunge klebt
Am Gaumen; lechzend hebt
Er den Blick zum Himmel auf.
Dort scheint es, blinkt ein Quell
Silberhell;
Der Wand'rer flügelt seinen Lauf,
Strengt seine letzten Kräfte an,
Der labenden Erquickerin zu nah'n.
Doch ach! wie schmerzlich sieht er sich betrogen!
Ein weißer, trockner Stein,
Beglänzt vom falschen Sonnenschein,
Hat ihn, den Schmachtenden, betrogen.
Unglücklicher! Du leidest nicht allein.
Schon seh' ich, wie auf glüh'nden Schwingen,
Den Qualm der Pest andringen;
Schon sinkt die Nacht,
Der Donner kracht,
Des Himmels Todesfeuer stürzt herab,
Schlägt, wo es trifft, ein Grab.

Zerſtörend heult der Sturm;

Paläſte lodern auf in Flammen,

Und fallen, Hütten gleich, zuſammen;

Es ſtürzt der Thurm,

Zum Kirchhof wird des D o r f e s Wüſte.

Das Brautpaar, das ſich kaum noch küßte,

Es ruht nun flammenwarm

Arm in Arm;

Verbrannte Blumen ſind ihr Hochzeitskranz.

Zum Todtentanz

Leuchten aus der dunkeln Ferne

Hoch über greller Glut die Sterne. —

Doch ſiehe! Was träum' ich denn von Noth und Tod?

Die Erde jauchzt, am Himmel lacht

Das roſenlichte Abendroth, —

In meiner Seele nur iſt's Nacht!

Sanguiniker.

Schon küßt des Morgens Purpurmund

Den Himmel, daß er, hoch entglüht,

Im Feuerbund

Der Erde neues Leben ſprüht.

Hell leuchtend wacht das Entzücken auf;

Das Reich der Töne,

Der Farben Schöne,

Beginnt den harmoniſchen Lauf,

Und freudig entfalten

Sich Huldgeſtalten,

Auf Erden und im blauen
Himmel herrlich anzuschauen. —
    Hinaus in's Freie!
Zuerst Gebet und Weihe,
Dann Genuß und Freude!
Willkommen, des Himmels Rubinenglanz!
Willkommen, o Erde, im Blumenkranz!
Willkommen, ihr tönigen Vögel,
Willkommen, ihr spielenden Quellen!
Ich grüße euch alle,
Will froh mich zu euch gesellen,
Voll innigen Dankes die Brust,
Mit euch zu theilen die Lust. —
    Noch flattert kühl
Der Lüfte leises Spiel;
Erquickend ist ihr schmeichelndes Wehen.
Nun, Freunde, laßt uns hurtig gehen!
Man kommt in milder Früh
Leicht weit, man weiß nicht wie.
Brennt die Sonne heiß,
Dann ruhe unser Fleiß,
Und wir ziehen
Aus dem Glühen
Uns gar bald
In den dunkeln Wald;
Da stärkt der kühle Schatten
Mit seinem Hauch die Matten.
Der Rasen wird uns Lager und Tisch,

Musik ertönt aus jedem Gebüsch.
Herbei, wer da will, zum Feste!
Gevögel und Reh, und wem sonst es beliebt,
Ihr seid uns willkommene Gäste,
Geladen zum Schmause, bewirthet, geliebt!
Dies Glas, im Namen Aller, dem guten Geist,
Dem All=Liebenden,
Den liebend jedes Wesen preist!—
　　Nun aber, Freunde, schaut einmal
Aus dem grünen Freudensaal,
Da, wo sich lichtet des Waldes Nacht,
Hinaus in der Landschaft sonnige Pracht!
Seht doch, wie die reiche Segensfülle
Ruht in feierlicher Mittagsstille!
Seht, wie freudeglüh'nd die Sonne lacht!
Es regt sich kein Vogel, es säuselt kein Blatt;
Nur leise zirpt die Grille,
Als lebt' im heißen Sonnenschein
Sie auf der weiten Welt allein.
Ein einziger Baum im ganzen Gefild
Streut seinen Schatten kühl und mild;
Um ihn versammeln sich dürstend und matt,
Gar mannigfaltig gruppirt, die Schnitter.
Die einen sitzen
Im hohen Gras,
Und singen zur Zither;
Die Andern lehnen und stützen
Den Rücken an den Baum,

Und wiederholen vom vorigen Jahr
Noch manchen alten Kirchweihspaß,
Indeß der Eine ausgestreckt,
Da liegt in Schlaf und Traum,
Bis ihn sein Mädchen, leise schleichend,
Und mit dem Strohhalm ihn erreichend,
An Ohr und Nase kitzelnd weckt;
Er springt empor; sie lacht und flieht;
Er jagt ihr nach und Alles jagt sich mit,
Und nimmt Partei
Für oder wider die Zwei.
    Nun röthet sich der kühle Abendhimmel,
Und ringsumher beginnt ein Lustgetümmel;
Die Alten lachen, die Jungen jagen
Sich vor und neben dem Erntewagen,
Und überall klingen
Jauchzen und Singen. —
Schon hüllt die Nacht
Den jubelnden Zug
Mit ihrem Dunkel,
Und sieh! es erwacht
In leuchtendem Flug
Der Johanniskäfer Gefunkel,
Und schmückt der Mädchen Hüte
Mit glänzendem Geschmeide,
Und prangt am flatternden Kleide.
Es freut sich die Umglühte
Im Perlenflämmchen = Kranz

Mit immer wechselndem Glanz!
Die Kinder, jeder Täuschung hold,
Halten den Schein für blankes Gold,
Und rauben einander, was keinem bleibt.
So flüchtig gaukelt der Stunden Tanz,
Wo Licht und Nacht und Lust und Scherz sich treibt.
O fasset den Schimmer der Lust, eh' die Flücht'ge
verglommen!

    Nun haben die Hütten
Die Glücklichen aufgenommen,
Sie ruh'n im Haus
Beim fröhlichen Schmaus.
Doch horch! Es war wohl hohe Zeit,
Daß sie kamen unter's Dach.
Der Sturm wird wach;
Schlag auf Schlag, und Blitz auf Blitz
Kommt vom schwarzen Wolkensitz.
Nun, Freunde, beginnet den Lauf!
In fröhlichen Häusern nimmt man uns wohl auf.
Verzagt nicht, liebe Leute!
Euch bleibt gewiß der Ernte Segen.
O seht! schon fällt der Regen
In Strömen herab;
Er ist des Ungewitters Grab.
O seht! Die Wolken flieh'n,
Die Sterne glüh'n
In hellem Chor,
Und hinter jenem schwarzen Flor
Guckt der Mond, wie freundlich! hervor.

Wie kühlig die Lüfte,
Wie stärkend die Düfte! —
Habt Dank, ihr Leutchen, für Dach und Fach!
Gott sei mit euch und mit uns Allen!
Er thu' mit uns nach seinem Gefallen!
Dies Glas auf euer Wohl, ihr Guten!
Nun aber wollen wir uns sputen,
Im Mondschein singend nach Hause wallen!

Im Herbste.

Phlegmatiker.

Wie hübsch die Nebel sich zertheilen
Im Thal und auf den Höh'n!
Vermuthlich wird der Tag recht schön.
Nu Kutscher, laß Dir Zeit!
Wir brauchen nicht zu eilen,
Kommen ja zum Weinles-Feste
Nur als müßige Gäste.
Hörst Du? Geigen, Schalmeien und Leier!
Wie das kratzt, und scharrt, und lärmt!
Wie das Völklein schwärmt
In Saus und Braus!
Da ist die Freude nicht theuer,
An Trauben und Winzern ein Überfluß! —
Nu, Herr Gevatter, Gott zum Gruß!

Wie geht's denn? Gibt der Most recht aus?
Je mehr, je besser!
Nur nicht zu viel Trauben = Esser!
Frühling und Sommer sind fürwahr —
Beid' in Ehren —
Ein schöner Theil im Jahr,
Doch mir gefällt der Herbst noch besser.
Er mag uns gar so viel bescheren,
Belohnt den langen Fleiß,
Ist weder kalt noch heiß,
Recht eigentlich so angenehm
Und gar bequem. —

    Nu, Kinder, laßt euch gut gescheh'n,
Doch seid gescheit,
Eßt Trauben da, so viel's euch freut,
Doch nicht zu viel, sonst wird der Magen
Den Mund beim Kopf verklagen.
Ein schönes Ding, das Traubenpflücken!
Allein das stete Bücken
Molestirt den Rücken. —

    Ei, Herr Gevatter, ich geh' nun nach Hauf',
Und ruh' ein Bischen aus,
Find' ich dann etwa Kompagnie,
So spielen wir wohl eine Partie
Noch vor dem Abendschmaus;
Dann gute Nacht! Der Sandmann ruft
Heut' früher mich als sonst zu Bette;
Ich war viel in der freien Luft.
Da schlaf' ich mit Jedem in die Wette.

Ei, ei! Noch ist's kaum grau,
Und schon Getös' in Wald und Au!
Pferdegewieher, Hundegebell,
Tief und hell!
Hörner schallen,
Schüsse knallen,
Und Alles geht drunter und drüber,
Als bräch' der jüngste Tag schon an.
Nu, eine Jagd bei schönem Wetter
Ist nicht so übel, doch wär' mir's lieber,
Sie fing erst an — etwa zwei Stunden später.
Mein'twegen, blas't und schreit,
So viel's euch freut!
Ich stelle mich, als hätte
Ich nichts gehört, und bleib' — im Bette.
Ha, wie das rennt und ruft,
Und knallt und pufft!
Piff! Paff! Nur immer zu!
Das bringt mich nicht aus meiner Ruh.
Werd' ich wieder wach,
So komm' ich nach. —
  Der Weg war ziemlich weit!
Das Alles schon geschossen heut?
Das heiß' ich wack're Schützen!
Solche Gäste nützen.
Herr Graf! Ich gratulire.
Schöne Thiere!
Herrliche Beute!

Wack're Jägerleute!
Welch' ein Maffaker!
Der ganze Acker
Voll Wägen! Welche Menge
Repphühner und Fasane!
Und himmelaufwärts ein Gedränge
Von schöngebälgten Hasen.
Die armen Thierlein — steif und starr!
Ja, wer kann helfen? Es bleibt wahr:
Sterben müssen Mensch und Thier!
Heute mir und morgen dir!
Das ist nun so, und muß so bleiben,
Wir mögen, was wir wollen, treiben,
Drum fahr' ich nun, — die Jagd ist aus —
In voller Ruh' nach Haus
Zum Wildpretschmaus.

Choleriker.

Verwünschte Nebel ringsumher!
Wie dunkel Alles, die Luft so schwer!
Man kann's kaum erwarten, bis so ein Tag
Sich adjustiren mag. —
Dem Himmel sei Dank! Nun wird's doch hell.
Kutscher! Schläfst du? Fahr' doch schnell!
Soll ich Dich, Schlingel, wecken!
Wir schleichen ja, wie die Schnecken!
Steig ab! Ich setz' mich selber auf;
Jetzt geht's einmal in vollem Lauf.

Hui da! Wie fliegt Alles vorbei!
Schon hört man das Winzergeschrei;
Mitunter quickt die Leier gräulich,
Und Manche jauchzen gar abscheulich.
Spitzbuben, schweigt! Mir gellt das Ohr
Von euerm Jubelchor.
Gebt mir zur Kost
Vom heurigen Most!
Vortrefflich! Gebt her!
Nur mehr, nur mehr!
Vivat! Jetzt will ich euch sagen,
Wer ich bin,
Will euch, Dirnen und Bursche, jagen
Da und dorthin;
Doch mit dem Vogelfang
Bleibt mir vom Leib!
Das schleicht so still, das währt so lang;
Ein matter Zeitvertreib!
Hurrah! Hussah!
Die Jagd kommt nah;
Das Horn erschallt.
Fort zum Wald!
Zu Pferde, zu Pferde!
Es zitt're die Erde!
Nun, rasende Lust,
Durchtobe die Brust!
Feuerröhre knallen,
Reh' und Hirsche fallen,

Der Eber tobt und schäumt;
Mit Blut besäumt,
Trägt er schon tiefe Wunden,
Und kämpft doch grimmig mit den Hunden
Hussah, hurrah!
Ein Bär kömmt nah;
Mit Kugeln und Hunden
Treibt er sein Spiel,
Unverwundbar wie Achill!
Laßt auf ihn los
Den ganzen Troß!
Schickt einen Hagelregen
Aus allen Büchsen ihm entgegen!
Da stürzt er, da liegt er in seinem Blut',
Und wälzt sich, und wehrt sich, und rast
Zu todt sich selbst in steigender Wuth.
Nun, Jäger, nun jubelt und blast!
Ein Götterfest! Ärgerlich, daß so geschwind
Im Herbst die Tage zu Ende sind!

Melancholiker.

Blätter fallen,
Die Menschen ihnen gleich,
So geht es Allen;
Kurz ist ihr Reich.
Wohin wir sehen, —
Ein Bild vom Welken und Vergehen!

Der Herbst ruft die Natur zum Todesfeste;
Wir Menschen sind dabei die Leichengäste.
    Wie stumm die grauen Nebel schleichen!
Auf öder Flur kein Lebenszeichen!
Wo sind die Blumen, die so freudig blühten?
Wo sind die Früchte, die so lockend glühten?
Trauerstille ringsumher!
Selbst Echo spricht im kahlen Wald nicht mehr.
Des Todes Siegesmahl
Seh' ich überall.
Wo sind sie nun, die Starken alle?
Die Hochgeprief'nen mit Trompetenschalle?
Die Holden in der Schönheit Vollgenuß?
Dahin, wie Blätter auf dem Fluß!
Die Glücklichsten sind, gleich dem Wasserfalle,
Auf dem des Regenbogens Farben schimmern,
Hinab zur Schlucht im nachtverhüllten Thale,
Wo sie da liegen — Trümmer unter Trümmern!
Wo ist ihr Stolz, ihr Ruhm, ihr Glück?
Erloschen mit dem letzten Blick!
Gleich wie ein Held, —
(O karges Loos der Sterblichkeit! —)
Vom Gipfel seiner Herrlichkeit
Im Siegeskampfe fällt,
Und wie ein Vater, dessen letztes Stöhnen
Ein Kreis von blüh'nden Töchtern, edlen Söhnen,
An Lieb' und Schmerzen reich, umstellt:
So geht in seiner Segensfülle schönster Habe,

Das Jahr zu Grabe!
So wird der Tod, — Bandit und Heuchler, —
Aus Mordbegier des Lebens Schmeichler,
Und zeigt sich in den schönsten Truggestalten,
Daß seine Macht noch sich'rer möge walten,
Daß uns selbst der Gesundheit Überfülle
Hinabstürzt in des Grabes Stille.
Die Freude selbst muß in anmuth'gen Auen
Dem Würger Tod ein Lustschloß bauen,
Und mit dem falschen Glücke Hand in Hand
Zieht er umher, und löst des Lebens Band.
So danken wir denn Alles, was wir haben,
Den Todten! Sie, die nicht mehr sind, sie gaben,
Das Leben uns! In ferner Zeit
Erfanden sie, was uns noch jetzt erfreut;
Was sie errungen und vollbracht,
Genießen wir,
Und ihrer wird nicht mehr gedacht,
Selbst wenn aus ihrem Staube hier
Des Lebens Frucht uns lacht, vom Tod
Uns wächst das Brot!
Zum Lebensschilde wird der Leichenstein,
Zum Lebensmahle ruft das modernde Gebein!
So schlug in diesem Thränenthal noch keine Stunde,
Die nicht zugleich schlug eine Lebenswunde;
So ist nicht Eine Stelle hier auf Erden,
Die nicht ein Grab war, oder noch muß werden.
Kein Berg so hoch, kein Meer so tief,

Wo nicht schon ein Todter schlief!
Und dennoch, ach! vergällt
Das arme Kind der flücht'gen Zeit
Sich selbst die Spanne dieser Sterblichkeit.
Wie Jagdlust durch die Wälder rast,
Wenn kaum der Morgen tagt,
So tobet auch des Lebens wilde Jagd
Mit leidenschaftverstörtem Sinn
Im wilden Taumel hin,
Bis dann der große Lebensjäger T o d,
Nacheilend hochgeschürzt,
Unfehlbar treffend, rasch mit Grimm und Hohn
All' seine Beute in die Grube stürzt. —
    Was hallet dort von ferne?
Lustgesang
Schallt im Rebenhain,
Und toller Leierton
Schnarret d'rein.
O jubelt, singt,
Tanzt und springt
Preist den Wein,
Der wie ein süßes Gift das Mahl des Lebens würzt,
D e n in den Lasterpfuhl, d e n in die Grube stürzt!

Sanguiniker.

    Wie traulich hüllt der Nebelduft
Die Landschaft ein! Wie kühlig wogt die Luft!
Die Wolken zieh'n in bunter Glut,

Die Bäume, voll von Laub und Frucht,
Gewähren, was man wünscht und sucht.
Wie frisch die Felder! Wie so mild und schön!
Man kann sich gar nicht müde geh'n.
Je länger der Gang, je frischer das Blut
Je leichter das Herz, je froher der Muth!
    Wohlan! So geh' ich denn auf die Jagd.
Die Büchse quer über, der Strauß auf dem Hut,
Das macht sich hübsch, das läßt gar gut;
Doch wird das Wild von m i r nicht sehr geplagt.
Repphühner und Wachteln und Hasen ihr,
Habt wahrlich nichts zu besorgen von m i r.
Ich stürze keines von euch in die Gruft;
Ich schieße wohl gern — doch nur in die Luft.
Mag treffen, wer da will,
Das flüchtige Ziel;
Ich juble durch Flur und Gebüsch,
Und was die Schützen
Mit Donner und Blitzen
Getroffen, das seh' ich gebraten dann auf dem Tisch.
    Doch halt! Dahier am Wasserspiegel
Ruht ein schöner grüner Hügel.
Da streck ich mich ein Bischen hin
Auf's weiche Grün,
Und singe unter Lerchentriller
Das Lied an die Freude von Schiller.
Wie köstlich ruht sich's auf den Blättern!
Jetzt tausch' ich nicht mit allen Göttern.

O holde Einsamkeit — —
Wie! seh' ich recht? ein grünes Kleid
Kommt hinterm Busch hervor, —
Ach! eine allerliebste Maid!
Und wieder Eine, und noch Eine!
Sie kommen Alle — wie ich meine —
Zu mir. Fürwahr! Es ist Luise,
Die Liebliche, die Süße!
Und die nach ihr — ich wette —
Ist meine heitre Henriette,
Die jetzt sich im Gebüsch versteckt,
Damit sie mich, wie immer, neckt;
Und hinter ihnen wandelt zierlich
Die sanfte Betty, wie manierlich!
Sie suchen mich. Wartet! Ich komme ja schon,
Und suche den unverdienten Lohn.
Ade nun, o Jagd! denn hier
Ist meiner Freuden Revier.
Zielt, schöne Jägerinnen, auf mich allein!
Gern will ich eure Beute sein.
Wie gut ihr zielt,
Das hat mein Herz gefühlt.
Nun gönn' ich euch Schützen den besten Schuß,
Bekomm' ich von Jeder nur Einen Kuß,
Und ist die Jagd aus,
So geh' ich der Reichste von Allen nach Haus!
    Kommt dann der rothe Abendschein
So ziehen wir noch in den Rebenhain.

13 ✻

Wie Edelsteine glüh'n die Trauben,
Die aus den Blättern schwellend sich erheben;
Beinahe möchte man glauben,
Daß Zauberinnen hier schalten und weben.
Wie Alles sich rührt, wie Alles sich dreht
Voll Arbeit und doch voll Luft,
Und früh und spät
Jubelt aus voller Brust!
Bis morgen zwar ist Alles abgepflückt,
Die vollen Beeren sind zerdrückt,
Die schönen Blätter ganz zerknickt,
Die Reben fahl
Und nackt und kahl.
Natur legt sich zum Schlummer nieder,
Bis Gott ihr ruft: Wach' auf
Zu neuem Lebenslauf!
Und, sieh da! sie erwacht
In neuer Pracht
Und Schönheit wieder.
D'rum hab' ich Luft und Muth,
Denn Alles ist ja gut.
Schon lächelt der Mond uns an,
Und mahnet uns vor allen Dingen:
Was unterm Mond, das ist dem Wechsel unterthan,
Doch immer gleich bleibt sich die Himmelsbahn.
Nun auf, frisch auf!
Laßt Stimmen und Saiten erklingen,
Dem guten Geist ein Ständchen uns bringen!

Ich tanze voran,
Tanzt Alle mir nach
In's Gartengemach!
Jucheissa, juhe! O Freudengetümmel!
Es tanzet mit uns ja die Erd' und der Himmel.

Im Winter.

Phlegmatiker.

Alles weiß, so weit ich seh',
Schnee und Schnee und nichts als Schnee!
Und all' den Schnee hat über Nacht,
Der Schelm, der Winter, hergebracht.
So rastlos, still und tief!
Der hat sich schön geplagt, indeß ich schlief.
Wie leis' und ruhig nun die Welt da liegt,
In weiße Windeln eingewiegt!
Die Leute gehen, fahren, fallen;
Man hört nichts von dem Allen,
Als ob die Füße, Fleisch und Bein in Ehren,
Von Baumwoll' wären.
Doch horch! da klingeln schon die hellen
Schlittenschellen.
Ja, ja, so eine Schlittenfahrt,
Wo Mann und Weiblein, wohl gepaart,

Wohl eingehüllt und wohl kutschirt,
Wohl an einander angeschmiegt,
Die Kälte nicht zu feindlich spürt,
Und über den Schnee = Alabaster fliegt,
Ist wahrlich ein scharmantes Fest,
Das sich — vom Fenster recht gut sehen läßt.

     Kurz ist zwar so ein Wintertag,
Wie eine Mücke gähnen mag;
Mir aber war doch niemals bang,
Denn mir wird keine Nacht zu lang;
Und schlaf' ich gut, so mag ich kaum
Den allerschönsten Traum.
Seel' und Leib
Sind Mann und Weib.
Die Seele ist der weise Mann,
Den nur das Weib,
Nämlich der Leib,
Regieren kann.
Nu! jeder Mensch auf Erden hat
Sein Schicksal so wie seinen Leib;
Und hätten wir nun keinen Leib,
So hätten wir kein Schicksal auch;
Das ist auf Erden so der Brauch.
Und doch bin ich dem lieben Leib
Nichts weniger als abgeneigt.
Mag, wer da will, sein Schicksal lenken,
Ich will an so was gar nicht denken;
Ach, alles Dirigiren

Sei von mir fern!
Das würde mich geniren,
Ich folge lieber still und gern. —
      Ein Bischen will ich doch in's Freie gehen,
So täglich etwa eine Stunde
Mach' ich wohl um die Stadt die Runde;
Das gibt uns einen besseren Humor,
Und schärft den Appetit.
      Sieh da! ein ganzes Chor
Von Schlittschuhläufern!
Seht doch, wie das Eis
In der Sonne Funken sprüht!
Wie sie gleiten, wie sie fliegen,
Wie sie sich behutsam schmiegen!
Mir wird schon vom Zuseh'n heiß.
Der im Rondeau und der g'radaus
Im blanken, hellkrystallnen Haus!
Wie das durch einander fliegt!
Prosit, Vetter! Einer liegt;
Der And're purzelt über den:
So kommt die Reih' an All';
Ein Narr macht zehn,
Und einer hält sich durch des Andern Fall. —
      Das heißt doch eine Sternennacht!
Der ganze Himmel ist erwacht.
Ja, von den Sternen
Kann man was lernen!
Sie blinken, wandeln ohne Rast,

Sind thätig stets, doch ohne Hast.

Recht! Übereilen taugt nicht viel,

Und langsam kommt man auch an's Ziel;

Ja, an mir selbst bewährt sich das.

Ich geh' bequem und wie zum Spaß,

Und sieh'! da steh' ich nun vor einem Haus

Voll Saus und Braus,

Und Geigen= und Trompetenschall

Ruft mich hinauf zum Maskenball.

Ich selbst mag mich zwar nimmermehr

In eine Maskenpresse stecken;

Das wär' mir unerträglich!

Doch freut mich's sehr,

Seh' ich die Bunten so beweglich

Sich selbst und And're necken.

Sind manchmal ihre Späße nicht die besten,

Denk' ich: Man kann sich nicht mit Perlen mästen!

Man spricht, man lacht, man hört, sieht zu,

Und trinkt sein Gläschen Wein in Ruh'.

Wenn endlich Mädchen sitzen bleiben

Und sich's bequemer tanzen läßt,

So wählt man denn — so will's das Fest —

Sich eine hübsche Tänzerin,

Nicht zu jung und nicht zu alt,

Nicht zu feurig, nicht zu kalt,

Nicht zu leicht und nicht zu schwer,

Tanzt ein paar Touren, ja nicht mehr!

Und führt sie d'rauf im Saal herum.

Man ist nicht stumm, man spricht nicht dumm,
Man ist galant,
Drückt ihr die Hand,
Und wie ein Wort das andre gibt,
Wird man endlich gar — verliebt.
Und so vergeht die Zeit, man weiß nicht wie;
Auf einmal schaut die Früh
Mit ihrem rothen Schein
Durch's Fensterglas herein.
Die Musik schweigt. Der geht nach Haus,
Der ruht sich auf dem Sofa aus.
Die Eine trinkt Kaffeh,
Die And're gähnt
Ohne End';
Ich aber seh' beim Morgenlicht
Erst meiner Tänz'rin Angesicht.
Da wird mir's ganz kurios;
Ich kann nicht von ihr los.
Sie spricht verständig und bescheiden,
Ich hör' ihr zu mit Freuden.
Ist, was sie sagt, auch Alles wahr,
So werden wir vielleicht ein Paar,
Und über's Jahr
Schreit schon mein kleines Ebenbild
Ganz kannibalisch wild.
Man sei noch so gescheit, man lese tausend Bücher,—
Ei, vor der Lieb' ist dennoch Keiner sicher!
Was will man aber thun? die Eh' hat Gott

Selbst eingesetzt; der Mann soll Glück und Noth
Und Lust und Plagen
Mit seiner Männin tragen;
Wenn Eines zagt, so hat das And're Muth.
Mit mir hat's eine Frau warhaftig gut;
Macht sie mein Bischen mir bequem,
Halt' ich die Hausregierung ihr genehm,
Und will sie dann recht tüchtig schalten,
Wird's mich am End' noch unterhalten.
Den Kindlein bin ich auch nicht feind;
Wenn Eines lacht, das Andere weint,
Das dritte läuft, das vierte fällt,
Das fünfte spielt, das sechste schmählt,
Weil Nummer Sieben Trommel schlug,
Das achte drauf— doch halt! genug!
Da seh' ich denn an meinen kleinen Leuten
In meinem Hause alle Jahreszeiten
Zu jeder Stunde
Im schönsten Bunde;
Und wenn das Weibchen auch ein Bischen keift,
Deshalb verliert man nicht den Muth;
Sobald ich will, mach' ich sie wieder gut:
Ich darf nur tanzen, wie sie pfeift.

——————

Choleriker.

Alle Wetter! welch' ein Wetter!
Schnee ohn' End', und fest gefroren!

Ohr und Nase geh'n verloren.
Der Boden eiscandirt und glätter
Als alle Spiegel auf der Welt.
Nur zu! nur zu! Ich gehe doch
Und wenn der Schnee auch riesenhoch
Vom Himmel fällt.
Ich muß zum Piquenique;
Dort blüht mein Glück.
Bin auf zehn Walzer schon bestellt
Und auf drei Cotillon's dazu!
Fahr' hin, Bett, Schlaf und Ruh'!
Noch vor dem ersten Kerzenschein
Muß ich der Erst' im Saale sein,
Und alle Tänzerinnen
Im Voraus mir gewinnen.
Jetzt lange Schritte fort und fort!
Und macht mir gütigst dann
Das Glatteis ebne Bahn,
So schleif' und flieg' ich und bin dort,
Eh' Jemand mich vermuthen kann. —
      Das geht ja excellent! doch — halt! o weh!
Da liegt der Narr im Schnee!
O du verwünschtes Eis,
Werd' in der Hölle heiß!
Zum Teufel! wo ist denn mein Hut?
Weit weg! Ein Spiel der Windesbrut.
Ich will mir merken diesen Fall!
Auch sei das heut' mein letzter Ball

In diesem Jahr!
Und mit dem Tanzen ist's nun gar.
Der Winter ist doch zu fatal!
Der Tag so kurz, die Nacht so lang.
Der Morgen ist kaum zu erwarten;
Um vier Uhr Nachmittags ist's Nacht,
Und Lichter werden schon gebracht.
Am Abend spielt man ewig Karten,
Und die Musik hört man nicht satt.
Da soll man ernst und stille sitzen,
Dann im Theater ganz schachmatt
Als Kunstfreund sich zu Tode schwitzen.
Wie da sich Alles preßt und drängt!
Der Teufel halt' es aus
Im übervollen Haus!
Die Luft so dick, der Raum beengt.
Nein, lieber in's Weite hinaus!
Und müßt' ich im Schnee versinken,
In Regenströmen ertrinken,
Mag, wie er will, der Nordwind toben
Von unten und oben —
Zu Lustpartien geht sich's gut
Auch ohne Hut.

     Verwünscht! schon wird es dunkel.
Was nützt das bleiche Sterngefunkel?
Sie schimmern viel und leuchten nicht,
Als trieben sie mit uns ihr Spiel. —

     Nu — endlich bin ich doch am Ziel!

Da glänzt das große Haus hell=licht:
Wie? Schon Musik? Geschwind! geschwind!
Den ersten Tanz versprach Lenette mir.
Ich komm', ich fliege, süßes Kind!
Schon bin ich nah' bei Dir.
Wo ist sie denn? Sie sitzt und schmachtet wohl
Im Nebenzimmer, einsam, sehnsuchtsvoll?
O Himmel! darf ich meinen Augen trauen?
Ist sie's, die meine Blicke schauen?
An eines jungen Gecken Arm?
Sie lächelt, nickt, spricht viel und warm.
Jetzt fliegt sie mit ihm durch die Reihen!
Kann ohne mich ein Tanz sie freuen?
Meineidige! so hältst Du Wort?
Mir das? O tanze Du nur fort und fort!
Sieh! Deine Locke, Deinen Ring —
Zum Fenster werf' ich sie hinaus
Bei Pauken= und Trompetenschall!
Und nun Adieu, Mamsell und Haus!
Der Teufel hol' den Winter sammt dem Ball
Und Dich sammt Deinem holden Blick
Und sammt dem ganzen Liebesglück!

Melancholiker.

So wird das bleiche Jahr nun auch begraben,
Das Manchem bitt're Früchte trug

Und Manchem tiefe Wunden schlug.
Grabbedeckend sinkt die Schneelast nieder,
Und ein Heer von Stürmen und von Raben
Singt die heisern Todtenlieder.
So bringt jede Jahreszeit
Ihr eignes Leid!

    Einsam sitz' ich nun in meiner Stube
Wie in einer Mördergrube;
Matt und düster in der dumpfen Luft
Brennt die Lampe wie in einer Gruft.
Alle sinnen nur auf Lust und Scherz;
Niemand denkt an mich und meinen Schmerz!
Ist's doch fast, als wäre ich bestellt,
Leid zu tragen für die ganze Welt!
Weinen möcht' ich! Dieses Leben —
Weßhalb ward es mir gegeben?
Hat man, ob ich's wolle, mich gefragt?
Dennoch hab' ich es, Gott sei's geklagt!

    Hu! Da lischt die Lampe aus.
So geht's uns armen Menschen auch!
Das Lebenslicht verweht ein Hauch;
Im Finstern wandeln wir nach Haus.—

    Wie starrt die schneebelad'ne Flur,
Vom blassen Mondlicht angeweint!
Im weißen Leichentuch ruht die Natur;
Die Arme hat jetzt keinen Freund.
Sie gab ja Alles, was sie hatte, hin;
Nun denkt auch Keiner an die Geberin. —

Dort liegt der Kirchhof; dumpfig hallt
Den Ruf der Schreckenstund' die Mitternacht.
Der Uhu ächzt; die Geisterstund' erwacht;
Aufhebt sich manche Grabgestalt.
Wer sie nicht sieht, der muß im Stillen
Voll Seelenangst sie fühlen.
Doch horch! Was schallt
Aus dem großen Haus herüber?
Lustgeschrei und Musikschall.
O herrlicher Kontrast!
Hier der Kirchhof, dort der Saal!
Für die Gräber wirbt der Tod
Und der Wahnsinn für die Noth.
Hier des Tobens Fülle,
Dort die tiefe Stille;
Hier der Lichter Pracht,
Dort die schwarze Nacht.
Mädchen wie Mänaden,
Heute glühend roth,
Morgen bleich und todt!
Der Jüngling tobt sich heut' zum Schatten.
Der Saal prangt wie ein Katafalk im Kerzenglanz,
Und ringsum huscht ein Todtentanz.
Mit glüh'ndem Auge schleicht die Eifersucht,
Die Rache lechzt, indem sie selbst sich flucht,
Und Zwietracht streut ihr süßes Gift,
Wo sie das Herz am schnellsten trifft.
Ein böser Augenblick

Zerstört ein Lebensglück;
Die Liebe flieht,
Der Haß entglüht,
Dann herbes Scheiden
Und bitteres Meiden. —

O tobt nur jede Nacht wie heut'!
Stürzt euch in's lustige Verderben!
Ei! Morgen ist's ja Zeit zum Sterben;
Der Kirchhof ist bereit.
Und sterbet ihr nicht mit Bravour
An der letzten Tour,
So kann ein langes sieches Leben
Die böse Saat euch zehnfach wiedergeben. —
Indeß euch das erhitzte Blut
Wild durch die Adern rollt wie Glut,
Liegt sorgenwach,
Ohne Dach und Fach,
Unten auf dem kalten Schnee
Ein Armer da, und klagt sein Weh
Der tauben Nacht
Mit schlotterndem Gebein.
Ach! wenig Tropfen von dem Rebensaft,
Der euch das Hirn verwirrt und Leiden schafft,
Sie reichten hin, ein neues Leben
Dem Starrenden zu geben.
Umsonst blickt er hinauf zum Freudensaal;
Er schaudert — ächzt — zum letzten Mal!
Fahr' hin, des Jammers Sohn, fahr' hin!
Dir ist das Leben Qual, der Tod Gewinn. —

Laß ab von mir, du Bild der Trauer!
Der Menschheit Elend füllet mich mit Schauer. —
Warum muß ich denn leiden
Für Andrer tolle Freuden?
Und wer — wer sagt denn, daß ich muß?
Ich will. — Behaltet Lust und Scherz!
Ein schöner Schmerz
Ist höherer Genuß.
Die Lust des Augenblicks ist eitler Schaum,
Doch was einst kommen wird, das ist kein Traum!

Sanguiniker.

Wie hell des Morgens kalte Pracht
Mir in das warme Zimmer lacht!
Schön spielt das Eis am Sonnenstrahl
In bunter Farbenglut.
Den weiten Erdensaal
Schmückt Schnee mit hellem Silberkleid
Und diamantenem Geschmeid'!
Wie hell mein Kopf! Wie leicht mein Blut!
Wie sich's nach einem Ball,
Nach froh durchtanzter Nacht,
So leicht, so licht erwacht!
Meine Seele füllt
Bild auf Bild.
Welche Mädchen! Welches Kosen!

So viel Mädchen, so viel Rosen!
Alle so freundlich, so gut!
Ein wahres Elisium der Saal
Und schwer die Wahl!
Die Eine anziehend, die Und're schlau fliehend,
Und Diese so feurig und Jene so mild,
Und neben der Blassen die Nachbarin glühend;
Und nenn' ich s i e, die mir am meisten gefallen,
So sag' ich dasselbe von — Allen!
Sie tanzen so himmlisch, sie sind ja so schön, —
Man möchte vor Lieb' und Entzücken vergeh'n!
Das ganze Leben ist ein Ball,
Musik und Jubel überall,
Und freudig schwebt der leichte Sinn
Durch lustverschlung'ne Reihen hin.
Hier ein Blick und dort ein Gruß,
Hier ein Handdruck, dort ein Kuß!
Und tritt nun Einer auch einmal
Den Andern unsanft auf den Fuß —
Soll man sogleich das übel nehmen?
Im Leben so wie auf dem Ball
Läuft's ohne Tritt und Stoß nicht ab.
Wer deshalb stets sich wollte grämen,
Der grübe sich wohl selbst sein Grab.

    In mir wogt noch das ganze Fest.
Durch meine Seele ziehen
Tanzmelodien,
Und vor mir walten

Himmlische Gestalten.
Ein wahres Elfenleben
Will mich umgeben.
Komm, duftender Kaffeh, und mache,
Daß ich nun ganz erwache.——

    Jetzt ein Spaziergang um die Stadt
In frischer Luft,
Bis mich das Mittagsstündchen ruft!
Hat eine Ballnacht uns erfreut,
Zwingt man am nächsten Tag
Zur Arbeit sich vergebens,
Der in der Harmonie des Lebens,
Dem guten Genius geweiht,
Gern in geselliger Behaglichkeit
Als Nachklang sanft hinschwinden mag.
Man spricht von gestern ganz gemüthlich
Und thut sich gern noch etwas gütlich.

    Wohlan! Schon guckt der Sternlein Chor
Neugierig durch den Abendflor.
Im blauen Zimmer
Seh' ich schon Kerzenschimmer,
Und die Gesellschaft sitzt beisammen,
Die Männer, frisch und aufgeweckt,
Die Weiber schläfrig und geneckt.
Tret' ich nun ein, gibt's Feu'r und Flammen;
Auflodern muß ringsum der Spaß,
Als fiel ein Funk' in's Pulverfaß.
Man scherzt und lacht, erzählt und schwätzt,

Spricht immer stiller und zuletzt
Auch immer weniger und endlich
Mitunter gar schon unverständlich;
Da heißt's: Die Tafel schnell gedeckt!
Die kalte Küche kommt herein
Mit Resten von verschiednem Wein.
Nun wird der Geist der Fröhlichkeit
Nochmal geweckt;
In einem Nu
Geht's wieder laut und fröhlich zu;
Man springt schon in das nächste Jahr;
Da malt die Fantasie sich gar
Den künft'gen Frühling aus
Und manche Lust im Sommerhaus.
Ich selber lobe die Natur,
Seh' mich schon auf der grünen Flur
Mit einer Amorosa geh'n,
Der ich den heißen Schwur
Von ew'ger Liebe — — —
Da wendet sich plötzlich die Nachbarin
Helläugig zu mir, dem Nachbar, hin,
Und frägt mit Blicken, die viel bedeuten,
Welche von den Jahreszeiten
Mir vorzüglich wohl gefalle?
Ich öffne nun die Augen weit
Und sage blitzgescheit:
Ei, Minchen, mir gefallen Alle!
Viel Gutes und viel Schönes beut

Uns jede Jahreszeit;
Und nehmen wir nur jede recht,
O dann ist auch nicht e i n e schlecht.
Und weil wir g'rad' in jeder von den vieren
Das Gute der drei übrigen verlieren,
Und bald vom Frost, bald von der Hitze leiden,
Und, vielgenießend, Vieles auch entbehren,
Das macht, daß wir dann jede ehren.
So muß man sich denn immerzu bequemen,
Das, was man h a b e n kann, zu nehmen,
Im Winter nicht den Sommer suchen,
Im Sommer nicht dem Winter fluchen.
Weil denn auf Erden nichts besteht,
Die Blume welkt, der Schnee zergeht,
Und jedes Ding hat seine eig'ne Art,
So schmieg' ich mich fest an die Gegenwart,
Und pflücke, was honneter Weise
Zu pflücken ist, in jedem Kreise,
Bin mit der frohen Stunde
In stätem Bunde,
Erhasche das Schöne im Flug und im Lauf,
Und halte beim Häßlichen nimmer mich auf.
Mit langen Betrachtungen quäl' ich mich nie,
Und meine ganze Philosophie
Sagt weiter nichts als d a s :
Gott hat Alles am besten gemacht,
Ist mehr, als wir selber, auf uns bedacht.
Der Frohsinn und die Morgenstunde —

Beide tragen Gold im Munde.
Ein Herz voll Lieb' und leichtes Blut,
Verträglichkeit und frischer Muth,
Die sind in dieser schönen Welt fürwahr
Die rosa semper florens im ganzen Jahr.
Vor Allem aber, lieber Gott,
Gib im gesunden Leib
Mir eine kerngesunde
Seel' in Glück und Noth,
Die frisch in's junge Leben blüht,
Wie eine Blum' aus guter Erde glüht! —
    Thu' Jeder nun, was ihm gefällt!
Gute Nacht
Der ganzen Welt!
Ruht sanft, damit ihr froh erwacht!

Herr Eustach Grau.

Eine Szene im Irrenhause. (Nach Crabbe.)

Personen:

Der Besuchende.
Der Arzt.
Der Wahnsinnige.

Der Besuchende.

Fort! nichts mehr! fort! Zerrissen ist mein Herz
Vom Seh'n der Qual, die ich nicht mildern kann.
Lang werd' ich diese Szenen vor mir schau'n,
Oft wieder fühlen dieser Leiden Schmerz,
Wenn sie der Seele sich bemächtigen.
Des bleichen Projektanten Heimlichthun,
Des plumpen Ignoranten blöder Blick,
Des Müßiggängers Sinnen auf Betrug,
Des armen Mädchens halbgeformtes Lächeln,
Indeß sie mit dem tiefen Seufzer kämpft, —
Fort! nichts mehr! fort!

Der Arzt.

Eh' Du zu glücklicheren Szenen eilst,
Besieh hier Alles, was noch übrig ist,
Sieh die Ruinen des Herrn Eustach G r a u,
Des Wahnsinns Beute und des Elends Raub!
Dir seine Qual und sein Vergeh'n zu melden,
Bedarf es keines Andern Mund; er selbst
Wird Dir wie Einer, den kein Irrsinn drückt,

Des hochmuthsvoll verlornen Geistes Wahn
Enthüllen und die rasch verübte That.
Dies Stübchen hier ist ihm die Grauenburg.
Tritt näher hin zu ihm! er wird
Dich alsogleich willkommen heißen,
Wird öfter auch nach seinen Dienern rufen
Und Dir hindeuten auf den leeren Stuhl.
Er kann mit unbefangner Miene
Gefällig sein und voll Aufmerksamkeit,
Kann seinen Schmerz mit feinem Anstand bergen,
Und Dich zu Mitleid und Hochachtung zwingen.

Der Wahnsinnige.

Wer kommt hier? — Tritt doch näher! — Allerliebst!
Mein lieber weiser Arzt, mit ihm sein Freund.
Sie trennen sich von einem Lustgelag,
Und kommen hieher, und besuchen den,
Der ihnen nicht nach Wunsch aufwarten, nicht
Vergnügen aller Art verschaffen kann,
Wie einst, da ich noch froh und glücklich war,
Und mir nicht träumen ließ, daß ich so bald
Mit Höllenmächten kämpfen soll.

Der Arzt.

Gemach, mein Freund! Sonst zwingt Ihr uns,
Euch zu verlassen.

Der Wahnsinnige.

　　　Bleibt! Ich bin ja schon
So ruhig wie ein gutes, frommes Kind,
Wahrhaftig! aber wie ein Kind des Jammers,

Das nicht Scheltworte, Mitleid nur verdient.
Ach! Menschen, denen's wohl ergeht, die nie
Mit wilden Leidenschaften kämpfen, — sie
Belehren uns, wie wir dem Übel wehren
Und Meister werden sollen unsers Wahns.

    Es mögen, dünkt mich, zwanzig Jahre sein,
(Die Zeit entflieht so schnell, ich weiß nicht wie!)
Da schien die Sonn' auf keinen glücklichern
Und stolzern Mann als auf den Eustach Grau.
Fragt, wen ihr wollt; es wird euch Jeder sagen,
Der Mann, den Jung und Alt bewunderte,
Den Jeder pries, der Frohe wie der Düst're,
Der war der junge Grau von Grauenburg.
Ich prangt' in Jugendfülle und Gesundheit,
Gestaltet schön und edel wie kaum Einer.
Von meines Reichthums Übermaß gab ich
Für keine Krankheit einen Dreier je.
Die freien Mädchen und die schönen Frau'n,
Sie alle sagten wie mit Einer Stimme:
„Wer sehn will einen schönen Mann,
„Der schau den Grau von Grau'nburg an!"—
Sein Aug' war heiter, frei der off'ne Blick,
Und klangvoll seiner Stimme holder Ton.
Aus jedem Wort, aus jeder Miene sprach
Das edle Herz und die wohlthät'ge Hand.
Rings um ihn her war Alles froh und wohl;
Ihn pries mit Einer Zunge Groß und Klein.
Er kaufte, unternahm, verschönerte,

Und herrschte wie ein Fürst auf Grauenburg;
Und meine Gattin war — die Liebe selbst!
Die Sprach' ist, sie zu preisen, viel zu arm.
In ihrer Sitte war sie täubchensanft,
In ihrer Seele heilig, engelrein.
Kein Blick, kein Hauch verrieth je eine Klage;
Sie fand auf Erden ihres Gleichen nicht! —
Was ist die Holde, die ich schild're, nun?
Ach! d a s, was Alles sein wird, was da lebt.

    Ich hatte einen theuren Busenfreund,
Ein edler Mann, fürwahr! mir lieb und werth.
Und so war ich denn reich, ja, überreich,
Und wurde stolz, ja bis zum Wahnsinn stolz,
Und war verloren, ja, verloren; doch — —
Dies hatte seinen guten Grund. — —

    Wo blieb' ich nun? — Ich — kann nicht weiter finden; —
Ja doch! Mir ward der Beifall aller Männer,
Mir blieb das Lächeln aller Frau'n und Mädchen.
Zur Seite lebten mir zwei Engelwesen,
Ein holdes Mädchen und ein wackrer Knabe.
Um meinen Hochmuth höher noch zu schwellen,
Um meiner Freude höhern Glanz zu geben,
Ward mir das reinste Glück beschieden, ja,
Ein Paradies, bis meine schwache Eva,
Zuerst Betrog'ne, dann Betrügerin,
Zerstörte uns're Seligkeit.
Doch ich verdiente dies; denn in der Zeit,
Da ich geliebt, liebkost, bewundert ward,

Lag schon in meinem Innern jedes Laster,
Geheim und unbemerkt und unbekannt.
Ich wendete mich nie an meinen Gott
Mit Dank und Preis demüthigen Gebets;
Und wenn ich seines heil'gen Wortes auch
Nicht spottete, so (schrecklicher Gedanke!)
So lag es mir doch keineswegs am Herzen.
Ich zweifelte, (Thor, der ich zweifeln konnte!)
Ob dies allseh'nde Auge mich auch säh',
Ob er, deß Blick das Weltenall durchschaut,
So kleinlich könne sein und so besorgt,
Mich zu bemerken oder zu bestrafen.
Bei Menschen wollt' ich groß und herrlich sein,
Allein vor Gott ein solches Nichts, daß Er,
Er, der Allsehende, mich übersäh'.
Gesegnet so mit Kindern, Weib und Freund,
Gesegnet, wie es wenig Menschen sind,
Mit Allem, was das Leben fröhlich macht, —
Wo war ein Gut, deß ich mich nicht erfreute?
Doch ach! von Sünde war mein Herz befleckt;
Der Himmel sah das dunkle Mahl, und ich
Vergaß die ewige Gerechtigkeit,
Und suchte nicht mir Gnade zu erwerben.
 Kommt näher! Leis' erzähl' ich Euch den Rest.
Nur zu bekannt war, leider, aller Welt
Die frevle Leidenschaft der Gattin und
Des Freundes, des treulosen Freundes, ach!
Auf dessen Redlichkeit ich so gebaut.

Glückstolz saß ich, als mir die Kunde kam
Von Beider Schuld und Flucht, so laut erzählt.
Wie lächelte der Neid ob meiner Schmach!
Ich schrie um Rache, — und sie kam sogleich.
Kann ich die That vergessen, je vergessen?
Ich hielt das Schwert, das fluchbelad'ne Schwert,
Vom Herzensblute des Verräthers roth;
Auch sie, die Schöne, büßte ihre Schuld;
Sie härmte sich, verging, starb lebenssatt;
Ich sah sie sterbend, sehe sie noch jetzt.
Vergib, gefall'ne Huldin, meiner Wuth!
　　Noch blieben mir zu meinem Lebensglück
Zwei Engel. Konnt' ich nur die Furcht entfernen,
Die böse Furcht, die ihr Liebkosen hemmte,
Selbst meine Vaterlieb' vergiftete.
Doch hier auch kämpfte besseres Gefühl
Und hätte wohl errungen mir den Sieg,
Wär' ich Unsel'ger nicht zum Äußersten
Von Lebensglück und Lebensqual verdammt.
　　Gesund, voll Jugendlust, im Stolz der Schönheit, —
So sanken sie, wie Blumen, die der Reif
Versengt, hinsiechend welken. Ach, sie starben,
Und ich, ich ward verflucht, so wie ich's bin.
Ach, meine Freunde, zürnet nicht! Gesteht,
Ich wurde allzu fürchterlich versucht!
Hört mir nur zu! Ihr werdet staunen, wie
Ich solche Stürm' und Kämpf' ertragen konnte.
Ja, Stürme, nicht von einem Wolkenheer

Erregt, das unfern Erdball überfällt,
Nein, solche, die mit ihrer Schreckensmacht
Die Brust erschüttern bis in's Innerste;
Sie zieh'n dem Heuchler seine Larve ab,
Und prüfen uns, ob wir falsch oder wahr.
Drum hatt' ein Teufel über Hiob Macht,
Und ich war zweier Teufel Sclave lang.

Der Arzt.

Seid ruhig Freund! Die Dinge geh'n vorüber.
Nun faßt und sammelt Euch! Erzählt dann weiter!

Der Wahnsinnige.

Kann ich denn läugnen, was Thatsache ist?
Ich war hartnäckig stolz, ich war verloren.
Aus meinem Prunk ward ich hinausgeschleudert;
Zwei dunkle Höllengeister führten mich,
Die früh mich weckten, die mich spät bewachten,
Mein Schreck bei Nacht, bei Tage meine Qual.
Den bösen Feinden war ich Spiel und Spott
Wohl manches stürmevolle Jahr hindurch.
Schwer ist's zu sagen, wie ich ihre Beute,
Wie ich mißhandelt war; doch sollt ihr's hören.
Zuerst, eh' sie mich in die Weite trieben,
Durch die erbarmungslose Welt zu irren,
Da ward dem Eustach Grau sein Werth geraubt,
Sein Hab' und Gut, und Rang und Herrlichkeit.
So ward des holden Mannes Glück zerstört,
Er selbst als armer Schuft verschmäht, verachtet,
Vermieden jetzt von jedem frühern Freund,

Durch's Hausgesind' von jedem Thor verjagt.
Dann führten mich die zwei Unholde, sie,
Die ich allein nur sehen konnte, fort,
In stürmisch wildem Flug, sie rissen mich
Unwiderstehlich hin mit Schreckensmacht.
Wir flogen sausend über See und Land,
Und hielten dann auf grenzenloser Haide,
Öd', ohne Nahrung, ohne Lebenshauch;
Nur Todesschweigen herrschte ringsumher.
Auf dieser grenzenlosen Haide Rand
Fiel mit den letzten Strahlen, mild und matt,
Der untergeh'nden Sonne Licht;
Doch still war Alles, schlafend oder todt,
Und in der Mitte lagen aufgethürmt
Ruinen, Pfeiler, riesiges Gestein;
Da bildete das graue Moos ein Bett,
Und kleidete zerfall'nen Raub der Zeit.
Da ward ich festgebannt, ich weiß nicht wie,
Verdammt, unzähl'ge Jahre dort zu bleiben.
Doch Jahre waren's nicht; ein schreckliches
Endloses Jetzt war's ohne Tag und Nacht;
Derselben Abenddämm'rung Schlummerlicht
Glomm sanft und klar und traurig feierlich.
Und kam mir auch ein Augenblick des Schlaf's,
Sogleich erschienen meine Feinde wieder,
Und fort ging's sausend über Land und See,
Fort ohne Aufschub, ohne Rast und Ruh',
Hin über schwarzer Fluten breites Meer,

Durch eis'ger Länder bleiche Wüstenei.
Mir fehlte Kraft, der Macht zu widersteh'n;
Ich war ein Kind in eines Riesen Hand.
Sie stellten mich hin, wo das Nordlicht spielt
Mit seiner Zitterstrahlen Flimmerglanz;
Verzagen würde selbst das kühnste Herz,
Die Schreckgestalt zu fühlen und zu seh'n,
So pfeilschnell und so frostig und so hell
Durchdrang sie mich mit Wunden, kalt wie Eis!
Des halben Jahres Nordpolnacht hindurch
Umgab mich dieses rege Flammenmeer.
    Allmälig schwand die Finsterniß hinweg,
Und ich fiel endlich auf die Erde nieder.
Ein flücht'ger Schlaf besuchte mich am Tag,
Allein, sobald die Abendglocke scholl,
Da trieben sie mich fort in schöne Städte;
In Städte, die kein Reisender uns nennt,
Die außer mir kein Wanderer betrat.
Die Wächter staunten, standen schreckenbleich,
Als wir anstürmten durch die düstre Nacht.
Das Nachtlicht schwankt, da wir vorüberzieh'n,
Der Haushund bebt, und fürchtet sich zu bellen,
Des Wachtthurms' Glöcklein tönt hell auf, und horch!
Frei bläs't der Wind; wir sind zur Stadt hinaus;
Ausdehnt ein weiter Kirchhof sich vor uns,
Und nieder setzen sie mich auf ein Grab.
Rings Monumente des gewalt'gen Todes!
Grabmäler ringsum von verschied'ner Art!

VII.   15

Aufrechte Steine werfen ihre Schatten
Auf nied're Gräber dicht am Weidenbaum,
Die einen frisch erhoben über'm Grund,
Die andern eben und dem Boden gleich.
Wie viele Tausende erwarten hier
Den Ruf: „Ihr Todten, wachet auf!" —
Sie zögern nicht, gehorsam diesem Ruf;
(Dämonen, schont! Erlasset mir den Schmerz!)
Sie kommen, eingehüllt in's Leichentuch, —
Es ist mehr, als ein Mensch ertragen kann!
Hu! wie sie rasselnd aufsteh'n, wild anstarren
Den Mann, der, noch beseelt vom Lebenshauch,
Von Höllengeistern hingeführt, es wagt,
Dem Schattenheer des Todes sich zu nah'n.
　　Gefühlt hab' ich, was nur ein Mensch kann fühlen,
Bis der Natur er den Tribut entrichtet;
Mehr Böses, als die Hoffnung heilen kann,
Mehr, als die Seele je vergessen kann,
Ja, Alles, was das Herz zermalmen, was
Den Geist entmuthigen und schwächen kann;
Leid, Mangel, Schrecken, Qual und Angst, sie alle
Umlagerten die sündenvolle Seele.
　　Nun steckten mich in einer wilden Sturmesnacht
Die bösen Geister in das Moor hinein,
Das nimmer eines Menschen Fuß betrat.
Hier zog ein Rabenheer zum Winterflug,
Hier tanzten auf dem Sumpf des Irrlichts Flammen,
Wo aus dem Pfuhle sich das Rohr erhob.

Ging dann die Morgensonne leuchtend auf,
So schien sie auf ein weites Schneegefild.
Sie hängten mich an einen dünnen Ast
So hoch, wie kaum die Krähe baut ihr Nest;
Dann ward ich angeheftet an die Kugel,
Die schwankend auf des Kirchthurms Spitze schwindelt;
Dann mußt' ich vor des Berges Feuer flieh'n,
Wenn wilde Glut aus seinen Seiten quoll.
Ich hielt mich an den lockern Dornstrauch fest;
Ich tauchte in den Meeresgrund hinab.
Ich war da, wo die Wölf' vor Hunger heulten,
Und zu vollenden mein Qual, kam ich — — —
In's Tollhaus, wo Wahnsinnige sich gegen
Das Leben der Vernünftigen verschworen.
Ich zog das sturmdurchbrauste Segel ein,
Hing schwindelnd auf des Mastbaums höchster Spitze.
Gedient hab' ich elenden Kerkersclaven,
Im ekelhaften Dünger umgewühlt.
Des Dachses nied're Höhle war mein Bett,
Und mit Zigeunerbanden zog ich um;
Gefühlt hab' ich die Schrecken all' der Schuld,
Gethan, was sie zu thun sich nicht getraut.
Im Ufersand, wo Flut und Ebbe wechselt,
Da stellten sie mich hin, ich sollte sterben.
Gestützt auf meinen Stab, stand ich voll Trotz;
Da stürzte grimmig auf mich los die Flut,
Sie thürmte sich hoch, immer höher, auf,
Und zog sich spottend dann vor mir zurück.

15 *

Dann ward ich angefaßt von tausend Teufeln,
Hinabgeschleudert in den Schreckensort,
Wo Qual, Entsetzen und Verzweiflung herrscht,
Wo Furien, bewehrt mit Eisenkrallen,
All' die dem Fluch geweihten Scharen foltern.

    Verurtheilt ward ich, zu verlieren meinen
Verstand, weil ich der Sünde und dem Stolz
Mich hingab, mich vom Glück verblenden ließ;
Entflammen wollten sie mir das Gehirn
Und die Vernunft auf ihrem Thron erschüttern.
Doch selbst der Sünder wird Erbarmen finden,
Wenn er die Straf' der Schuld geduldig trägt.
Auch ich vernahm vom Himmel eine Stimme
Und fühlte dann der Gnade Sonnenschein.
Ich segnete das Licht, der Gottheit Ausfluß;
Das heil'ge Siegel ward mir aufgedrückt.
Die bösen Feinde sah'n es wild ergrimmt
Und flohen von mir weg im Augenblick.
O hört den Hirten, wie er zu sich ruft
Das sündenvolle, das verirrte Schaf!
Wohl Manche zieh'n am Pförtlein taub vorbei,
Doch Manche pochen an, und gehen ein.
Wie schön ist's, eine Seele zu gewinnen!
Und Er, der sie gewinnt, er ist allweise.
O horch! Der heilige Gesang beginnt,
Und also spricht der Himmelsstimme Ruf:

    „O Pilger, schwer gedrückt von Sündenlast,
„Komm, wandle auf dem Weg zu Sions Thor!

„Dort poche an, und weine! Wache, harre
„Bis Dir die Gnade einzugeh'n gewährt!
„Poch' an! Er kennt des reu'gen Sünders Fleh'n.
„O weine! Er ist hold des Trau'rnden Thränen!
„O wache! Der Erlösung Gnad' ist nah;
„Und harre, bis das Himmelslicht erscheint!
„Horch, wie die Stimme tönt des Bräutigams!
„Sie ruft Willkommen, Pilger! dir zur Ruh'.
„Wohl Dir! Du bist nun eingegangen, selig,
„Bist sicher vor des Lasters Lockungen,
„Bezeichnet, daß Dich die Erwählten kennen,
„Erkauft durch Liebe um den Preis des Lebens,
„Und ewig selig nach so großer Schuld!
„Nicht länger, heil'ger Pilger! solltest Du
„In einer Welt, wie diese noch verweilen.
„Aus Deiner reinen Brust wird nun entflieh'n
„Die Furcht, die Scham, der Zweifel und die Qual.
„Die Furcht wird vor des Himmels Hoffnung flieh'n,
„Die Scham wird weichen vor der Glorie Glanz,
„Der Zweifel wird hinsterben in Entzücken,
„Und in endloser Seligkeit die Qual." —
Gekommen ist mein Gnadentag, und doch
Erscheinen mir auch viele Schmerzenstage;
Der frühern Wolken dichte Finsterniß
Verdunkelt mir noch oft die Geisteskraft.
Der Seele, die einst bösen Dingen fröhnte,
Bleibt von dem Bösen immer noch ein Rest;
Stets scheint der Mensch zur Erde hingeneigt,

Und nicht mehr hebt er seinen Blick empor.
Und so fällt's mir, obschon nun auserwählt,
Doch schwer, zu missen, was ich einst besaß,
Entblößt zu sein von meines Reichthums Fülle;
Der wack're Eustach Grau, — er ist nicht mehr!
Ich werde alt und ungeheuer arm,
Und Männer, ernst und rauh, bedauern mich,
Und schelten meinen Wunsch, und schließen mir
Mein Thor; 's ist hart! Ich weine, seht, — ich weine!
Und wollt ihr, Freunde, mich denn schon verlassen?
So schnell geh'n meine Freuden all' zu End'!
Mein lieber, guter Arzt, und Du, sein Freund,
Gedenken will ich euer im Gebet!
Die Trauerstunden, die ihr zugebracht
Mit mir, vergelten werd' ich sie euch einst.
Herr Eustach Grau wird seine Freunde zu sich laden,
Und danken ihrer Lieb' in seiner Grauenburg.

Der Besuchende.

Der arme Eustach! Und dennoch zeigt
Die Hoffnung ihm der Freuden Wiederkehr;
Und wenn die ird'schen Täuschungen entweichen,
Bleibt ihm die Aussicht in den Himmel noch.
Allein, woher sein ganz zerknirschtes Wesen,
Der Geist, verloren, muthlos, wundenvoll?
Soll denn ein Geist von so erhab'nem Stolz
Der ärmsten Seele Wahnsinn nicht verschmäh'n?

Der Arzt.

Nein! Denn je mehr der Stolz ihn aufgebläht,
Um desto mehr fühlt er des Unglücks Schlag.
Gram und Entbehrung konnt' er nicht ertragen,
Die Armuth warf ihn endlich ganz zu Boden.
So gaben, langsam wirkend, Sorg' und Scham
Ihm endlich diesen tiefgebeugten Geist.
Aus solchem Grunde wuchs der Wahnsinn auf,
Der seinen Feinden ihn zum Sclaven gab.
Obschon verwirrt von diesen wilden Bildern,
War er doch damals frei. Er rannte fort;
Droh'n oder Bitten, Beides war umsonst.
Er sprach von Feinden, blickte scheu um sich.
Gejagt von Ort zu Ort, und Jahr für Jahr,
Gehorchte nun der arme Mann den Feinden,
Bis dann d i e fromme Änderung begann,
Die ihn zu einem Kind der Gnade machte.
Wie nun die Tollheit ihre Kraft verlor,
Ward' ruhiger sein Geist; die Hoffnung kam
Langsamen Schrittes an, und brachte dann
Den Frieden, der gequälten Seele wieder.
Der Sünde Sclav, er glaubte nun, die Macht
Der Feinde, die ihn quälten, sei zu Ende.
„Fürwahr!" rief er, „mein Busen athmet frei,
„Und mein Erlöser, Er ist nun mein Freund!"
    Doch ach! Die Zeit kann wohl Erleichterung
Gewähren, Leiden l i n d e r n, h e i l e n nicht.
Wer möchte Schmerz und Gram nicht gern ertragen,

Um sich der Seele Wohl und Kraft zu sichern?
Laßt uns des Herzens Reinheit denn bewahren,
Der Fantasie zu freie Flüge hemmen,
Den Leib gewöhnen, daß er viel erdulde
Den Geist, daß er dem Unglück fest begegne,
Vor Allem fleh'n um Schutz und Obhut dessen,
Den Geister ehren und der Mensch anbetet.

Die Erdbeeren,

oder:

Das wandelnde Geschenk.

Lustspiel in drei Aufzügen.

Personen:

Petrowna, Witwe.

Natalie, ihre Tochter.

Janka, Dienstmädchen.

Alexiewicz.

Federow.

Tolstoi, Nataliens Vormund.

Iwan, dessen Sohn.

Ein Haushofmeister.

Wasilko, Reitknecht des Alexiewicz.

Dmitri, ein Gärtnerknabe.

Ein Bedienter.

Die Handlung spielt in St. Petersburg.

Erster Aufzug.

(Zimmer im Hause des Alexiewicz.

***

Erster Auftritt.

Wasilko sitzt schlafend am Ofen. **Alexiewicz** stürmt mit freudiger Hast herein. Ihm folgt **Dmitri**, der ein Fruchtkörbchen trägt.

Alexiewicz. Endlich, endlich gelingt's! — Wasilko! Schläft er schon wieder? Richtig! Müssen denn die besten Menschen immer den besten Schlaf haben? — Heda, Wasilko! wach' auf, Du treue, schläfrige Seele! (Er stampft mit den Füßen.) Holla!

Wasilko (auffahrend). Halt! Was gibt's? Halt! Ich schieße! — (Er ergreift die neben ihm stehende Branntweinflasche, und zielt damit, als ob er ein Gewehr abfeuern wollte.) Wer da?

Alexiewicz. Dein Herr, Du Siebenschläfer!

Wasilko (schlaftrunken). Erlogen! Mein Herr ist ausgegangen. Antwort — oder ich — —

Alexiewicz. So will ich Dir zeigen, daß Dein Herr zu Hause ist! (Er schüttelt ihn.)

Dmitri (zieht ihn weg). Laßt ihn! Mein Vater sagt, man soll dem nichts' thun, der selbst nicht weiß, was er thut.

Alexiewicz. Hast Recht. Welche sanfte Keckheit der Bube hat!

Wasilko. (Er kommt zu sich und erkennt seinen Herrn.) Der verwünschte Branntwein! (Er wirft die Flasche auf den Boden und fällt auf die Knie.) Verzeiht! Der Branntwein wollte schießen, nicht Wasilko!

Alexiewicz. Steh' auf! Heut' verzeih' ich Dir dies und noch mehr — Alles!

Wasilko (steht auf). Aber warum seid Ihr denn h e u t e mit meinem Rücken so gnädig, als gäb's gar keine Knute auf der Welt?

Alexiewicz. Endlich ist's mir gelungen!

Wasilko. O schön!

Alexiewicz. Was mein' ich denn?

Wasilko. Das weiß ich nicht. Ihr meint aber doch Etwas, und das freut den Wasilko.

Alexiewicz. Ehrliche Dummheit! So höre denn! Gelungen ist's mir endlich, ein Geschenk zu finden, dessen Annahme die schöne Natalie mir nicht verweigern kann; ein Geschenk, welches, ungeachtet seines hohen Preises, das Zartgefühl eines stolzen Mädchens nicht verletzen kann.

Wasilko. Ein prächtiges Geschenk! Aber Wasilko begreift's nicht; bin zu dumm dazu.

Dmitri (lacht). Das glaub' ich selbst.

Wasilko (fährt gegen ihn). Wart', ich will Dich —

Alexiewicz. Halt! — Sieh! (Er nimmt von **Dmitri**

das Körbchen und stellt es auf einen Tisch.) Dieses spielte mir der
Genius der Liebe selbst in die Hände.

Wasilko. Ist der Herr ein Deutscher? Wasilko
kennt ihn nicht.

Dmitri. Nicht? Meine Schwester Kathinka kennt
ihn recht gut. Ein deutscher Offizier von der Leibgarde hat
ihr viel von ihm erzählt.

Alexiewicz. So ist sie wohl schön?

Dmitri. Schön wie die Erdbeeren in diesem Korbe.

Alexiewicz. Für die ich achtzig Rubel zahlen muß,
Spitzbube! Aber was thut's? Es lebe der Genius der Liebe!

Wasilko (traurig). Wasilko kann nicht auf seine Ge=
sundheit trinken, die Branntweinflasche ist zerbrochen!

Alexiewicz. Laß Dir eine volle neue geben!

Wasilko. Guter Herr! (Küßt ihm das Kleid.) Schon
seit acht Tagen sah Euch Wasilko nicht so froh und so gnädig.

Alexiewicz. Hab' auch volle Ursache dazu. Was
versuchte ich nicht Alles, um die reizende Natalie zur An=
nahme eines Geschenkes zu bewegen! Nichts war mir zu
theuer für sie, aber — was ich ihr auch darbot, sie schlug
es aus. Das ärgerte mich; noch war kein Mädchen gegen
mich so spröde. Schon war ich Willens, die stolze Schöne
aufzugeben und weder an ein Geschenk für sie, noch an sie
selbst mehr zu denken. Da gehe ich heute über den Schloß=
platz vor dem Winterpalast. Mich friert; ich stelle mich an
eines der vielen Feuer, die da brannten. Am Rande des
einen hockt der Knabe da, lüftet sein Körbchen, und ich er=
blicke darin Erdbeeren, deren Purpur, von den Flammen

angeleuchtet, noch heller glüht als das Feuer selbst. O ich
Glücklicher! Gold und Edelsteine bot ich Natalien, und sie
verschmähte es, die Gaben zu berühren mit der weißen Her=
melinhand; euch, ihr Erdbeeren, die ihr glücklicher seid als
Gold und Edelsteine und als ich selbst, — euch werden ihre
L i p p e n berühren, und ihr sollt, noch im letzten Augenblick
von ihrer Purpurglut beschämt, im sanftesten Tode die duf=
tende Seele aushauchen!

Wasilko (ängstlich). O Herr! redet nichts vom Ster=
ben! Denkt Wasilko an Euern Tod, so muß er weinen.
Seid Ihr denn krank?

Alexiewicz. Wenn das Glück eine Krankheit ist,
dann bin ich sterbenskrank.

Dmitri. Wasilko hat Recht. Ihr redet so viel Schö=
nes, daß es gefällt, auch wenn man's nicht versteht. Meine
Schwester Kathinka, ja — d i e verstände Alles, was
Ihr sagt.

Alexiewicz (in's offene Körbchen schauend). Da sieh,
Wasilko!

Wasilko. Was ist das?

Dmitri. O dummer Mensch! Kennst Du die Erd=
beeren nicht?

Wasilko. Schelm, Du weißt es auch nicht und
stellst Dich nur so.

Dmitri. Wie kann man auf der Welt sein und die
Erdbeeren nicht kennen! Sie gehören zum Essen.

Alexiewicz. Welcher himmlische Duft! O ihr köstli=
chen Früchte! Seid ihr nicht wohlriechende Rubinen? Dem

Liebenden gehört ihr an, wie keine andere Frucht, denn ihr seid die echten Sinnbilder der Liebe. Vom Eishauche des Nordwindes umtobt, seid ihr aus der frostigen Schneedecke aufgeglüht, siegreich wie die Liebe, deren Macht allen Hindernissen und allen Elementen trotzt. Euch gab der Winter seinen Muth und euern Leib, der Frühling euern Reiz und seinen Geist; darum vereinigt ihr auch den wunderbarsten Widerspruch; eure Purpurglut gibt Kühlung, indem ihr kühlend die Liebe entflammt.

Wasilko (riecht zum Körbchen). Riecht gut — fast wie Branntwein.

Alexiewicz (öffnet eine Schatulle). Nun, Dmitri, hier sind die achtzig Rubel (gibt dem Knaben das Geld). Viel Geld! Aber — — —

Wasilko. Achtzig Rubel? Gott steh' mir bei! Achtzig Rubel das Bischen! (Gegen Dmitri losfahrend.) Spitzbube, Du betrügst meinen Herrn!

Dmitri. Helft! Er würgt mich!

Alexiewicz (Wasilko wegziehend). Ehrlicher Dummkopf, laß ihn!

Wasilko. Achtzig Rubel! — Herr! laßt Euch wenigstens um eine einzige Gnade bitten!

Alexiewicz. Nun?

Wasilko. Wenn die theure Speise gar so verdammt gut ist, so eßt sie doch selbst.

Alexiewicz. Du selbst sollst sie der schönen Natalie überbringen.

Wasilko. Nein, Herr!

Alexiewicz. Dort liegt die Knute.

Wasilko. Ja, Herr!

Dmitri. Laßt mich den Boten sein.

Alexiewicz. Dich? — Bürschchen, Du scheinst mir ein feiner Schelm zu sein. Diese muntern Augen über den hellrothen Backen, Dein ganzes flinkes Wesen — das Gegentheil von diesem ehrlichen Siebenschläfer — höre, Du bist zu einem Postillon d'Amour wie geschaffen. Willst Du Dir auch den ein und achtzigsten Rubel noch verdienen?

Dmitri. O ja! den schenk' ich dann meiner Schwester Kathinka, damit sie dem Leibgardisten auch einmal ein Präsent kaufen kann.

Wasilko. Laßt mich den Rubel verdienen! Wasilko wird's so gut machen, als der kleine Schelm da. Und zeig' ich dem Fräulein auch ein saures Gesicht, so seid Ihr bei mir doch sicher, daß die schöne Natalie ihre Eßwaare bekommt. Der da wäre im Stande und — —

Dmitri (vor Zorn springend). Was? Du Siebenschläfer! Meine Ehre greifst Du an? Mein Vater ist Gärtner, und ich bin sein einziger Sohn, weißt Du? Und meine Schwester Kathinka hat einen Leibgardisten zum Liebhaber! Komm her, ich kratze Dir die Augen aus, komm her!

Wasilko. Balgen willst Du? Bin schon da.

Dmitri. Nur her! Ich fürchte Dich nicht. (Beide stellen sich gegen einander.)

Alexiewicz. Alter Wasilko! Was fällt Dir ein? Hast dreißig Jahre beim lithauischen Tartaren-Regiment gedient und willst jetzt mit einem Knaben balgen.

Wafilko. Topp! (umarmt Dmitri.) Gut Freund!

Alexiewicz. Nimm das Körbchen! Ich selbst führe Dich zu Nataliens Wohnung. Du mußt ihr das Körbchen dann mit sehr artigen Ausdrücken geben; darfst aber nicht sagen, daß es von mir kommt.

Dmitri. Ich will recht artig sein. Aber — wenn sie frägt, von wem?

Alexiewicz. Ein Unbekannter schickt Dich. Darfst mich nicht nennen!

Dmitri. Aber errathen lassen!

Alexiewicz. Nein, nein!

Dmitri (bei Seite). Ich glaube: ja, ja!

Alexiewicz. Komm!

Dmitri (leise zu Wafilko). Wie heißt Dein Herr? — Sag's leise, denn ich darf's nicht wissen.

Wafilko. Darfst es nicht wissen, Kamerad? Da muß ich schon leise reden. Komm her! (Führt ihn bei Seite.) Er heißt Alexiewicz.

Dmitri. Wie?

Wafilko (ihm in's Ohr schreiend). Alexiewicz!

Dmitri. Gut.

Alexiewicz. Das hab' ich nicht gehört. Komm Dmitri!

Dmitri. Ihr sollt mit mir zufrieden sein. (Beide ab.)

Wafilko. Ich bin auch zufrieden, und gehe, eine volle Flasche statt der zerbrochenen zu kaufen. Branntwein ist doch besser als alle die kleinen rothen Dinge. (Ab.)

———

Zweiter Auftritt.

(Zimmer im Hause der Witwe Petrowna.)

Petrowna (auf und niedergehend).

Es ist doch eine schöne Sache um ein großes Zimmer!
Man geht da mitten im strengsten Winter wohlbehaglich
spazieren, und hat so ganz seine eigene kleine Welt. Ja für=
wahr! Wenn's nicht schon so eingeführt wäre, daß jedes
Mädchen in der Ordnung heirathet, so säh' ich's lieber, wir
hätten eine sehr geräumige Wohnung und ein sorgenfreies
Leben, und Natalie bliebe ledig bis an mein Ende. Aber —
wenn ich sterbe, dann wäre sie ganz allein! Und doch —
doch — erwartet sie das Alleinbleiben. Alexiewicz will lieben
— aber nicht heirathen, Federow liebt, kann aber nicht hei=
rathen. Könnt' ich aus Beiden Einen machen, dann wär's
gut, vielleicht auch nicht!

Dritter Auftritt.

Natalie. Petrowna.

Natalie (an's Fenster tretend). Schön! schön!

Petrowna. Was denn?

Natalie. Sehen Sie doch nur! Der ruhende weiße
Schnee und die rastlos flackernden Feuer! Wahre Sinn=
bilder!

Petrowna. Von?

Natalie. Von den Männern.

Petrowna. Das heißt — von denen, die Du kennst, nämlich von Alexiewicz und Federow?

Natalie. Getroffen, Mutter!

Petrowna. Und dann wäre Alexiewicz — — —

Natalie. Das unstät auflodernde Feuer, und Federow der ruhige reine Schnee.

Petrowna. Im Schnee erfriert man.

Natalie. Das Feuer verlischt bald.

Vierter Auftritt.

Janka. Dmitri. Die Vorigen.

Janka. Nur herein!

Petrowna. Was will der hübsche Knabe?

Janka. Dem Fräulein ein Geschenk bringen.

Natalie. Mir?

Dmitri. Ja, Fräulein; Ihr seid so schön, daß Ihr Euch nicht wundern dürft, wenn alle Welt Euch huldigt.

Petrowna. Man hat Dir Deine Rolle gut einstudirt.

Dmitri. Was ich s a g e, kommt von mir selbst, gnädige Frau; nicht aber das, was ich b r i n g e.

Natalie. Von wem?

Dmitri. Ich darf ihn nicht verrathen.

Natalie. So darf ich das Geschenk nicht nehmen.

Janka (zu Natalien). Nehmen Sie doch einmal ein Geschenk! Es ist gewiß Schmuck oder irgend ein ausländischer Stoff.

Dmitri. Sie dürfen es ohne Bedenken nehmen; es ist so einfach, daß es nur den guten Willen des Gebers zeigt.

Janka. O weh!

Dmitri. Reiche Geschenke — sagt man — beleidigen leicht das Zartgefühl.

Janka. Ganz und gar nicht.

Natalie. Man hat Dir recht schöne Redensarten in den Mund gelegt.

Janka. Wären's lieber schöne Geschenke!

Petrowna. Geh, lieber Kleiner! Bring' das Geschenk dem unbekannten Geber nebst unserm Dank zurück!

Dmitri. Das wird ihn schmerzen! — Armer Alexi —

Natalie. Was sagst Du?

Dmitri. Armer Dmitri, wollt' ich sagen, und — —

Petrowna. Du nanntest einen andern Namen.

Dmitri. That ich das — so geschah's in der Verwirrung über — —

Janka. Sagtest Du nicht Alexi — —

Dmitri. O weh! da wird er mir zürnen. — Weil aber die erste Hälfte schon da ist, so will ich nun in des Himmels Namen —

Janka (heimlich). Heraus damit!

Natalie. Schweig!

Petrowna. Geh!

Dmitri. Nun so geh' ich denn — weil ich muß. Armer Alexiewicz!

Natalie. Er?

Petrowna. Er denkt doch immer an uns. — Ja, höre, Natalie, da wir nun wissen, daß das Geschenk von ihm ist, so können wir es, ohne unartig zu sein, nicht wohl zurückweisen.

Natalie. Wenn es nicht von Werth ist.

Janka (für sich). Gewiß was recht Kostbares.

Dmitri (reicht Natalien das Körbchen). Ist's gefällig, Fräulein?

Natalie (zu Petrowna). Soll ich?

Petrowna. Nimm es! (Natalie nimmt das Körbchen.)

Natalie. Was enthält es?

Dmitri. Erdbeeren.

Janka. O weh!

Natalie. O schön! ⎬ zugleich.

Petrowna. So?

Dmitri (höchst freudig). Gott sei Dank! Nu — wie wird der gute Herr sich freuen! Seht, nun will ich Alles erzählen, Alles. (Mit zunehmender Schnelligkeit.) Ich sollte die Erdbeeren in ein vornehmes Haus tragen; sie waren bestellt zu sechzig Rubel. Mich friert; ich hocke mich an ein Feuer auf dem Platz, mich ein Bischen zu wärmen, weil mir die Nase und die Ohren gar zu weh thaten. Ich öffne das Körbchen, um zu sehen, ob an der seltenen, kostbaren Frucht nichts verletzt sei. Da guckt, über meinen Kopf herab, ein schöner Herr hinein und ruft: „Herrliche Erdbeeren'! Was

verlangft Du dafür?" — Ich fage, fie feien fchon beftellt.
— „Wie theuer?" „„Sechzig Rubel."" — „Siebzig —
achtzig!" ruft er, faßt das Körbchen und läßt's nicht aus.
Ich — mache den Gefcheiten und fage: Ja! — Denn acht=
zig Rubel, das weiß ich, find meinem Vater lieber als
fechzig, und in's vornehme Haus kann ich ja andere Erd=
beeren bringen. Seht, Fräulein, man muß fich zu helfen
wiffen, fonft kommt man nicht durch. Und fo ward mir ge=
holfen, und dem Herrn, und vielleicht Euch felbft auch! —
Lebt wohl und laßt's Euch gut fchmecken. Mehr darf ich
nicht fagen! (Läuft ab.)

Petrowna. Warte!

Natalie. Nimm doch!

Petrowna. Janka, lauf' ihm nach!

Janka (an's Fenfter eilend). Dort läuft er fchon und
hört uns nicht mehr.

Natalie. So muß ich fie behalten?

Janka. Es ift nicht der Mühe werth.

Petrowna. Laß uns allein!

Janka (im Abgehen brummend). Eßt nur! Ich verlan=
ge mir nichts davon. (Ab.)

Natalie (das Körbchen betrachtend). Alexiewicz hat doch
viele Aufmerkfamkeit für mich! Es ift doch fchön von ihm,
daß er felbft den leicht hingeworfenen Wunfch der Laune ei=
nes Augenblicks von mir fo fchnell auffaßte und fo feft hielt!
Und dennoch beläftigt mich das Gefchenk. Es wäre fchön,
wenn es nicht fo theuer wäre. Ich verwarf feine glänzenden
Gaben, weil fie zu koftfpielig waren, um fie ohne Eigen=

nützigkeit anzunehmen. Nun gibt er mir ein Geschenk, das viel kostet, und dennoch keinen andern Werth hat, als denjenigen, den es vom Willen des Gebers erhält. Ein gefährlicher Werth! Je zarter die Gabe, desto kräftiger ihre Wirkung. Und doch — Federow würde das nicht gethan haben. Er hätte vielleicht für diese Summe etwas Gutes im Stillen gethan, ohne mir zu sagen, daß er's that.

Petrowna. Das sieht ihm gleich. Er ist der b r i l - l a n t e n Großmuth nicht hold, selbst wenn sie sich für die Liebe schmückt.

Natalie. Ja, Mutter, so ist's! Und je mehr ich nachdenke, desto mehr seh' ich ein, daß Alexiewicz, um meinen flüchtigen Wunsch nach einem lieblichen Nichts zu befriedigen, eine beträchtliche Summe ausgab, womit manches Schöne oder Gute zu bestreiten wäre.

Petrowna. Sogar manches Nothwendige. Und glaube mir, jene gar zu feurigen Anbeter, die das Geld zum Fenster hinauswerfen, um der albernsten Laune eines Mädchens zu huldigen, — sie werden als Eheherren meistens in eben dem Grade kühl, launenhaft und karg, als wollten sie das früher Verschwendete wieder zusammenbringen.

Natalie. Aber, Mutter, wir sind doch gegen Alexiewicz zu streng. Gemeint hat er's gewiß gut.

Petrowna. In so ferne Leichtsinn und Eitelkeit etwas wahrhaft Gutes thun können. Liebes Mädchen, laß mich aufrichtig reden! Alexiewicz weiß, daß unsere Vermögensumstände sehr beschränkt sind. Seine frühern Geschenke

verwarfst Du und mußtest Du verwerfen, weil sie zu kost=
spielig und in unserer Lage zum Gebrauch zu kostbar waren.
Nun will er's klüger machen, und wirft Geld hinaus für et=
was, das keinen Werth hat. Warum gab er nicht — wie
Vernunft und Zartgefühl ihm sagen sollten, — etwas, das
uns nützlich wäre, ohne uns zu beschämen? Wir entbehren
so manche Bequemlichkeit, so manchen erlaubten kleinen Putz,
wir müssen so manches unschuldige Vergnügen uns durch
mühsames langes Arbeiten erwerben. Das weiß Alexiewicz,
und soll's bedenken, und thut er's nicht, so deutet's auf
Mangel an Klugheit oder Aufmerksamkeit. Fast wollte ich
wetten, Federow sammelt jetzt schon, was er nur bei Seite zu
legen vermag, um die Braut einst mit dem Ersparten zu
überraschen.

Natalie. Ja, Mutter, das glaube ich gerne. Er
handelt recht und genügt sich selbst; sein ganzes Wesen ist
ein stiller — aber tiefer Strom.

Petrowna. Natalie! wie wär's, wenn wir uns mit
dem lieblichen Geruche begnügten, der lüsternen Zunge schö=
ne Worte gäben, und das kostspielige unnütze Geschenk in
aller Stille wieder verkauften?

Natalie. Der Duft ist zwar köstlich, und — —

Petrowna. Ja wenn's so ist, dann genieße, liebes
Kind! Laß sie Dir schmecken!

Natalie. Mutter — verdien' ich das, weil diese klei=
ne Schwäche mich befiel?

Petrowna. Verzeihung! Ich wollte Dich nicht krän=
ken und that's doch.

Natalie. Also geschwind damit fort! Sie sollen se=
hen, daß ich mich beherrschen kann. Janka!

Petrowna. Wackeres Mädchen!

Janka (kommt).

Natalie. Weißt Du Niemand, der diese Erdbeeren
kaufen möchte?

Janka. O das ist schön! Zehn Wege für einen weiß
ich. Nur her damit! Der Verkauf sei meine Sorge.

Natalie. Da — nimm! (Gibt ihr das Körbchen.)

Petrowna. Natalie! — Du verbirgst irgend einen
Schmerz.

Natalie. Schmerzen würde mich nur der Mutter
Zweifel an meinem guten Willen und an meiner Liebe zu
ihr. — Janka, fort, fort!

Janka. Bald sehen Sie mich wieder. (ab.)

Petrowna. Natalie — Deine Augen widersprechen
Deinem Munde; sie trüben sich. Du bereuest!

Natalie. Was ich that, war ja recht; wie könnte
ich bereuen, daß ich dem klugen Rath meiner lieben Mutter
folgte.

Petrowna. Und dennoch drückt Dich etwas. Ich
bitte Dich, verbirg es nicht, sonst — —

Natalie. Aufrichtig gestanden: Mir bangt, wenn
Alexiewicz nun kommt —

Petrowna. Wir dürfen ja nicht wissen, daß das
Geschenk von ihm kam.

Natalie. Aber er wird doch heimlich forschen, ob
wir nichts erriethen oder errathen wollen; wird hoffend und

schmeichelnd in unsern Augen lesen wollen, ob Freude — —
(Man pocht an der Thür. Natalie erschrickt.) Mein Gott — er ist's!

Petrowna. Fasse Dich! — (Wiederholtes Pochen.)

Natalie. Was beginne ich? — jetzt — gerade jetzt!

Petrowna. Nur Muth! — Herein!

Fünfter Auftritt.

Federow. Die Vorigen.

Federow. Ich komme vielleicht ungelegen?

Natalie. Verzeihen Sie, wenn —

Petrowna. Im Gegentheil, Sie kommen — —

Natalie. Sehr erwünscht.

Federow. Meine Damen! Sie sind sehr gütig. Und doch scheint es, als ob ich störte — vielleicht in einem interessanten Gespräche, das ich unterbrach?

Natalie. Ja, ja, wir sprachen — —

Petrowna. Nein, nein, wir sprachen — } zugleich.

Federow. Also — ja und nein? Welches von Beiden erlauben Sie mir zu wählen? Ich möchte wohl für das Ja stimmen, da zwei Damen von Geist und Gefühl nie anders als interessant sprechen können.

Petrowna. Für uns wenigstens — —

Natalie. War das komische Gespräch sehr interessant.

Federow. Komisch? Dann betraf es wohl kein Geheimniß?

Natalie. Keineswegs!

Petrowna. Und doch sollten wir Ihre Neugierde prüfen.

Federow. So darf ich rathen?

Petrowna. Glaubst Du, Natalie?

Natalie. Rathen — erräth nicht immer.

Federow. Sie meinen das weibliche Herz?

Petrowna. Ironische Pfeile auf unser Geschlecht lieb' ich nicht.

Federow. Verzeihen Sie den arglosen Scherz! Ich ehre auch das kleinste Geheimniß.

Petrowna. Um jedem möglichen Mißverständniß auszuweichen, könnten wir ja am besten ein neues Gespräch anfangen.

Federow. Sogleich! Auf dem Platze begegnete mir Janka —

Natalie und **Petrowna** (betroffen). Janka!

Federow. Sie lachte, als sie mich erblickte, bog schnell vom Wege ab, und ließ ein Körbchen, das sie unterm Arme trug — —

Natalie (ängstlich). Fallen?

Federow. Es gelang mir noch, sie und das Körbchen vor dem Ausglitschen zu retten.

Natalie. Wissen Sie, wovon wir eben sprachen, als Sie eintraten? Von Erdbeeren.

Federow. Sie scherzen.

Petrowna. Wir sprachen wirklich davon.

Natalie. In vollem Ernst.

Federow. Sind Erdbeeren Ihre Lieblingsfrucht?

Natalie. Ich liebe sie ungemein.

Petrowna. Glauben Sie ihr nicht! (Leise zu Natalien.) Sei klug!

Federow. Die Erdbeeren vereinigen viel Schönes in sich. Sie duften wie der Frühling, glühen wie die Liebe, und — kühlen wie die Weisheit. Sie sind das feinste und geistigste Obst, wie geschaffen für die Lippen der zartesten Schönheit.

Natalie. Ich möchte eine Lobrede auf die Erdbeeren lesen, — eine satyrische.

Petrowna. Was schwärmst Du denn?

Federow. Sie selbst würden sich wohl am besten loben.

Natalie. Im Winter vorzüglich.

Petrowna. Genug des Scherzes! Leicht könnte Federow glauben — —

Natalie. Es sei Ernst. Gewiß nicht.

Federow. Auf jeden Fall scheint hinter den Scherz sich doch irgend ein Ernst hier zu verbergen.

Natalie. Federow! Die Wahrheit zu gestehen: wir sahen heute Erdbeeren, und die seltene Erscheinung brachte uns auf so seltsame Betrachtungen, daß Sie uns verzeihen müssen, wenn wir selbst Ihnen etwas sonderbar erscheinen.

Sechster Auftritt.
Janka. Die Vorigen.

Janka (hereinspringend, ohne Federow zu bemerken). Freude! Jubel! Es ist gelungen! Hier —

Petrowna. Schweig! ⎫

Natalie. Rede — nein! ⎬ zugleich.

Federow. Selten? seltsam? sonderbar? — Ja wohl! Für den Augenblick, wenigstens scheint der Scherz Ernst, und Federow hier überflüfig zu werden. Ich werde die Ehre haben, Ihnen ein andermal aufzuwarten.

Natalie. Es scheint, als ob — — und doch —

Petrowna. Sie sind uns stets willkommen.

Federow. Um es zu bleiben, darf ich Ihre Güte nicht mißbrauchen. (Er geht.)

Natalie. Mutter — er geht!

Petrowna. Nun, Janka, wie steht's?

Janka. Fünfzig Rubel hat mir ein Haushofmeister dafür geboten. Darf ich?

Petrowna. Herrlich! — Hörst Du, Natalie? — Hörst Du denn nicht?

Janka. Fräulein! hören Sie doch: Fünfzig Rubel!

Natalie. Mein Gott! Wir haben ihn beleidigt! Er war tief gekränkt, als er wegging. Armer Federow! (Sie eilt in's Nebenzimmer.)

Petrowna. Wie kindisch Du bist! (Geht ihr nach.) Natalie, höre doch!

Janka. Husch fort, den Handel abzuschließen, sonst kommt noch ein Gegenbefehl! (Ab.)

(Der Vorhang fällt.)

———◆———

Zweiter Aufzug.

(Eine breite Gaſſe. An einigen Häuſern brennt Feuer.)

Erſter Auftritt.

Haushofmeiſter. Bedienter.

Bedienter (trägt das Körbchen mit den Erdbeeren). Ich bitte, ſie gleich jetzt anzuſchauen.

Haushofmeiſter. Hier, in der Kälte? wird wohl im warmen Zimmer noch Zeit haben?

Bedienter. Nein, Herr, ich habe mein Ehrenwort gegeben, binnen zehn Minuten entweder das Geld dafür zu bringen, oder die Erdbeeren zurückzuſtellen.

Haushofmeiſter. Und von wem ſind ſie denn?

Bedienter. Mir gab ſie ein hübſches Mädchen; wem ſie eigentlich gehören, das darf ich nicht verrathen.

Haushofmeiſter. Hm, hm! Eine pauvre honteuse, der keine Roſen blühen; deßhalb verſchleißt ſie Erdbeeren. Nu, in Gottes Namen! laß ſehen!

(Der Bediente öffnet das Körbchen. Während Beide hineinſchauen, kommt Federow an ihnen ſo nahe vorbei, daß er den Inhalt des Körbchens ſieht, und betroffen hinter ihnen ſtehen bleibt.)

Zweiter Auftritt.

Federow. Die Vorigen.

Haushofmeiſter. Schönes Obſt!

Bedienter. Groß! hochroth! aromatischer Geruch!

Federow (für sich). Erdbeeren! Jetzt — gerade jetzt. Euch schickt mir der Himmel in den Weg; euch muß ich habhaft werden!

Haushofmeister. Und was sollen sie kosten?

Bedienter. Fünfzig Rubel, der letzte Preis.

Haushofmeister. Ein bischen theuer! Aber — eine solche Seltenheit, hier in Petersburg mitten im Winter; sie werden durch ihr Erscheinen auf der Herrschaftstafel große Freude erregen. Da hast Du das Geld, bezahle sogleich und komm' mir bald nach!

Bedienter. Sehr wohl. (Er will fort.)

Federow (vortretend). Halt, guter Freund! Nur einen Augenblick! (Zum Haushofmeister.) Verzeihen Sie meine Zudringlichkeit!

Haushofmeister. Was steht zu Diensten?

Federow. Wär's Ihnen nicht gefällig, mir diese Erdbeeren zu überlassen?

Haushofmeister. Ich hoffe damit im Herrschaftshause viel Freude zu machen. Man wird mich, besonders die jungen Gräfinnen, gewiß sehr loben und wohl auch belohnen.

Federow. Ich gebe Ihnen mehr dafür. Bestimmen Sie selbst den Preis!

Haushofmeister. Ist Ihnen denn gar so sehr darum zu thun?

Federow. Sie machen mich glücklich, wenn Sie mir diese Erdbeeren überlassen. Sie können nicht glauben, wie viel mir daran liegt, sie zu bekommen.

Haushofmeister. Glaub's gerne! Aber — Sie wissen, wenn man sich die Gunst seiner Herrschaft———

Federow. Ich kann einem liebenswürdigen Wesen damit eine unendliche Freude machen. Sie würden durch Ihre Güte zum Glück zweier Menschen beitragen. O wenn ich Ihnen so ganz offen sagen könnte — o wenn Sie wüßten——

Haushofmeister. Ja, ja, ich weiß schon genug. Sie scheinen mit einer Krankheit von der Art behaftet zu sein, die man am besten mit sympathetischen Mitteln heilt. Nicht wahr?

Federow. Sie vermuthen etwa —

Haushofmeister. Daß diese Erdbeeren Ihrem Herzen Labsal und Erfrischung geben, sobald fremde Rosenlippen sie verzehren? Ist's nicht so?

Federow. Ich will's nicht läugnen. Aber nun — Sie scheinen ein Mann von Gefühl zu sein——

Haushofmeister. Das will ich meinen! War zu meiner Zeit verliebt, wie sich's gehört. Es wäre unmenschlich, Ihnen das zu verweigern, worauf Sie so viel bauen. Ich bin kein Tirann. Nehmen Sie! Fünfzig Rubel kostet der ganze Plunder.

Federow. Tausend Dank! tausend Dank, edler Mann! Kann ich Ihnen je einen Gegendienst———

Haushofmeister. Herr, verzeihen Sie, — es ist hier kalt!

Federow. Kalt? das finde ich gar nicht.

Haushofmeister. Das liegt so in der — Erdbee=

ren = Krankheit; diese Patienten finden den Nordwind warm und lieblich.

Federow. Darf der Bediente mir nach Hause folgen, um das Geld zu übernehmen?

Haushofmeister. Recht gerne. Ich empfehle mich! (Im Abgehen für sich.) Die Verliebten! ja, ja, die Verlieb= ten! (ab.)

Federow. O welche schöne Stunde wartet meiner! Geschwinde, geschwinde! Komm' er! — O ich Glücklicher! (Ab mit dem Bedienten.)

Dritter Auftritt.
(Zimmer im Hause der Petrowna.)

Natalie. Petrowna (aus dem Seitengemache kommend).

Natalie. Ich hätte dieses Mal meiner Mutter nicht nachgeben sollen. Ein Geschenk verkaufen, sei es groß oder gering, von Diesem oder Jenem, — ein Geschenk verkaufen, bleibt auf jeden Fall unschicklich, ja unrecht.

Petrowna. Wie traurig stehst Du wieder da? Lie= gen Dir die Erdbeeren gar so schwer auf dem Herzen?

Natalie. Mutter — ich will's nicht läugnen — mir wär's lieber, wir hätten sie nicht zum Verkaufe weggeschickt.

Petrowna. Kindisches Mädchen! Vom flüchtigen Geschenk eines leichtsinnigen jungen Herrn einen klugen Ge= brauch machen, — ist das ein Fehler?

Natalie. Klug wohl; war's aber recht, hier klug zu sein? Ich kann's nicht verhehlen, daß ich mich schäme.

VII.   17

Petrowna. Weißt Du was? Schenke mir das Geschenk!

Natalie. Sie nehmen es? Dank sei dem Himmel! Mir fällt nun ein Stein vom Herzen. Erdbeeren oder Rubel — sie sind von diesem Augenblick Ihr Eigenthum.

Petrowna. Sie sind's; ich nehme sie mit dem ruhigsten Gewissen.

Vierter Auftritt.

Janka. Die Vorigen.

Janka. Hier, gnädige Frau, bring' ich für die vergänglichen Erdbeeren fünfzig solide, unsterbliche Rubel.

Petrowna. Sie gehören mein. (Sie nimmt das Geld.)

Natalie. Aber, Mutter — Sie dürfen für mich von diesem Gelde auch nichts kaufen.

Petrowna. Nichts, gar nichts. Ich möchte Dein Gewissen nicht beschweren.   (Janka lacht.)

Natalie. Ungezogene! — Hören Sie, Mutter? Uns, uns gilt das Gelächter!

Petrowna. Warum lachst Du?

Janka. Wer müßte da nicht lachen! Wissen Sie, wer die Erdbeeren gekauft hat?

Natalie. Wer denn? geschwinde!

Janka. Nun? Federow.

Petrowna. Komisches Spiel des Zufalls!

Natalie. Entsetzlich!   zugleich.

Janka. Prächtig!

Natalie. Ich vergehe vor Scham! Mutter! Wenn er sie — etwa für mich gekauft hätte! Ich sprach — ohne es zu wollen — in der Verwirrung so viel davon, daß er leicht glauben konnte, ich wollte etwa — —

Janka. Ohne Sorge, Fräulein! In dieses Zimmer spazieren diese Erdbeeren nicht mehr herein; die sind für andere — ohne Zweifel — auch recht hübsche rothe Lippen bestimmt.

Natalie. So? Wie denn — Du Allwissende!

Janka. Ja, sehen Sie, ich konnte diesen steifen Herrn nie leiden und er mich eben so wenig, darum gab er mir auch noch keinen kupfernen Rubel, viel weniger einen silbernen. Dessen ungeachtet aber sage ich die Wahrheit und lasse ihm Gerechtigkeit widerfahren. Er versteht zu leben. Heute Abends gibt er ein Souper, einer schönen Kosakin zu Ehren. Die wird diese Erdbeeren verzehren. Gesegnete Mahlzeit!

Natalie. Nu — das freut mich vom Herzen!

Petrowna. Natalie — das freut Dich nicht, denn Du wirst — kaum hochroth, jetzt immer blässer.

Natalie. Das ist Zufall.

Petrowna. So sprichst Du zu mir? Natalie — ich gehöre auch zum weiblichen Geschlechte.

Natalie. Ich war undankbar gegen Alexiewicz, darum werde ich von einem Undankbaren bestraft. Sehen Sie nun, Mutter? Das Souper! Darum war er so zerstreut bei uns, darum brach er so schnell auf; darum eilte er fort. Ja, so mußte es kommen. Ein Geschenk, das die Liebe des

17 *

guten Alexiewicz mir sendet, muß ich weggeben, damit der zärtliche Federow seine Geliebte damit erfreuen kann. Wie hübsch sich das macht!

Petrowna. Wie leichtgläubig Du auch bist! Janka, Du logst jetzt, wie schon manchmal; gesteh'!

Janka. Jetzt gewiß nicht — ich wenigstens nicht.

Natalie. O wenn sie auch sonst immer lügt — jetzt sprach sie gewiß wahr.

Petrowna. Woher weißt Du das Märchen?

Janka. Federow's Bedienter — — (Es wird gepocht. Ein Bedienter tritt ein.) Da kommt er und kann's selbst bestätigen!

Fünfter Auftritt.

Bedienter. Die Vorigen.

Bedienter. Gnädiges Fräulein! Mein Herr empfiehlt sich Ihrer Huld und bittet, dieses Körbchen als einen Beweis seiner Ergebenheit nicht zu verschmähen.

Natalie (nimmt das Körbchen). Mutter — die Erdbeeren! — O Federow!

Petrowna. Wie unrecht Du ihm thatest!

Natalie (zum Bedienten). Ich wünsche, seinem Herrn bald mündlich zu danken.

Bedienter. Sehr wohl. (Will gehen.)

Petrowna. Natalie! (Sie deutet. Natalie geht nach der Schatulle, nimmt Geld und gibt dem Bedienten. Petrowna wendet sich indeß an Janka.) Nun, Lügnerin, Dein Souper?

Janka (zum Bedienten). Warum haſt Du mich be=
logen?

Bedienter. Um Dir Deine Neugierde abzugewöhnen,
die einmal im Eheſtande üble Folgen haben könnte.

Janka. Die Lüge ſollſt Du zehnfach zurück bekommen.

Bedienter. Deine Fertigkeit in dieſer Kunſt iſt mir
bekannt. — Ich küſſe die Hände. (ab.)

Natalie (mit dem Körbchen beſchäftigt). So ſeh' ich Dich
zum zweiten Male wieder, Du liebliches Körbchen!

Petrowna. Sonſt theilen Mädchen den Männern
Körbchen aus; bei Dir iſt die verkehrte Welt. Auch iſt's eine
ſeltene Erſcheinung, daß ein er h a l t e n e s Körbchen ſo vie=
le Freude verurſachet.

Natalie. Sehen Sie, Mutter, wie auch hier Fede=
row's treuherzige Geradheit ſich ausſpricht! Ohne alle Um=
wege, ohne Heimlichkeit und Verſtellung, ſchickt er das
Körbchen mit der beſcheidenſten Bitte geradezu in ſeinem ei=
genen Namen.

Petrowna. Ein wackerer Mann! Sein Wi l l e iſt
ſehr gut; wenn nur — —

Natalie. Wie zartſinnig! Sehen Sie! Ihm genügt
es nicht, das G e ſ ch e n k zu geben, er gibt zugleich ſ i ch
ſ e l b ſt. Mit ſchönen Blumen, mit farbigen Schleifen hat
er das Körbchen geſchmückt. Kommt mir doch dieſes Frucht=
körbchen jetzt beinahe wie das Glück ſelbſt vor, dieſes wan=
delnde Geſchenk des Himmels, das immerfort bald er=
ſch ei n t und Freude bringt, bald verſchwindet und bittere
Schmerzen erregt, jetzt in dieſer, dann wieder in jener Ge=

ſtalt. Kaum glauben wir's feſtzuhalten — huſch iſt's weg! Und klagen wir um das Entflohene — unvermuthet, plötz= lich lächelts auf unſere Thränen herab.

Petrowna. Und was gedenkſt Du denn jetzt mit dem perſonifizirten Glück anzufangen? Nun gehört's eigent= lich wieder Dir.

Natalie. Wünſchen Sie es, Mutter?

Petrowna. Wenn Du mir eine Freude machen willſt. —

Natalie. Gott! Sie wollen es doch nicht nochmahl verkaufen?

Petrowna. Das würde Dich ſchmerzen. Ich gebe Dir mein Wort, die Erdbeeren jetzt nicht zu verkaufen.

Natalie. Nicht? Nu, dann — bleiben ſie Ihr Eigenthum.

Petrowna. Aber, gutes Mädchen, — ein ſchönes Plänchen hab' ich doch damit.

Natalie. Ich bitte — — —

Petrowna. Es iſt gewiß ſchön, ſich einer Verbind= lichkeit auf eine feine Weiſe zu entledigen; ſo manche Ver= bindlichkeiten aber — und gerade die edelſten — laſſen ſich nicht mit Geld abthun. Auch gibt es Menſchen, denen man den Dank, den man ihnen ſchuldig iſt, nicht anders als durch den guten Willen, den man ihnen zeigt, und durch die uneigennützige Freude, die man ihnen macht, gehörig beweiſen kann.

Natalie. Sehr wahr, Mutter; aber die Anwendung?

Petrowna. Fällt Dir nicht Dein Vormund ein,

der biedere edle Tolstoi, der in allen Lagen für uns so Vie=
les that? deſſen Wohlthaten wir mit nichts erwiedern kön=
nen, als durch unſere Liebe? deſſen Geburtstag heute iſt?

Natalie. Wie — Sie meinen, daß wir — —

Petrowna. Du erräthſt?

Natalie. Wie ſollt ich nicht! O der gute, edle, lie=
bevolle Greis! Was wären wir ohne ihn!

Petrowna. Es würde ihn gewiß ſehr freuen, wenn —

Natalie. Wenn wir — —

Petrowna. Die Erdbeeren

Natalie. Ihm — — —

Petrowna. Schickten. Wir werden wenigſtens
ſchwerlich je wieder eine Gelegenheit finden, ein ſo feines,
liebliches, gerade für uns ſehr paſſendes Geſchenk — —

Natalie. Sie haben Recht, Mutter, — ganz Recht!
Ja, es iſt ein Geſchenk, wie wir — nicht ſobald — Ja,
Mutter, eilen Sie, thun Sie es — ſogleich — ich bitte — —

Petrowna. Ich muß ihm doch ein Billet in ver=
bindlichen Ausdrücken dazu ſchreiben. Komm, Janka! Mein
Schreibzeug! Gleich bin ich wieder da. (Sie geht mit Janka in's
Nebenzimmer. Da ſie weg ſind, wirft ſich Natalie auf einen Stuhl und
bricht in lautes Schluchzen aus.)

Natalie. So muß ich mich von dir trennen, du
ſchöne Gabe, noch eh' die frohe Stunde des Empfanges
vorüber iſt! Kaum hab' ich dich ein Sinnbild des Glücks ge=
nannt, und ſchon geht das unſtäte Weſen des wandelbaren
Dämons bei mir in Erfüllung! Kaum biſt du mir durch
deine zweite Erſcheinung noch werther geworden, ſo fließt

du mich. Ist das nicht eine böse Vorbedeutung, daß ich nie
glücklich werden soll? — Horch! die Mutter kommt. Weg
von der Wange, ihr Thränen! (Sie trocknet sich das Gesicht.)
Eine einzige von euch würde meiner guten Mutter die Freude
verderben. Fahr' wohl, du süße Gabe! (Sie küßt das Körbchen.)
Doch — (mit steigendem Entzücken) nicht ganz sollst du mir
verloren sein! Dieser Raub ist kein Unrecht. (Sie nimmt eine
Schleife und eine Blume aus dem Körbchen.) Ihr bleibt mir als
freundliche Trösterinnen zurück; Federow — sie kamen aus
Deiner Hand! — Jetzt bin ich stark; ich selbst, hellflim-
merndes Körbchen, liefere dich der Mutter aus, ohne Klage,
ohne Thräne, — dein Bestes bleibt mir doch!

Petrowna (im Nebenzimmer). Natalie!

Natalie. Wir kommen, ich und das Körbchen. Glückliche Reise, ihr kleinen Wanderer, ihr flüchtigen Bilder des
flüchtigen Glücks! Fort! fort! Eure Glut will sich mitthei-
len. Fort! fort! (Sie eilt mit dem Körbchen hinein.)

Sechster Auftritt.

(Saal in Tolstoi's Hause.)

Tolstoi.

Was kümmert mich das Treiben der großen Welt! Ich
habe das Meinige gethan; thu' jetzt ein Anderer das Seinige!
Meine Stelle hab' ich niedergelegt, nun bin ich nichts als
der alte Tolstoi, und wenn ich für mein verarbeitetes Leben
nichts verlange, als den Genuß der Hefe dieses Lebens —

ei nun — das iſt doch nicht zu viel verlangt. Wie die Feuer
da brunten auf dem Plaße über den Schnee hinleuchten und
wärmen, ſo iſt's mit der Freude hienieden auch; gäbe
ſie uns nicht Licht und Wärme, ſo müßten wir in Froſt
und Dunkelheit dieſes Lebens erfrieren. Ihr, meine ſiebzig
Jahre, ſollt nicht umſonſt über meinen ſiberiſchen Graukopf
hingeflogen ſein; ich habe mir nichts Schlechtes vorzuwerfen,
kann mit mir ſelbſt noch gut Freund ſein; nun — Äm=
ter und Würden und Ehren, fahrt wohl! Heute bin ich in
den Ruheſtand geſeßt, darum ſoll mir Ruhe werden; heute
iſt mein ſiebenzigſter Geburtstag, darum will ich heute für
meinen Lebensreſt neugeboren werden; ja von heute an iſt
der alte Tolſtoi nichts — als ein Menſch, und macht — ſo
viel's nur ſein kann — von heute an, jeden Tag ſeines Le=
bensreſtes zu einem Freudentag. Ja, ich habe mich in mei=
nem Leben ſchon genug geärgert; nun aber gelob' ich es,
von heute an, mich über nichts mehr, mich über gar nichts
mehr zu ärgern, geſchehe was da wolle! Hilf dir ſelbſt!
Das ruft ja dem Menſchen die ganze Welt zu.

Siebenter Auftritt.

Tolſtoi. Iwan.

Iwan. Voilà, Papa! (Er hält das Körbchen mit beiden
Händen über den Kopf, und läßt ſich in dieſer Stellung vor ſeinem Vater
auf ein Knie nieder.) Daignez d'accepter les offrandes d'un
coeur sensible à vos bontés et à mes appas!

Tolstoi. Was soll das heißen?

Iwan (steht auf). Das soll heißen in der Alltagssprache: Fräulein Natalie, von der Natur freigebig, vom Glück aber karg ausgestattet, gibt sich die Ehre, in ihrem eigenen und im Namen ihrer Frau Mama, dieses zierlich geschmückte Körbchen mit winterlichen Frühlingskindern dem verehrten Munde des Vormunds zu überschicken. (Abgewendet.) Doch findet sie: ein Sohn sei interessanter als der Vater, und der Fruchtbaum gerade der Frucht wegen gut.

Tolstoi (beschauend). Erdbeeren! Welche Seltenheit! Und wie schön! — Das liebe, gute Mädchen! Sie hat's gewiß selbst als Geschenk bekommen; war gewiß sehr lüstern darnach, — aber nein! Sie weiß, daß heute mein siebenzigster Geburtstag ist, und trotzt sich die köstliche Frucht vom Munde ab, um nur mir eine Freude zu machen. Der Vormund kommt bei ihr noch vor dem Mund! Siehst Du, Witzling, ich kann auch witzig sein.

Iwan. Der Vater eines solchen Sohnes — —

Tolstoi. Kommst Du mir wieder so? Hör' auf! Du weißt, daß ich die Albernheit Deines geckenhaften Wesens nicht leiden kann. Lerne was, und werde was! So lange Du ein Nichts bist, sollst Du auch nichts reden.

Iwan. Ich wäre — nichts? Ich bin ein schöner Mensch, — und das ist sehr viel! Und wenn Sie mir's auch nie zugestehen, Vater, so weiß ich es doch, daß Sie an Ihrem vielgetadelten und vielgeliebten Sohn ein herzliches Wohlgefallen haben.

Tolstoi. Degen und Feder brauchen Einen, der sie

zu führen weiß; Du aber verführst Dich durch Deine Mei=
nung von Dir selbst.

Iwan. Richtig, Vater! Ich fühl's wohl, daß ich bis=
her noch im Irrgarten des Lebens herumtaumle. Mich freut
so Vieles, daß ich nicht einmal recht weiß, was mich freut.
Kommt Zeit, kommt Rath; darauf verlaß' ich mich, denn
jeder Mensch hat wenigstens d a s Gute in sich, daß er täg=
lich älter wird.

Tolstoi. Bursche! Der Unsinn und der Leichtsinn
sind bei Dir zu Hause.

Iwan. Versteht sich; darum hab' ich ja die neueste
Poesie und Philosophie studirt. Aber — um auf ein ande=
res Thema zu kommen! — Daß bei diesen Erdbeeren S i e
g e n a n n t sind, — i c h aber g e m e i n t bin, folglich sie
eigentlich m i r gehören — das weiß ich doch gewiß.

Tolstoi (bei Seite). Das aber weiß er nicht, daß heute
mein siebenzigster Geburtstag ist. Petrowna und Natalie
wissen's schon. — (Zu Iwan.) D e r Tag gehört m e i n —
von Rechtswegen; darum laß ich mir ihn nicht verderben.
Verstanden? (Ab.)

Iwan. So? Warum ärgert er sich denn? Curios!
Natalie wäre doch froh, wenn ich sie heirathen möchte. Bin
ich auch nichts, so kann ich doch Alles werden. Aus Nichts
hat Gott die Welt erschaffen. Und wenn ich ewig nichts blei=
ben könnte, — das wäre mir erst das Liebste. Nun aber
wollen wir vor Allem das Geschenk der zärtlichen Liebe ein
Bischen verkosten. (Er setzt sich an den Tisch und will von den Erdbeeren
essen.)

Achter Auftritt.

Iwan. Federow.

Iwan (bei Seite). O weh! Der solide, moralische Monsieur Federow!

Federow. Ergebner Diener.

Iwan. Ach, lieber Federow, willkommen. (Bei Seite.) Hol' Dich der Teufel! (Laut.) Was steht zu Diensten?

Federow. Ich wünsche Ihrem ehrwürdigen Herrn Vater zu seinem siebenzigsten Geburtstag, den er heute — —

Iwan. Heute?

Federow. Sie werden doch — —

Iwan. Mir keine Vorlesung halten? — Mein Vater ist zu Hause.

Federow. Ich empfehle mich! (Da er abgehen will, bemerkt er plötzlich das Körbchen.) Gott! was seh' ich? Mein Körbchen! Bei dem Gecken? — — O Natalie! Hab' ich das verdient?

Iwan. Was starrt er denn das Körbchen an, wie eine Geistererscheinung? — Federow! Er hört nicht; ist er zu Stein geworden? Federow! Hören Sie doch!

Federow (sich fassend). Verzeihen Sie! Eine Erinnerung an — —

Iwan. Sind die Erdbeeren etwa verzaubert?

Federow. Vielleicht — ja vielleicht, mehr als Sie es glauben.

Iwan. Point du tout! Um Sie vom Gegentheil zu überzeugen, mache ich Ihnen sogleich die Probe. Da sehen Sie! (Will von den Erdbeeren essen.)

Federow (ihn abhaltend). Nein! nein!

Iwan. Erlauben Sie gütigst! Ich werde doch m e i n e Erdbeeren — —

Federow. I h r e? Wirklich?

Iwan. Warum denn nicht?

Federow. Vermuthlich ein Geschenk von schönen Händen?

Iwan (bei Seite). Puh! Etwa gar eine Eifersucht? Scharmant! D e r muß sich ärgern! (laut.) Errathen! Von schönen, sehr schönen Händen.

Federow. Wenn es nicht unbescheiden wäre, so würde ich fragen — —

Iwan. Wem die Arme zu diesen schönen Händen gehören? — Nu — man soll zwar in der Liebe verschwiegen sein; einem soliden Mann aber, wie Sie, dem kann ich's schon vertrauen.

Federow. Allerdings — mir gewiß! Nun so reden Sie doch; ich bin sehr neugierig.

Iwan. Sie — und — N e u g i e r — wie kämen die zusammen?

Federow. Sie foltern mich.

Iwan. Gott bewahre mich! Die Folter ist ja in allen kultivirten Ländern abgeschafft.

Federow. Ich bitte, reden Sie! Ich habe Ursache — dringende Ursache —

Iwan. Also denn: Die schönen Hände, die mir diese schönen Erdbeeren als Geschenk verehrten, gehören den schönen Armen — der schönen — — Natalie!

Federow. Sie selbst — —

Iwan. Ihr selbst! Natürlich. Sie hat ihre eigenen Arme und Hände, wie jedes Mädchen.

Federow (lachend). Schön! schön! Allerliebst!

Iwan. Sehr wahr! — (Bei Seite.) Da brennt's! (Laut.) Aber Sie sollten ja meinem Vater zu seinem siebenzigsten Geburtstag — — —

Federow. Gut, daß Sie mich erinnern! Ich muß sogleich — — — Allerliebst! Herrlich!

Iwan. Wie zierlich sie das Körbchen mit Blumen und Schleifen geschmückt hat!

Federow. In der That — ein Anblick — zum Entzücken! (Bei Seite.) Um rasend zu werden! Und an diesen eiteln Gecken verschwendet sie die Gabe der redlichsten Liebe!

Iwan. Sie kommen ja vor Verwunderung außer sich?

Federow. Ja — ich vermag mich kaum davon zu trennen! (Bei Seite.) Und werd' es auch nicht!

Iwan. Vergessen Sie nur nicht auf das Glückwünschen!

Federow. Glückwünschen! Jetzt — in diesem glücklichen Augenblick! Recht passend.

Iwan. Sonst geht mein Vater aus. — Ah, sieh da! Alexiewicz! (Bei Seite.) Der muß mir helfen, den Spaß noch weiter treiben.

Neunter Auftritt.

Alexiewicz. Die Vorigen.

Alexiewicz. Guten Tag, Iwan! — Ihr Diener Federow! Ich suche Gefährten zu einer Schlittenfahrt! Ist's gefällig?

Federow. Ich danke.

Iwan. Laß ihn! Er ist melancholisch.

Alexiewicz. Die Krankheit kenn' ich, Gott sei Dank! nur aus Beschreibungen. Lieber Federow! Eben weil Sie melancholisch sind, müssen Sie die Lustpartie mitmachen.

Federow. Ich bedaure, daß ich's nicht kann. So eben fiel mir ein dringendes Geschäft ein, welches keinen Aufschub leidet.

Alexiewicz. Glauben Sie's nicht! Alles läßt sich aufschieben, wenn man will.

Iwan. Laß ihn doch! Was thun wir denn mit dem langweiligen Herrn?

Federow (für sich). Ja sogleich — alsogleich eile ich zu ihr. Sie soll mir Rechenschaft geben über dies unzarte, lieblose Betragen, soll erröthen vor mir — und vor sich selbst —

Alexiewicz (zu Iwan). Aber warum ist er denn so melancholisch?

Federow. Ich empfehle mich. (Ab.)

Iwan. Adieu!

Alexiewicz. Der gute Mensch sieht ja ganz verstört aus.

Iwan. Weißt Du warum? Die Eifersucht quält ihn.

Alexiewicz. Eifersucht? Die kenn' ich eben so wenig als die Melancholie.

Iwan. Und, stelle Dir vor — auf wen ist er eifersüchtig? — auf dieses stumme, leblose Körbchen mit Erdbeeren.

Alexiewicz (frappirt). Erdbeeren? Hier? Wem gehören sie?

Iwan. Mir. (Bei Seite.) Der stutzt auch? Wird denn Jeder petrifizirt, der diese Frucht anschaut? Curios! (Laut.) Mir gehören sie; ich versichere Dich.

Alexiewicz. Dir? Bekamst Du sie — schon mit dem Körbchen?

Iwan. Ja.

Alexiewicz. Von?

Iwan. Von — Natalien.

Alexiewicz. Natalie!

Iwan. Es bleibt aber unter uns.

Alexiewicz. Versteht sich! (Bei Seite.) Spitzbübin! Dir will ich die Hölle heiß machen. Meine Erdbeeren verschenken! Welche Beleidigung!

Iwan. Was gibt's denn?

Alexiewicz. Schweig! (Nachsinnend) Was thu' ich ihr? Revange muß ich haben; aber wie?

Iwan. Was wird denn da noch heraus kommen? Verdammtes Obst! Fast wär's mir schon lieber, ich hätte nicht gelogen. Am Ende lernt der die unbekannte Eifersucht heute zum erſten Mal kennen, und es gibt eine Geſchichte. Dazu noch Federow, der — —

Alexiewicz (für ſich). Ich hab's. Das verſchenkte Geſchenk muß ſie aus meiner Hand nochmal bekommen; das wird ſie ärgern, und ſo hab' ich eclatante Satisfak- tion, indem ich ſie über ihren Ärger auslache. (Zu Iwan.) Höre, Du mußt mir einen Gefallen thun.

Iwan. Herzlich gerne.

Alexiewicz. Dieſes Körbchen gib mir.

Iwan. Freund! das kann nicht ſein.

Alexiewicz. Ich bitte Dich.

Iwan. Ich darf nicht! (Für ſich.) Mein Vater finge keinen kleinen Sturm an!

Alexiewicz. Du mußt!

Iwan. Es iſt nicht möglich.

Alexiewicz. Die Möglichkeit will ich Dir gleich zei- gen, indem ich es mit Gewalt nehme.

Iwan. Wenn ich nicht Gewalt entgegenſetze.

Alexiewicz. Wollen ſehen! (Geht nach dem Tiſche und langt nach dem Körbchen.)

Iwan (hält ihn zurück). Nicht angerührt! ſonſt —

(Während Beide dieſes thun, iſt Tolſtoi aus dem Nebenzimmer ge- kommen, tritt zwiſchen ſie, nimmt das Körbchen vom Tiſch und geht da- mit fort. Iwan und Alexiewicz ſtehen im heftigſten Streit plötzlich unbe- weglich, bis ſie in lautes Gelächter ausbrechen.)

(Der Vorhang fällt.)

VII. 18

Dritter Aufzug.

(Zimmer im Hause der Petrowna.)

Erster Auftritt.
Natalie allein.

Natalie. Hat man einmal etwas so recht im Kopf, so bringt man's auch nicht mehr heraus, zumal wenn man ganz allein im Zimmer ist, wie ich seit einer Stunde es bin. — Ja, so eine Stunde kann recht lang sein, wenn sie will! Und wo ich geh' und steh', hab' ich immer den Erdbeerenduft in der Nase, und sehe das niedliche Körbchen mit Blumen und Schleifen vor mir schimmern. Wäre ich abergläubisch, so müßte ich an Geistererscheinungen glauben; denn, während ich die lieben Erdbeeren sehe und rieche, plötzlich — siehe da! steigen zu beiden Seiten des Körbchens Alexiewicz und Federow links und rechts auf, schauen sich mit grimmig glühenden Augen an, rufen, lärmen, und Degen klirren. Ach, guter Himmel! mit diesen Erdbeeren — ich prophezeih' es, gibt's gewiß noch ein Spektakel! Wenn mein Vormund sie nur schon gegessen hätte! So lange sie noch auf der Welt sind, habe ich keine Ruhe. —

Liebe Mutter! Du liebst mich und bist sehr klug; aber Du hast mich in eine abscheuliche Verlegenheit gesetzt, in eine wahre Todesangst! Hätt' ich nur nicht nachgegeben! Einer von Beiden erfährt's gewiß! Und — wie kann ich mich denn rechtfertigen? Soll ich Dich, Mutter, verrathen? Nein, nein! Eh' leid' ich Alles! Aber wie lange weilt sie denn? — Da geht sie nun von Bude zu Bude, und kauft nützliche Sachen, und — ich möchte vor Kummer vergehen. So komm doch! — (Sie tritt an's Fenster.) Nichts zu sehen! — (Sie thut einen Schrei.) Gott im Himmel! Alex — — Al — — Er geht in's Haus — ich bin des Todes! (Sie sinkt auf einen Sessel. Nach einiger Zeit schlägt sie die Augen auf und schaut umher.) Wo ist er denn? — Er ist ja nicht da! (Freudig.) Es war nur Einbildung! (An der Thür wird gepocht.) Gott steh' mir bei! Ich bin verloren! — Ach — ach — her — ein! (Sie deckt mit beiden Händen die Augen und steht unbeweglich am Fenster, als sähe sie hinaus.)

— — — —

Zweiter Auftritt.

Natalie. Alexiewicz.

Alexiewicz. Fräulein! — — Mein Fräulein! — Schönstes Fräulein! — — (Für sich.) Ist das Ernst oder Scherz? (Laut.) Erlauben Sie gütigst, daß ich — — (beiseite) Ist sie indeß taub geworden? — (Laut.) Verzeihen Sie, wenn ich etwa — — Fräulein! (Für sich.) Hat sie etwa den Starrkrampf am ganzen Körper, oder schläft die holde Grazie stehend wie der Elefant?

(Natalie setzt, und läßt sich auf einen neben ihr stehenden Sessel nieder.)

Alexiewicz (beiseite). Gott sei Dank! sie setzt sich — also ist sie wenigstens noch am Leben.

Natalie. Alexiewicz?

Alexiewicz. Steht schon lange hier, wie ein unerhörter Liebhaber. Aber auch Sie standen so unbeweglich, daß — —

**18 **

Natalie. Ich — ich? Ich sitze ja! Ich sah zum Fenster hinaus — —

Alexiewicz. Mit verdeckten Augen? — So schien's wenigstens! Doch — Verzeihung! Damen darf man nie widersprechen.

Natalie. Meine Mutter — — ist nicht zu Hause, — und — und — nicht wahr? es ist heute doch grimmig kalt!

Alexiewicz. Sehr kalt im Freien; wie man aber in dieses Zimmer kommt, glaubt man plötzlich wie durch Zauberei in das Reich des Frühlings versetzt zu sein.

Natalie (lachend). Weil das Zimmer grün ist.

Alexiewicz. Richtig, und zugleich ein so angenehmer Wohlgeruch — beinahe — womit soll ich ihn vergleichen — beinahe wie — Erdbeerenduft!

Natalie. So? — Ja — Sie haben Recht! wirklich!

Alexiewicz. Haben Sie etwa vor Kurzem hier Erdbeeren gegessen?

Natalie. Erdbeeren — meinen Sie? — Es duftet wirklich stark. Der Geruch ist Ihnen vielleicht nicht angenehm — — Janka! Janka!

Alexiewicz. Ich bitte — wozu — (Beiseite.) Sehr ungelegen!

Dritter Auftritt.
Janka. Die Vorigen.

Natalie. Öffne doch geschwinde die Fenster!

Alexiewicz (für sich). Ein wahres Bild der Seelenangst! Bald wird sie genug bestraft sein.

Janka. Die Fenster? Ei, Fräulein! bei dieser grimmigen Kälte! was fällt Ihnen ein?

Natalie. Ja so! Doch — doch — der Geruch — — beinahe betäubt er mich selbst.

Janka. Ich rieche nichts. (Leise zu Natalien.) Fassen Sie sich! (Laut.) Ja — nun weiß ich's! Der Geruch kommt von dem Jasminöl=Fläschchen, das ich heute morgens hier zerbrach. Es riecht aber jetzt beinahe wie Erdbeeren.

Natalie. O — die Erdbeeren!

Janka. Sind ein fatales Obst.

Alexiewicz. Und ich glaubte, Fräulein Natalie sei den Erdbeeren sehr hold!

Natalie. Im Sommer — allerdings! doch im Winter — —

Alexiewicz. Verkühlen sie — und die Glut wird Eis. Das ist gefährlich! Ein Bild der Weiblichkeit!

Natalie. Sie spotten über das schnelle Verwelken der weiblichen Schönheit?

Alexiewicz. Das nicht! Aber der schnelle Wechsel des weiblichen Herzens dürfte vielleicht — — —

Janka. Sehen Sie nur, wie hell die Feuer auf dem Platze brennen!

Natalie (zu Janka). Wie er mich quält! Ich möchte weinen!

Janka. Gibt's denn in unserm Petersburg Erdbeeren?

Alexiewicz. Wer in diesem Zimmer ist, kann kaum daran zweifeln.

Janka. Ich möchte doch einmal Erdbeeren sehen!

Alexiewicz. Sahst Du nie welche?

Janka. Nicht Eine, so lang ich lebe. Aber, (zu Alexiewicz) Sie machen uns ganz lüstern darnach!

Natalie (leise). Lügnerin!

Janka (leise zu Natalien). Schon recht! Das muß sein; sonst zieht man mit den Männern immer das Kürzere.

Alexiewicz (beiseite). O Spitzbübin und Helfershelferin! (laut.) Auch Sie, Fräulein, aßen noch keine Erdbeeren?

Natalie. Ich? — ja, o ja —

Janka. Gott bewahre! Sie irren sich. (Man pocht.)

Natalie (zu Janka). Nun werd' ich befreit! Herein!

Janka. Wie gerufen!

(Beide rufen zugleich freudig: „Herein!" Federow tritt ein. Beide erschrecken und treten mit einem halb unterdrückten Angstruf zurück.)

Janka (für sich). O weh! Vom Regen in die Traufe!

Natalie (eben so). Grausames Schicksal! O Mutter, komm!

Alexiewicz. Da führt mir der Teufel die Melancholie in den Weg.

———

Vierter Auftritt.
Federow. Die Vorigen.

Federow (ohne Alexiewicz zu bemerken). Fräulein! hab' ich das verdient?

Natalie. Sie waren so gütig — —

Federow. Und Natalie so ungütig!

Natalie (beiseite). Gott! Er weiß es gewiß schon!

Federow. Gering war die Gabe allerdings —

Natalie. Ich danke herzlich. Sie erfreute mich sehr.

Federow. Und doch — und doch —

Alexiewicz (für sich). Da wird gleich ein kleines Gewitter ausbrechen!

Natalie. Sie wissen etwa schon — —

Federow. Leider! Mit diesen Augen mußte ich meine Schmach sehen!

Natalie. Federow! Ich bin zwar nicht tadelfrei, aber auch gewiß nicht ohne Entschuldigung.

Alexiewicz (beiseite). Steht's so? Da schein' ich fast überflüssig; und die Erdbeeren, wie meinen gerechten Zorn, hätte ich mir ersparen können.

Federow. Fräulein! Warum verweigerten Sie nicht der Gabe, wenn sie Ihnen lästig war, die Annahme?

Alexiewicz (für sich). Auch eine Gabe? Kurios!

Federow. Aber tief muß es mich kränken und schmerzen, sie auf beschämende Art einem Unwürdigen dahin gegeben zu sehen.

Natalie. Einem Unwürdigen? Federow! Sie sind ungerecht. Er ist edel und liebt mich herzlich! Wie vielen Dank bin ich ihm schuldig!

Federow. Eine so warme Lobrednerin? Das überrascht mich. Ja, nun hab' ich nichts mehr zu sagen; aber verwünschen muß ich diese unseligen Erdbeeren, und Tolstoi muß mir Genugthuung geben.

Alexiewicz (auf Federow losstürzend). Erdbeeren? Unselige Erdbeeren? Genugthuung? O reden Sie, reden Sie! Welche Erdbeeren?

Federow. Sie hier? — Verzeihung, Fräulein! Das wußt' ich nicht. Sah ich ihn, so würde ich geschwiegen haben. — Alexiewicz, da Sie schon die Hälfte wissen, so müssen Sie, um einem ärgern Mißverständnisse vorzubeugen, das Ganze erfahren.

Alexiewicz. Erdbeeren? Huldigt denn alle Welt mit Erdbeeren? Und werden alle Erdbeeren schmählich behandelt?

Federow. Erlauben Sie, Fräulein, daß Alexiewicz in der Sache Schiedsrichter sei! Er entscheide! Ich bin bereit, mich seinem Ausspruche zu fügen.

Natalie (zu Janka). Er entscheiden! Ich vergehe!

Janka. Fräulein! Ihnen ist nicht wohl?

Natalie. Sehr unwohl!

Janka. Kommen Sie! (Leise.) Für den Augenblick bleibt sonst nichts übrig. (Sie führt Natalien mit Gewalt fort.)

Natalie (im Abgehen). Verzeihen Sie! (Ab mit Janka.)

Alexiewicz. Nun reden Sie! Ich stehe auf brennenden Kohlen.

(Petrowna tritt ein, erschrickt, da sie die Beiden sieht, und bleibt horchend im Hintergrunde.)

Federow. Sie haben jenes Körbchen mit Erdbeeren bei Iwan Tolstoi gesehen?

Alexiewicz. Ja leider! Es war das meinige.

Federow. Mit Erlaubniß! Das meinige war es!

Alexiewicz. Sie irren. Ich sandte es Natalien.

Federow. Verzeihen Sie! Von mir erhielt es Natalie.

Alexiewicz. Die Undankbare sandte das Körbchen dem jungen Tolstoi.

Federow. Das ist wahr. Nun urtheilen Sie selbst, wie es mich kränken mußte.

Alexiewicz. Sie? Mich! mich!

Federow. Sie scherzen. Jetzt ist's aber wahrhaftig nicht Zeit dazu.

Alexiewicz (lacht). Das ist zum Todtlachen!

Federow. Zum Todtärgern.

Janka (öffnet die Thür). Meine Herren, ich bitte, et= was stiller zu sein. Das Fräulein bedarf der Ruhe. (Sie schließt zu.)

Federow. Es ist zum Verzweifeln.

Alexiewicz. Jetzt gefällt mir das Ganze erst.

Federow. Ich will Genugthuung!

Alexiewicz. Ich auch, aber je lustiger, desto besser!

Federow. Entscheiden Sie!

Alexiewicz. Ich kann ja nicht Richter sein in meiner eigenen Sache.

Federow. Sie treiben den Spaß zu weit. Herr! ich bin jetzt nicht in der Stimmung, mich foppen zu lassen. Ernst, oder —

Alexiewicz. Keine Drohung, oder —

Fünfter Auftritt.

Petrowna (vortretend). Die Vorigen.

Petrowna. Erlauben Sie, meine Herren, daß ich die Vertheidigung der Unschuldigen führe, die Schuldige aber vor Gericht stelle in meiner Person.

Federow. Verzeihen Sie, gnädige Frau! Es ging hier vielleicht etwas stürmisch zu.

Alexiewicz. Wir geriethen in Eifer —

Petrowna. Erlauben Sie mir, Ihnen die kleine Universalgeschichte der vielgewanderten Erdbeeren genau und unparteiisch vorzutragen!

Federow. Zuerst bitte ich, gütigst zu erklären, welchem von uns Beiden das Körbchen gehört!

Alexiewicz. Mir, das versteht sich.

Petrowna. Ihnen Beiden, meine Herren!

Alexiewicz. Wie kann das sein?

Federow. Scherzen auch Sie, gnädige Frau?

Petrowna. Keineswegs! Hören Sie nur die sonderbare Geschichte. Zuerst brachte dieses Körbchen ein —

Sechster Auftritt.
Natalie. Die Vorigen.

Natalie. Mutter! Mutter! Sind Sie endlich da? Gott sei Dank! Vertheidigen, retten Sie mich!

Petrowna. Wie, du bebst? Armes Kind! Komm' zu Athem!

Federow. Meine unselige Heftigkeit! O verzeihen Sie! Ich — ich bin strafbar.

Alexiewicz (leise zu Federow). Der Zustand gehört bei den Weibern zum Costüm. Hat nichts zu bedeuten.

Federow. O — es hat viel zu bedeuten! Ich ließ mich vom ersten Eindrucke hinreißen, ohne abzuwarten, was sie zu ihrer Rechtfertigung sagen kann, und d i e soll man

immer hören, bei jedem Manne, noch mehr bei jedem Wei=
be, und noch viel mehr, wenn das Weib eine Natalie ist.

Alexiewicz. Freund! Sie nehmen das Ding viel
ernsthafter, als ich. Sagen Sie aufrichtig: Wollen Sie
Natalien etwa gar heirathen?

Federow. Ob ich will? — Fragen Sie doch auch:
Ob ich glücklich sein will!

Alexiewicz. Ja — wenn's so ist, dann tret' ich zu=
rück. So ernsthaft nehm' ich die Sache nicht.

Petrowna (zu Alexiewicz). Ist's Ihnen gefällig, mir
Gehör zu gönnen?

Alexiewicz. Mit Vergnügen. (Er geht mit Petrowna
in den Hintergrund, während Natalie vortritt.)

Federow. Fräulein! Sie zürnen mir. Und doch —
drängt es mich, Ihnen selbst in diesem Augenblicke offen zu
gestehen, daß ich Sie liebe, folglich glaube, daß ich Unrecht
hatte, Sie zu tadeln.

Natalie. Eh' ich Ihnen diese überraschende Äußerung
beantworten kann, erlauben Sie mir, mich zu rechtfertigen.

Federow. Rechtfertigen? Dürfte ich ein Wort von
Liebe sprechen, wenn ich von Ihnen irgend eine Rechtferti=
gung verlangte? Natalie! ich glaube an Ihre Reinheit; —
kann es ohne diesen Glauben eine wahre Liebe geben? O ich
bitte, ich bitte, — wenn Sie mir nur eine Spur von Ge=
genliebe zeigen wollen; — so entschuldigen Sie sich nicht!
Lassen Sie vielmehr dies den ersten Beweis meiner Ergeben=
heit sein!

Natalie. Federow! Federow -- Wer von uns Bei=
den hat denn nun Unrecht?

Federow. Wahre Liebe hat nie Unrecht; und im schlimmsten Falle sind wir Beide wohl zu entschuldigen, wenn auch wir selbst uns nicht entschuldigen.

Natalie (reicht ihm die Hand). Sie glauben an m i ch — ich baue auf S i e; — Versöhnung!

Federow (ihre Hand küssend). Und Liebe!

(Petrowna mit Alexiewicz vortretend).

Petrowna. So verhält sich's, genau so! Tadeln Sie nun immerhin m i ch, wie Sie wollen! Natalie bleibt tadelfrei.

Alexiewicz. Gnädige Frau! So wie Sie mir die Sache da auseinandersetzen, sind Sie selbst eben so tadelfrei, als Natalie. Ich aber bin's nicht. Es war das Werk verliebter Eitelkeit, daß ich für die Erdbeeren achtzig Rubel ausgab, und den Geber errathen ließ. Sie sahen ein, daß man für achtzig Rubel etwas Besseres haben kann, als ephemeren Gaumenkitzel. N a t a l i e gab dem Willen der Mutter nach, das war recht und schön von der Tochter! S i e kauften was Nützliches, das war recht und klug von Ihnen. Nur Eines kann ich nicht begreifen: Warum schickten Sie die Erdbeeren dem jungen Tolstoi?

Petrowna. Dem j u n g e n keineswegs; dem ehrwürdigen A l t e n sandten wir sie zu seinem Geburtstage als einen Beweis unseres dankbaren Willens.

Alexiewicz. D e r Umstand ist der einzige, der mir nicht ganz klar werden will.

Petrowna. So überzeugen Sie sich selbst! (Der alte Tolstoi tritt ein.) Tausendmal Willkommen!

Natalie. Theurer Vormund!

Siebenter Auftritt.

Tolstoi. Die Vorigen.

Tolstoi. Schönen Dank, Mutter und Tochter! Meine Freude war zu groß; sie trieb mich aus dem Hause, Ihnen heute noch zu danken. — Guten Abend, meine Herren!

Petrowna. Diese freundliche Annahme ist ein neuer Beweis Ihres Wohlwollens.

Tolstoi (zeigt das Körbchen). Hier bringe ich — —

Natalie (freudig). Wie? das Körbchen bringen Sie uns wieder?

Alexiewicz (zu Federow). Kommt das verwünschte Körbchen nochmal?

Federow. Und wird nun in Nataliens Händen bleiben.

Tolstoi. Ich bringe nicht das Körbchen allein, sondern auch seinen duftenden Inhalt.

Petrowna, Alexiewicz und **Federow** (zugleich). Die Erdbeeren?

Natalie. Und Sie haben nicht —

Tolstoi. Wie konnt' ich! Einsam genießt das Thier; der Mensch liebt seines Gleichen dabei. Und insbesondere: Eine so herzlich gespendete Gabe will in traulicher Geselligkeit genossen sein. (Er ruft zur Thür hinaus.) Herein damit!

(Janka und ein Bedienter bringen einen gedeckten runden Tisch.)

Petrowna. Guter Tolstoi! Was soll das?

Tolstoi. Mit Ihnen will ich den Abend meines sie=
benzigsten Geburtstages beschließen. Bei Ihnen ist mir wohl.
Setzen wir uns! Meine Herren, ohne Complimente! (Alle
setzen sich.) Gut und fröhlich, das sei der Wahlspruch für
diesen Abend — wie für den Rest meiner Tage! Liebt mich,
und gedenkt des alten Tolstoi in Ehren, wenn er einmal
nicht mehr hier sitzt! Nach dem Sitzen kommt ja endlich —
das L i e g e n ! Das lange Liegen! Bis dahin lustig gesessen
beisammen!

Petrowna. Der Himmel erhalte Sie uns noch lange!
(Alexiewicz und Federow nehmen Gläser und halten sie empor).

Alexiewicz. Auf die fröhliche Stunde! Aber —

Federow. Auf die gute Stunde! Aber —

Tolstoi. Glück auf! Aber — (Petrowna präsentirt die
Erdbeeren) halten Sie ein! Die Erdbeeren sind die Zierde
unserer Tafel, und müssen als des Festes schönster Theil den
Beschluß machen.

Alexiewicz. Recht! Aber verzeihen Sie — jetzt kann
ich mich nicht länger halten!

Tolstoi. Was denn?

Federow. Auch ich wollte schon lange fragen, ob
denn diese Erdbeeren — —

Alexiewicz. Wirklich Ihnen gehören?

Tolstoi. Ich glaub' es; wenigstens erhielt i ch sie
zum Geschenk.

Federow. Nicht Ihr Herr Sohn? Sie selbst?

Tolstoi. Ja doch! Warum zweifeln Sie? Diese lie=
benswürdigen Damen beehrten mich mit dem Angebinde zu
meinem siebenzigsten Geburtstage.

Alexiewicz. So hat Iwan gelogen?

Tolstoi. Das thut er gar oft!

Alexiewicz. O du Bösewicht!

Federow (zu Nataliens Füßen). Edles Mädchen!

Tolstoi (zu Petrowna). Er auf den Knien — und
S i e purpurroth, wie diese Erdbeeren? — Ist das etwa
ein Paar?

Petrowna. Was nicht ist, kann wenigstens noch
werden.

Tolstoi. Glück auf!

Alexiewicz. Es leben die Erdbeeren!

Federow (zu Petrowna). Darf ich Ja sagen?

Natalie. Und ich Mutter?

Petrowna. Ich verwehr' es euch nicht, meine lieben
Kinder! (Zu Tolstoi.) Welchen Spuck haben diese wunder=
baren Erdbeeren heute getrieben! Sie sollen's hören! —

Natalie. So viel Leid und Freude!

Alexiewicz. Zwist und Liebe.

Federow. Die süßen Unheilstifter! Erst haben sie
uns von einander getrennt, und nun werden wir durch sie
freudig vereint!

Natalie. Mich trieb wohl ein prophetischer Geist,
sie schon früher mit dem Glücke selbst zu vergleichen.

Tolstoi. Das sollen sie Euch bringen, und darum
gebe ich sie Ihnen, — schöne Mündel, in diesem frohen

Augenblicke zum — Brautgeschenke! Sei das Glück auch wandelbar, wie diese Erdbeeren, wahre Liebe weiß den Flüchtling doch festzuhalten.

Tolstoi und **Alexiewicz.** Hoch lebe das Brautpaar!

(Gläserklang.) Der Vorhang fällt.

Lyrische Gedichte.

Erste Abtheilung.

———•——

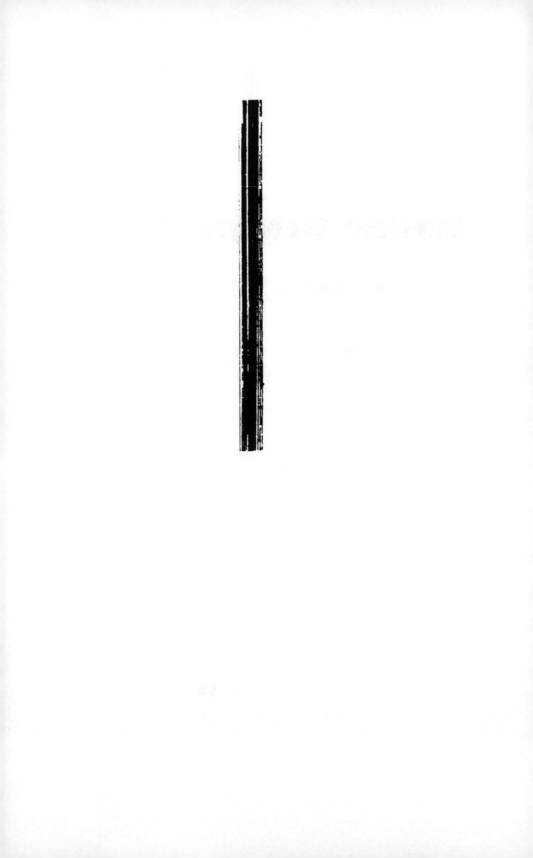

Die Gräber meiner Wünsche.

Wie vielmal streb' ich, ach vergebens!
Nach manchem schönen Ziel des Lebens.
Traumhelle Zauberfarben glühten
Und milde Hoffnungsblumen blühten.
Die Farben verblichen,
Die Blüten entwichen,
Und es stand all überall
Kalt und kahl!

*

Bald wühlten im betrognen Herzen
Die Scorpione wilder Schmerzen,
Bald mußt' ich, nach des Traum's Erwachen,
Des Possenspieles herzlich lachen.
Nun samml' ich als Meister
Der irrenden Geister
Abgeschiedener Wünsche viel
Zum ernsten Spiel.

*

Und einen Kirchhof bau' ich ihnen,
Die mir im Leben je erschienen;

281

282

Der Glutgestalten jede finde,
Befreit aus langem Irrgewinde,
  Ein Grabmal im Stillen,
  Um sanft zu verkühlen,
    Und das Pförtchen schließ' die Ruh'
    Lächelnd zu.

*

Schon früh sah ich mit gold'nen Strahlen
Den Ruhm mir Kränz' auf Wolken malen,
Und mit der Jugend Adlerflügel
Ließ ich zurück der Erde Hügel.
  Den Wagen der Sonne
  Bestieg ich voll Wonne,
    Und es stärkte Fieberglut
    Mir den Muth.

*

Doch ach! die Wolkenkränze schwanden,
Die Schwinge sank, — bald hing in Banden
Der Muth an kahlen Dorngesträuchen;
Traumgold dem Erdenblei muß weichen! —
  Dir, Ruhmsucht, geweihet,
  Mit Dornen bestreuet,
    Sei dies aufgeschwollne Grab;
    Steig' hinab!

*

Viel las ich von der Heldenstärke
Der Freundschaft. Welche Wunderwerke

Wollt' ich durch ihre Macht vollziehen
Bei gleicher Herzen gleichem Glühen!
  Harmonisches Streben
  Im einigen Leben,
    Sah ich bis an's Ziel hinan
    Unserer Bahn.

*

Doch ach! Ein böser Geist entzweite,
Des Schicksals Riesenhand zerstreute,
Was einst sich in den schönsten Stunden
Zum Bund der Ewigkeit gefunden.
  D'rum, Freundschaft, erhebe
  Im Nesselgewebe
    Sich dein schattenkaltes Grab —
    Steig' hinab!

*

Und wie ein Morgenroth des Maien,
Die Nacht des Lebens zu erfreuen,
Kam Liebe aus des Äthers Bahnen,
Mich lehrend, Himmlisches zu ahnen.
  Ein neues Entzücken
  Mit hehrem Beglücken,
    Hob mich in ein Freudenchor
    Hoch empor.

*

Doch ach! sie, die ich so vergöttert,
Die Rose war so schnell entblättert.

Der Welt gelang's, den Sinn zu blenden,
Des Herzens frommen Geist zu wenden.
  D'rum schmücke, falschglühend,
  Dir, Liebe, gleichblühend,
    Belladonna hier dein Grab —
    Steig' hinab!

✳

So seid ihr, Wünsche, denn begraben!
Doch soll euch nicht die Erde haben.
Erhebet euch als Lichtgestalten,
Verklärt die Schwingen zu entfalten!
  Als Genien schweben
  Sollt ihr, und mein Streben
    Flügeln für die höh're Bahn
    Himmelan!

✳

Und darf noch einen Wunsch ich hegen,
In meiner Brust ihn sorglich pflegen,
Gefährte mir zu sein hienieden —
So wähl' ich mir den Seelenfrieden.
  Er bleibe im Leben
  Mir treulich ergeben,
    Und lege sich mit mir in's Grab
    Still hinab!

Andenken und Vergessen.

An Selma.

Wenn mich das gold'ne Glück umfächelt,
Und jeder Stern mir Wonne lächelt,
   O Mädchen, dann gedenke mein!
Doch wenn kein Gott mir Freude gibt,
Und Bosheit meinen Himmel trübt,
   Laß mich von Dir vergessen sein!

✳

Wenn Ruh' und Frohsinn mich umwallen,
Aus Fels und Quell mir Blumen strahlen,
   O Mädchen, dann gedenke mein!
Doch wenn in banger Lebensnacht
Die Sorge mir zur Seite wacht,
   Laß mich von Dir vergessen sein!

✳

Wenn Frevler kühn Dir Liebe schwören,
Arglose Reinheit zu bethören,
   O Mädchen, dann gedenke mein!
Doch wenn mein einst willkommnes Bild
Dich je mit Schmerz und Haß erfüllt,
   Laß mich von Dir vergessen sein!

✳

Wenn mich des Ruhms Lorbeeren kränzen
Und Huldigungen mich umglänzen,
  O Mädchen, dann gedenke mein!
Doch wenn des Strebens schönstes Ziel
Kein guter Gott mir gönnen will,
  Laß mich von Dir vergessen sein!

※

Wenn Deine Tag' im Mailicht blühen,
Dir alle Herzen Liebe glühen,
  Gedenke dann noch einmal mein!
Doch bricht das Schicksal mir den Stab,
Sink' ich verzweifelnd hin auf's Grab,
  Laß ewig mich vergessen sein!

※

Ein Morgenroth sei Dir das Leben;
Mir wird noch Trost die Hoffnung geben:
  Auch hochbeglückt gedenkst Du mein!
Nur Dir geb' ich mich ganz dahin;
Doch bringt es Deinem Glück Gewinn —
  Will ich von Dir vergessen sein!

※

Ja, wandle Du auf Tugendwegen
Des Lebens schönstem Ziel entgegen —
  Gedenke nur voll Ruhe mein!
Lohnt uns ein himmelreines Herz
Für unf'rer Liebe schönen Schmerz —
  Dann ist's auch schön, vergessen sein.

Versöhnung *).

O Versöhnung, Engel Gottes
Mit dem Glanz des Morgenrothes!
Milde, himmlische Gestalt,
Sanft von Harmonie umwallt!
Schweb' aus deinem Himmel nieder,
Bring' uns Lieb' und Freundschaft wieder!
Öffne das geschloss'ne Herz,
Heb' es mächtig himmelwärts!
Gott Versöhner stieg empor,
Der für uns den Tod erkor.

✳

Wer von Zorn und Haß entbrennet,
Lieblos = kränkend sich verkennet,
Zög're keinen Augenblick,
Fliege rasch und froh zurück
In die langentbehrten Arme,
Daß ihm Brust an Brust erwarme!
Was uns einst getrennet hat,
Schwinde hin — Wort oder That!
Nur das alte Gute sei
Dem Gedächtniß ewig neu!

✳

*) In Musik gesetzt von Abbé Stadler.

Ach wir sind ja keine Engel!
Selbst den Besten drücken Mängel;
Einer bösen Stunde Hand
Trennet oft das schönste Band.
Doch all unser Irren, Fehlen,
Soll den Frieden nicht vergällen.
Bleibt an Lieb' und Schonung reich —
Und ihr seid den Engeln gleich!
Was ein Augenblick entzweit,
Mache gut die Ewigkeit!

✳

Blicket hin nach jeder Seite,
In die Nähe, in die Weite,
Blicket über Berg und Thal —
Gräber seht ihr überall!
Gräber rufen euch ohn' Ende:
„Brüder, reichet euch die Hände!
„Schließet Haß die Herzen zu,
„Flieht auf ewig euch die Ruh';
„Und durch Schuld verwirktes Glück
„Bringet euch kein Gott zurück!"

Melancholie der Liebe.

———

O Götterglück der Liebe, kaum
Vermag ich, ganz dich zu ertragen;
Oft scheinst du mir ein kühner Traum,
Den Frevler nur zu träumen wagen;
  Oft beben Herz und Sinn,
  Weil ich zu glücklich bin.
   ❋

Nicht währen kann zu großes Glück;
Beschränkt sind ja des Lebens Freuden;
Zum Himmel kehrt es schnell zurück,
Sobald die Götter uns beneiden.
  D'rum sendet mir auch Schmerz
  Für das zu bange Herz!
   ❋

Ach, wenn die Lieb' vergehen muß,
Wenn sie sich treulos von mir wendet —
Dann sei willkommen, Tod, dein Gruß,
Der mit der Qual das Leben endet!
  O schließe meinen Blick
  Noch vor entfloh'nem Glück!
   ❋

Halb sei mir nimmer ein Genuß,
Gleich blödzufried'nem Weltgewimmel!
Erstreben will ich Hebens Kuß,
Erringen Hölle oder Himmel.
    Glück oder Tod für mich —
    Doch keines ohne dich!

Amor, der Gast.

Speisen dufteten auf, vom prächtig erleuchteten Tische,
    Und es setzten sich froh Herren und Damen hinzu.
Aber bescheiden stand und sinnig der liebende Sänger,
    Ferne von Maja's Stuhl, näher im Geiste dabei.
Neben dem Mädchen ließ zwei Stühle nur leer noch das
                                        Schicksal,
    Und ich wählte bestürzt, endlich den ferneren Sitz,
Daß ein Stuhl nun zwischen uns Beiden noch herrenlos
                                        klagte.
    Überlistiger Schalk! einzig gesehen von uns,
Nahte sich Amor sogleich, des leeren Stuhls in der Mitte
    Schnell sich bemächtigend; ach! Schrecken ergriff uns
                                        zugleich.
Aber der Gott, als säh' er's nicht, ließ sich in ein Gespräch
                                        ein,
    Und es kam in's Gespräch Leben und Feuer zugleich.

Was zu verschweigen wir uns bemühten, das sagte der Gott
schnell,
Half uns Stotternden nach, lächelnd mit freundlichem
Blick.
Endlich ergriff er im Eifer der Rede mir leitend die Rechte,
Legte auf Maja's Hand eilig die zitternde hin,
Beugte schnell mein Haupt, sich wegzuwenden bemühet,
Beugte die Lippen zur Hand, selbst kaum gewahrend
die That,
Und es entblühte um uns, vom Entzücken erleuchtet, ein
Tempel;
Himmelsgesang erscholl, Freuden erfüllten den Saal!
Aber plötzlich verschwand, von ausbrechendem lauten Ge-
lächter
Schnell verscheuchet, der Gott, Freuden und Tempel
mit ihm,
Und, wie erwachend vom Traum, bedecktest du, Maja, das
Antlitz,
Denn der Gäste Blick heftete scherzend auf uns!
In der Wangen Glut den Verräther strafgierig entdeckend,
Zürnt' ich, da bat er, und ich — küßte verzeihend den
Schalk!

Der graue Tag.

Bescheiden eingehüllt in deinen Schleier
Verbirgst du, stiller Tag! im Nebelgrau
Dich vor der Sonne sprüh'ndem Strahlenfeuer.
Im Dämm'rungsschoße ruhen Berg und Au',
Und die Natur, prunklosen Reiz entfaltend,
Zeigt sich befreundet uns und leise waltend.
✻

Du theilest lieblich mit der Nacht die Milde,
Sanftlächelnd mit dem Tag den halben Glanz.
Klar thront der Landschaft thauiges Gebilde;
Verjüngt erscheint der Bäume frischer Kranz.
Froh athmend opfern dir durch kühle Lüfte
Die nicht gebeugten Blumen ihre Düfte.
✻

Frei hebet sich des Menschen Aug' zum Himmel,
Und schwelget thränenlos am Wolkenflor,
Gemildert scheint das grelle Weltgetümmel;
Es jubelt, lechzend sonst, der Vögel Chor.
Des Grases Häupter steh'n in hellerm Grüne,
Und wählig schwärmt umher die leise Biene.
✻

Verschwistert wallen Heiterkeit und Stille
Wie in der Kindheit makelreiner Lust.
Froh schaut der Mensch der Schöpfung ganze Fülle,
Und ruhig, freier athmet seine Brust.
Nicht wünscht er sehnlichbang herbei den Abend;
Denn Tag und Nacht vereinigt sich ihm labend.
✻

So mischt das weise Schicksal Leid und Freude,
Und unser Blick strebt auf zum Himmelsflor,
Der, gleich der Zukunft, ernst im dunkeln Kleide
Sich vor den Späher stellt. Auf geht das Thor;
Das Heer der Wünsche strahlt und schwelgt in Träumen:
Der Gläubige sieht sich in gold'nen Räumen.

✶

Wohl ihm, der Trost erspähet selbst im Trüben,
Und Licht vermag aus Dunkelheit zu zieh'n!
Er bleibet sanft im Streben und im Lieben,
Da ihn des Gleichmuths Blumen stets umblüh'n.
D'rum laß, o Mensch, nie eitle Klage walten!
Geduld und Muth! dein Glück wird sich entfalten.

✶

Und wenn dein Geist in einsam düst'rer Trauer
Vergebens nach verwandten Seelen blickt,
Und bitt'rer Schwermuth kalter Todesschauer
Dir tiefe Wunden in dein Inn'res drückt,
So hasche, Schwächling, nicht nach Retterhänden,
Die, heut gereicht, sich morgen trüglich wenden!

✶

Die Welt ist dein, wenn du nicht ihr gehörest;
D'rum steh' kühn — unerschütterlich allein!
Wenn, hellen Blicks, du dich nicht selbst bethörest,
Vermagst du's auch, dir Ziel und Lohn zu sein.
Nur dem Verzagenden erlahmt die Kraft,
Da Muth durch Kampf sich neue Stärke schafft.

✶

So hülle, wie der Tag in seinen Schleier,
Dich in dein ruhiges Gewissen ein!

Der Leidenschaften ewigreges Feuer
Verberg' im Flor der Tugend Glut und Schein!
Dann wird die Seelenruh' dein stilles Leben
So lieblich wie ein grauer Tag umgeben.

An einen Johanniskäfer.

Du holder Fremdling, lichtentglommen,
Sei mir auf meiner Flur willkommen!
Magst hier, dich nährend, sicher wallen
Im Schmucke deiner gold'nen Strahlen;
Gewähre dafür
Dein Strahlenlicht mir
Im Dunkel der Nacht!
Ständ' es in meiner Macht,
Ich würde dir mit süßem Himmelsthau
Beperlen jedes Blättchen dieser Au.

✳

Begleitest du mit deinem Glanz
Auf stiller Flur den Elfentanz?
Hängst du zu ihrer Gaukelspiele Lauf
Am feuchten Grashalm deine Leuchte auf?
Ist irgend eine Leuchte, gleich der deinen,
Geeignet, Elfenreigen zu bescheinen,
Und düst'rer Mitternächte Schattendunkel
Zu scheuchen mit dem lieblichsten Gefunkel?

✳

Kein Vogel ſtöre deine ſtille Laube,
Erſpähe nie dein Leben ſich zum Raube!
Kein Regenguß mit wilder Flut
Vernichte dich und deine Glut!
Kein Sturm zerreiße je das Blättchen grün,
Auf welchem deine Flimmer glüh'n!
Du ſollſt nicht unter Tauſenden
Werthloſer Käfer untergeh'n!

*

Auf welchen Blättern pflegeſt du
Vorzüglich gerne deine Ruh'?
Von ſolchen bau' ich kühl und mild
Dir eine Laube im Gefild',
Um dich vor Regen, Sturm und Blitzen
Beim Elementenkampf zu ſchützen.
Du wohnſt ja, holdes Kind der Stille,
Gern in des Friedens ſanfter Hülle,
Genießeſt deinen Balſamthau
Gern in dem Schweigen kühler Au,
Und ſtrömeſt aus der kleinen Zelle,
So lang du lebſt, dein Lichtlein helle.

*

Wie wenig iſt der Menſch, das Kind
Ruhloſen Kampfs, dir gleichgeſinnt,
Der Menſch, den Stürmen hold, die ihm ſein Leben
Zerſtören und mit Nacht umgeben,
Er, dem der Leidenſchaften Wuth
Die Seele füllt mit freud'ger Glut!

VII.   20

O könnt' ich doch nur diesen Rosen
Für Dich Unsterblichkeit verleih'n!
Sie würden liebend Dich umkosen,
Und Dir, wie ich, ihr Leben weih'n!
 Denn Dir Makellosen
 Blühen ewig Rosen;
 Doch die schönste blüht,
 Dem Dein Herz erglüht.

An meine Kerze.

Gefährtin du der Geisternacht,
Die freundlich leuchtend mit mir wacht,
Da ich nun dem leblosen Schlaf
Ein Stündlein raube lieb und werth;
Horch, wie der Sturmwind tobt und braust'
Horch, wie der Hölle Dämon saust,
Da er durch's Reich des Dunkels fährt!
Horch, wie des Donners Stimme brüllt,
Und alle Schrecken aus der Tiefe wühlt!
Sieh, wie der bleiche Mond von Wolk' zu Wolke flieht,
Verdunkelt jetzt, dann wieder hell entglüht!
    ✻
 Doch hier im schützenden Gemach
Stört dieser Sturm die Ruhe nicht.

Hier in dem stillen Heiligthum
Hält noch bei deinem sanften Licht
Das Streben nach dem edlern Ruhm
Die regen Fantasien wach.
Wer möchte spurlos sich hingeben
Dem Strome der Vergessenheit?
Wer möchte nicht der Nachwelt leben
Und in Gesängen ferner Zeit?

※

Ihr Stunden düst'rer Einsamkeit
Seid der Erinnerung geweiht!
Aus ihrem dunkeln Grabe wallt,
Sanft, wie sie war, mit holdem Gruß
Elisens blasse, liebliche Gestalt.
Ach! mußt auch Dich des Todes Arm umfangen,
Die stets als Lebenszierde sollte prangen? —
Sie lächelt, — schwindet hin mit einem Kuß!

※

Und mußt du, lichte Freundin, ihr gleich schwinden?
In deinem Glanz dein frühes Ende finden?
Ja, du auch fröhnest dem Geschick.
Rastlos verzehrt von jedem Augenblick,
Seh' ich dein bleich erlöschendes Vergeh'n.
Matt lodert schon die Flamme deines Lebens;
Schon wankt der Docht, er sinkt, —
Und all dein Kämpfen ist vergebens!
Mit einem hastigkühnen Sprung
Auflodernd, haschest du nach Lebenskraft;

Iwan. Also denn: Die schönen Ha...
schönen Erdbeeren als Geschenk ...
nen Armen — der schönen — — Natali...

Federow. Sie selbst — —

Iwan. Ihr selbst! Natürlich. ...
Arme und Hände, wie jedes Mädchen.

Federow (lachend). Schön! schön ...

Iwan. Sehr wahr! — (Bei Seite.) ...
Aber Sie sollten ja meinem Vater zu...
Geburtstag — — —

Federow. Gut, daß Sie mich ...
sogleich — — — Allerliebst! Herzlich!

Iwan. Wie zierlich sie das G...
und Schleifen geschmückt hat!

Federow. In der That — ein Anbli...
zücken! (Bei Seite.) Um rasend zu werden!
eiteln Gecken verschwendet sie die Gabe der ...

Iwan. Sie kommen ja vor Ver...
ßer sich?

Federow. Ja — ich vermag mich ...
trennen! (Bei Seite.) Und werd' es auch ni...

Iwan. Vergessen Sie nur nicht auf da...

Federow. Glückwünschen! Jetzt ...
chen Augenblick! Recht passend.

Iwan. Sonst geht mein Vater ...
da! Alexiewicz! (Bei Seite.) Der muß mi...
noch weiter treiben.

Der in der **Liebe** schönsten Stunden
Dir Blumenkränze hat gewunden,
Dir, wenn **die Rose** ihn entzückte
In Dir verschönert sie erblickte!
  Gedenke **mein,**
    Der unterm Hügel ruht allein!

✻

Siehst Du des **Herbstes** Blätter fallen,
Den Nebelflor stilldüster wallen,
   Nina, dann gedenke mein,
   er unter Blättern ruht allein!
Der in des **Lebens** trübsten Stunden
In Dir sein **Himmelslicht** gefunden,
Dem in **des Kummers** Nebelschleier
Die Liebe **glomm** als Sternenfeuer!
  Gedenke **mein,**
    Der unterm Hügel ruht allein!

✻

Wenn durch **des Winters** Trauerhallen
Die ilden **Stürme** heulend schallen,
   Nina, dann gedenke mein,
   er unterm Schneebett ruht allein!
Der für **des Lebens** Todeswunden,
Durch Dich den Balsam hat gefunden,
Den in des **Lebens** Eisgefilde
Die Lieb' **erwärmte** hold und milde;
  Gedenke **mein,**
    Der unterm Hügel ruht allein!

Er rettet nicht! Schon kriecht in Dämmerung
Die Flamme matt und schwach umher,
Schwankt, zittert, flimmert, — ist nicht mehr!
   So schwindet auch des Genius Sonnenglanz,
So schwindet auch der Schönheit Blumenkranz.
Wo lebt der Riese, der zur Zeit mag sagen:
„Zerstörerin! Ich hemme deinen Siegeswagen!"

Gedenke mein!
An Nina.

Hörst Du das Lied der Nachtigallen
Aus blüh'ndem Frühlingsbusch erschallen,
   O Nina, dann gedenke mein,
   Der bei dem Liede ruht allein!
Der glühend einst an's Herz Dich drückte,
Als Deine Liebe ihn beglückte,
Dem, als der schöne Bund erblühte,
Ein neuer Lebensfrühling glühte!
   Gedenke mein,
   Der unterm Hügel ruht allein!

＊

Siehst Du des Sommers Rosen glühen,
Die auch auf Deinen Wangen blühen,
   O Nina, dann gedenke mein,
   Der unter Blumen ruht allein!

Der in der Liebe schönsten Stunden
Dir Blumenkränze hat gewunden,
Der, wenn die Rose ihn entzückte
In Dir verschönert sie erblickte!
   Gedenke mein,
     Der unterm Hügel ruht allein!

✽

Siehst Du des Herbstes Blätter fallen,
Den Nebelflor stillbüster wallen,
   O Nina, dann gedenke mein,
     Der unter Blättern ruht allein!
Der in des Lebens trübsten Stunden
In Dir sein Himmelslicht gefunden,
Dem in des Kummers Nebelschleier
Die Liebe glomm als Sternenfeuer!
   Gedenke mein,
     Der unterm Hügel ruht allein!

✽

Wenn durch des Winters Trauerhallen
Die wilden Stürme heulend schallen,
   O Nina, dann gedenke mein,
     Der unterm Schneebett ruht allein!
Der für des Lebens Todeswunden,
Durch Dich den Balsam hat gefunden,
Den in des Lebens Eisgefilde
Die Lieb' erwärmte hold und milde;
   Gedenke mein,
     Der unterm Hügel ruht allein!

An den Mond.

O wäre doch mein Geist so licht wie du,
O wäre doch mein Herz, gleich dir, voll Ruh!
O könnt' ich durch des Lebens düst're Nacht
Hinwandeln, so wie du in heit'rer Pracht!
O könnte ich, gleich dir, die dunkeln Stellen
Auf Erden und am Himmel sanft erhellen!
O könnte ich in wechselnden Gestalten,
Doch stets derselbe, still und einig walten,
Gleich dir, der durch die Wolken siegreich dringt,
Und alterbleich sich immer neu verjüngt.

Tag und Nacht.

Ich liebe den Tag, wenn sein strahlendes Licht
Verklärend die östlichen Wolken durchbricht,
Wenn Thau wie Demanten das Blumenreich schmückt,
Der Lerche Lied Himmel und Erde entzückt.

✳

Ich liebe die Nacht, wenn der freundliche Mond
Den dunkelnden Himmel sanftlächelnd bewohnt,
Wenn Blumen entschlummern, sich wiegend in Duft,
Der Nachtigall Töne erfüllen die Luft.

✳

Ich liebe des Tages erweckende Pracht,
Wenn Alles zu thätigem Leben erwacht,
Wenn rüstig der Landmann zur Arbeit sich regt,
Der Städte Getümmel sich hastig bewegt.

＊

Ich liebe die Nacht, wenn im schweigenden Raum
Sie leise umgaukelt der spielende Traum,
Wenn freundlich die schimmernde Sternenschaar blinkt,
Und Ruh' wie ein Engel zum Erdenrund sinkt.

＊

Ich liebe.den Tag, wenn in farbiger Glut
Das Reich der Natur und der Kunst vor mir ruht,
Die Wahrheit als Tochter des Lichtes erscheint,
Und rastloses Wirken die Menschen vereint.

＊

Ich liebe die Nacht, wenn in dunkler Gestalt
Das Irdische schwindet, das Himmlische strahlt,
Die Leidenschaft schlummert, der Leidende ruht,
Und müde Erschöpfung Kraft sammelt und Muth.

＊

So lieb' ich den Tag und so lieb' ich die Nacht
Denn Beide hat Gott für die Menschen gemacht:
Nicht einerlei Farbe erfreut uns im Bild;
Einförmiges hat nie mit Wonne erfüllt.

＊

Dem Dunkel und Lichte gleich, wohnt in der Brust
Des Erdenbewohners der Schmerz und die Lust;
Hier treibt uns des Wechselnden flücht'ge Gewalt,
Dort fesselt der ewigen Schönheit Gestalt!

An die Freundlichkeit.

O Freundlichkeit! Holdselige,
    Von Rosen mild umblüht!
Es segnet dich, du Himmlische,
    Wer nur dein Lächeln sieht!

✳

Wo du waltest, herrschet Licht,
Übt man leicht die schwerste Pflicht;
Wonne, Fried' und Freude
Wandeln dir zur Seite,
    Lieblich und selig
    Gleitest allmälig
    Du in das wallende Herz,
Und singest, mit Tönen
Der Tröstung, den Söhnen
    Des Jammers in Ruhe den Schmerz.

✳

Der Herzensgüte Freundin! schön
    Umstrahlt dein Zauberglanz
Das Haupt des edlen Glücklichen,
    Des Ruhmes gold'nen Kranz.

Sanft gewinnend und doch stark
Dringt dein Ton in's tiefste Mark;
Reizend muß dein Walten
Selbst den Gram gestalten.
        Immer umschwebe,
        Immer belebe
        Jeden gesellgen Kreis!
Gib Milde dem Leiden,
Veredle die Freuden,
        Und schmücke mit Blumen den Fleiß!
                ✻
Gefährtin du der Grazien!
        Der Liebe süße Braut!
Sanft bist du, wie der Myrthe Weh'n,
        Wie Aeolsharfenlaut.
Wo du lächelst, hebt die Brust
Voll Vertrauen sich und Lust;
Dann mit zarten Scherzen
Öffnest du die Herzen.
        Nimmer, o nimmer
        Weiche dein Schimmer
        Weg von der irdischen Nacht!
Gebücket am Stabe
Geleit' uns zum Grabe,
        Daß Leben dem Tode noch lacht!
                ✻
Aus holdem, leuchtendhellem Blick,
        Mit süßem Zaubermund,

Machst du uns der Versöhnung Glück,
    O Friedensgöttin! kund.
Wenn dein Lächeln mild erblüht,
Deiner Wangen Frühling glüht,
Will uns mit Entzücken
Der Olymp beglücken.
Waltet Unfrieden
Störrisch hienieden,
    Scheuch' ihn dein Strahlengesicht!
Die Menschlichkeit wohne
Mit dir auf dem Throne;
    Verkläre uns Leben und Pflicht!

Der Sonnenstrahl.

O milder, holder Sonnenstrahl,
Du schönster Gast im Äthersaal,
Du Zaubergürtel der Natur,
Du Schmuck der Erd= und Himmelsflur!
✻
Du, dem die frühe Lerche singt,
Der in den Grund der Erde bringt,
Der allen Wesen Leben spendet,
Du kommst, vom Lichtquell ihm gesendet!
✻
Du bist des Daseins schönste Habe,
Und von der Wiege bis zum Grabe

Verläßt dein Wonnespiel uns nicht:
Du gibst uns Wärme, gibst uns Licht.

✳

Wenn Stürme heulen, Donner brüllen,
Die Blitze Land und Flut erfüllen,
Erscheinst als Friedenszeichen du;
Dein erster Blick bringt Glück und Ruh'.

✳

Du streuest Diamanten-Pracht
In dunkler Wälder düst're Nacht;
Du reifst mit glüh'ndem Lebensscheine
Im Erdenschoß die Edelsteine.

✳

Du scheuchst mit deinem Freudenfeuer
Des dichten Nebels Trauerschleier;
Du strömst durch's schmale Fensterlein
Mild in der Armuth Hütten ein.

✳

Du schimmerst gern auf hohen Zinnen,
Doch lächelst du auch auf Ruinen,
Und von der stolzen Höh' hinab
Senkst du dich freundlich auf ein Grab.

✳

Du spielst im blätterdichten Baum,
Spielst in der Kirche heil'gem Raum,
Spielst um des Kindes Lockenfülle,
Ruh'st auf des Greises Leichnam stille.

✳

Du scherzest, wo dich Blumen fächeln,
Du lächelst bei der Freude Lächeln,
Verklärend strahlt dein schönstes Licht
Auf reiner Schönheit Angesicht.

✻

Doch weh' dem nächtlich düstern Schlunde,
Und weh' der schwarzen Lebensstunde,
Wo jeder Strahl der Sonne fern,
Des Glückes und der Hoffnung Stern!

✻

Womit bist du in allen Reichen
Des großen Weltalls zu vergleichen?
Nur mit dem reinen, reichen Geist,
Der sich in seinem Schöpfer preist!

✻

Weiß, untheilbar, in dir vollendet,
Strömst du, zum Irdischen gewendet,
Der sieben Farben Heiligkeit,
Dem Einen, Höchsten nur geweiht!

Glaube, Hoffnung und Liebe *).

Glaube, hoffe, liebe!
Hältst du treu an diesen Dreien,
Wirst du dich nie selbst entzweien,
Wird dein Himmel nimmer trübe.

✻

---

*) In Musik gesetzt von Abbé Stabler und von Schubert.

Glaube fest an Gott und Herz!
Glaube schwebet himmelwärts.
Mehr noch, als im Stern=Revier,
Lebt der Gott im Busen dir.
Wenn auch Welt und Menschen lügen,
Kann das Herz doch nimmer trügen.

✳

Hoffe dir Unsterblichkeit,
Und hienieden beff're Zeit!
Hoffnung ist ein schönes Licht,
Und erhellt den Weg der Pflicht.
Hoffe, aber ford're nimmer!
Tag wird mählig, was erst Schimmer.

✳

Edel liebe, fest und rein!
Ohne Liebe bist du Stein.
Liebe läut're dein Gefühl,
Liebe leite dich an's Ziel!
Soll das Leben glücklich blühen,
Muß der Liebe Sonne glühen.

✳

Willst du dich nie selbst entzweien,
Halte treu an diesen Dreien!
Daß nichts deinen Himmel trübe,
Glaube, hoffe, liebe!

Der Kirchhof zu Perchtoldsdorf.

Durchflüst're mich mit mildem Seelenschauer,
　　Cypresse, Grabumdufterin!
Umgib, o Stille, mich mit deiner Trauer,
　　Verhüllte Nachtbewandlerin!
Die Todten sind's, für die des Schmerzes Auge thaut;
Auf Grabgelispel wallt des Liedes Geisterlaut.

＊

Willkommen, Friedenshain belohnter Seelen!
　　Willkommen, Todesheiligthum!
Kein Monument will Wahrheit hier verhehlen,
　　Kein gold'nes Wort lügt kalten Ruhm.
Entschlummert ist des Schicksals Wuth, und Ruhe thront
Auf euerm Moos, ihr Gräber, ernst und leicht bewohnt!

＊

Die Schwermuth weilet hier mit Grabgesange,
　　In ihrer Hand ein Todtenbein,
Und Sehnsucht drückt die bleichverfall'ne Wange
　　An's Kreuz am niedern Leichenstein.
O weint, ihr Guten! Wer den Staub der Todten ehrt,
Erhebt zur Engelwürde seinen Menschenwerth.

＊

O süßer Trost! kein Laub winkt mehr am Strauche,
　　Des Winters düst'rer Fittig weht;

Und dennoch knie'n, starr von des Nordwinds Hauche,
Noch Freunde an der Särge Bett.
Die Gräber steh'n geschmückt, bethränte Kränze blüh'n
Auf schwarzen Kreuzen, und der Andacht Flammen glüh'n.

✳

Dort, wo das Beinhaus still im Eichengrauen
Der Todtentrümmer Rest beschirmt,
Wo tausend hohle Augen gräßlich schauen,
Gebein Gebeinen aufgethürmt —
Dort, Richter, horch dem schaudervollen Knochenschall,
Dann gib den Urtheilsspruch vom hohen Tribunal!

✳

Unwandelbare, reine Lebensfreude,
Die ruhig Todeslieder singt,
Sanft lächelt noch im dunkeln Sterbekleide,
Da keine Gruft zur Thräne zwingt —
Hier unter Trümmern, hier im stillen Leichenthal
Beschwör' ich deinen Bund bis zum Posaunenschall!

✳

Ja, Liebliche, du reichest ohne Trauern
Dem milden Tod den Freudenkranz.
Horch, außenher um diese düstern Mauern
Wogt Jubellied und Wonnetanz!
Vom Traubenhügel zeigt ein Greis das nahe Grab;
Der Jüngling sieht's, und jauchzt und schwingt den
Ulmenstab.

✳

Der Weizenflur enteilt, das Herz voll Freude,
Das Mädchen zu der Kirchhofwand,

VII.   21

Und reicht dem Trauten bei der Gräberweide
    Zum Hut das neue Hochzeitsband.
Wohl ihm, dem reinen Sinn's des Lebens Heimat strahlt,
    Er sieht das Düst're fern, wie's Lust und Hoffnung malt.

⁂

Nur ich seh' gern das Grab mir nahe glänzen
    Schon in der Jugend Morgenduft,
Und ungestörter Ruhe Bilder kränzen
    Wie Blütenpracht die Todeskluft;
Dann blick' ich nach der Erde hin, wie nach der Braut
    Der Jüngling, wenn der Tag der Hochzeit graut.

⁂

Vom Schicksal zu Erinnyen mir berufen
    Sind Ruhmsucht und der Schwermuth Fluch!
Sie ruh'n an keines Tempels Altarstufen,
    Sie scheuchet kein Orakelspruch.
Zufriedenheit und Lebensfreude sind ihr Raub,
    Und sie entschlummern erst auf ihres Opfers Staub.

⁂

Der Kampf der Pflichten, der Begeist'rung Glühen
    Verzehret jeder Sehne Macht,
Und bleichet der Gesundheit Wonneblühen,
    Auf deren Ruf der Muth erwacht.
Es lechzt der Geist, und gleichet ohne Lebenskraft
    Der ernsten Marmorbüste, die ein Grab begafft.

⁂

Mein Perchtoldsdorf! wo in der Unschuld Laube
    Der Kindheit Frühling mich umfloß —
Gewähr' einst des Vollenders müdem Staube
    Ein Grab in deines Kirchhofs Moos!

Lebt wohl, der Jugend Freunde, weit von mir zerstreut!
  Seid mir gegrüßt, die vor mir sich der Tod geweiht!
* * *
Schon weh'n vom Dorfe her die frommen Lieder,
  Schon klirrt der Sand, die Spate blinkt;
Die Bahre sank — die Kette schwirrte nieder;
  Der graue Abend kömmt; tief sinkt
Die Mitternacht; neu strahlt am Morgen die Natur:
  Es währt vom Menschen=Schmerz und Wonne keine
  Spur!

Das Lächeln der Wahnsinnigen.

Sahst du auf der bleichen Wange
Dieses Lächeln, scheu und bange,
Das so flüchtig und so kalt
Wie ein Traum vorüberwallt?
So erscheint des Blitzes Licht,
Das aus dunkler Wolke bricht,
Und mit schnellem Glanz die Nacht
Schrecklicher und dunkler macht!
So dies Lächeln; aber nicht
Immer war es so, nicht immer!
Dieser Augen Frühlingsschimmer
Übertraf mit seinem Feuer
Einst den hellen Morgenthau
Und des Himmels Azurblau,

21 *

Und den holden Rosenwangen,
Einst von Lieb' und Luft umfangen,
War des Frohsinns Lächeln treuer
Als den Blumen Licht und Thau,
Als der Silberglanz dem Quell.

※

Aber ach! woher so schnell
Dieses Wechsels Luft und Leiden?
Wisse! dieses Lächeln, dieser Blick
Schau'n in die Vergangenheit zurück;
Sie suchen fernes, längstverlornes Glück!
Sie sind ein Nachhall von verklung'nen Tagen,
Die einst auf Rosenbeeten schlummernd lagen,
Sind Todtenfackelschein verlor'ner Freuden,
Leidtragende, die sich in Trauer kleiden,
Nachdem ihr Bestes, Liebstes sie begraben,
Tief in der Erde Schooß versenkt es haben;
Sie sind Thauthränen düst'rer Nacht,
Die farbenlos und trauernd warten,
Bis in des ew'gen Lebens Garten
Die Morgensonne neu erwacht.
Was frommt der glüh'nde Blick voll Luft?
Kalt und erstorben ist die Brust!
Was frommt das Lächeln auf dem Purpurmund?
Es ist ein Sonnenstrahl auf ödem Grund!
Von Außen glänzt die Freud',
Im Innern wühlt der Schmerz;
Die Wange flammt! doch blutet, ach das Herz,

Das einst geschwelgt in Seligkeit,
Ach! der Verzweiflung nun geweiht!

✳

O Mädchen! weine, ring' die Hände!
Erhebe Klag' und Wehgeschrei!
Nur dies wehmüth'ge Lächeln ende!
Es fordert auf zur Raserei.
Dies Lächeln, schuldlos und voll Seelenschmerz,
Und in dem Schmerz sich selber kaum bewußt,
Wird Geist der Rache in des Schuld'gen Brust,
Und stößt den Dolch in des Verbrechers Herz.

Frühlingsklage.

Der Winter flieht;
Die Erde zieht
Ihr silbernes Geschmeid
Und ihr schneeweißes Kleid
Hold lächelnd aus;
Die Vögelein im neubelebten Haus
Begrüßen fröhlich all'
Den Mai mit ihrem Jubelschall.
Gefild' und Wald entlang
Drängt sich hervor
Ein Blumenchor
Zum festlichen Empfang,
Und Alles lächelt hocherfreut
Der langersehnten Frühlingszeit.

Nur Sie, nur Sie allein
Bleibt stets noch ernst und kalt,
Indeß ein holder Purpurschein
Den klaren Himmel malt,
Und, alle Wesen zu erfreu'n,
Der Liebe Hauch bezaubernd wallt.
Die Sonne glühend heiß
Zerschmolz ringsum das Eis;
Dies, dünkt mich, ist mit kalten Wogen
In ihre Brust nun eingezogen.
Nun glänzt ihr im Gesicht,
Wo Ros' und Lilie sich paart,
Mild und licht
Die Frühlingslust.
Doch ach! Der Winter starrt
In ihrer Brust.

An mein Trinkglas.
Bei einem Festgelage.

Jetzt trink' ich noch
Aus dir voll Freude
Auf meiner Freunde Wohl und Lust,
Und rufe laut, aus voller Brust:
„Sie leben hoch!" —
Doch ach, mein liebes Glas! wir Beide,
Jetzt liebevoll und wonnereich,
Sind an Gebrechlichkeit einander gleich;

Wir trinken jetzt im lauten Zimmer
Auf edler Freunde Luſt und Glück;
Und doch — vielleicht im nächſten Augenblick —
Wer von uns Beiden fällt zuerſt in Trümmer?

Der Schmetterling.

Bleib' Schmetterling! entflieh' mir nicht
Mit deinem bunten Farbenlicht!
Wenn ich dich ſehe, ſo erwacht
Die glückliche Vergangenheit,
Und in die frohe Seele lacht
Die ſchöne holde Jugendzeit.
Mich und mein gutes Schweſterlein,
Wie konnt' es uns gar hoch erfreu'n,
In unſ'rer Kindheit Frühlingstagen
Dich, lieber Schmetterling, zu jagen.
Ich ſtürmte über Thal und Hügel,
Um meinen Raub
Raſch zu ergreifen;
Sie bangte ſchon, den Farbenſtaub
Vom bunten Flügel
Abzuſtreifen!

Die Würde der Kraft.

Wie schrecklich tobt der Waldstrom über Klippen hin!
Die Gegend um ihn her ist gräßlicher Ruin.
Wild schäumt er in die wilde Schlucht hinab,
Und stürzt zerstörend in's zerstörte Grab.
Wie fürchterlich stürmt jenes Berges Flammenwuth!
Die Erde lobert auf, der Himmel steht in Glut.
Wie bebt der Tiefe Nacht! Abgründe öffnen sich;
Versunk'ner Städte Spur zeigt kaum ein Lavastrich.
Entsetzliches Gebrüll durchheult den düstern Wald;
Hyän' und Tiger kämpft, des Würgers Mordlust schallt.
Der Donner stürzt herab — Paläste lodern auf,
Und die Vernichtung folgt der Seuche bleichem Lauf.
Im Blute watend schwingt der Krieg das glüh'nde Schwert:
Hinsinken Tausende — Elysien sind verheert,
Die Leidenschaften zieh'n mit Dolch und Gift umher;
Der Rache Grimm begrenzt nicht Himmel, Erd' und Meer.

✳

Wild, tobende Kraft,
Die nur zerstört und in den Abgrund rafft,
Sei ferne stets, wo Menschen wohnen,
Vom Kreise der Geselligkeit!
In öden Wüsten sollst du thronen!
Dort, wo kein Flehen und kein Schonen,
Sei die Vernichtung dir geweiht!

✳

Du nur, edle heilige Kraft,
Die schützt und rettet, erhält und schafft,

Nur du trittst in der Menschen Kreis,
Geschmückt mit Ölzweig und Palmenreis!
Du, des Mannes Stolz und Ruhm,
Umschlingst dann in der Menschheit Heiligthum
Ihn mit der Priesterbinde hoher Zierde.

*

Weib und Kind und Greis
Flüchten in seinen Kreis,
Er stützt der Schwachen Bürde,
Er schützet Stadt und Hürde,
Erhält und schafft
Durch Kraft,
In ihm verklärt durch Würde.
Was auch der Elemente Wuth verheert,
Was auch der Wilde und das Thier zerstört,
Der edle Mann
Ebnet des Lebens verwilderte Bahn.
Dem Schrecklichen schrecklich und kühn,
Sieht nur Zerstörendes ihn
Zerstörend glüh'n;
Aber mit schützend erhobenen Armen
Faßt er den Guten und Schwachen mit edlem Erbarmen,
Und bildet durch Muth und Geistesstärke
Beglückende, göttliche Werke.

*

Drum ehren im Manne, der rettet und schafft,
Kinder und Greise und Frauen

Voll Liebe und süßem Vertrauen
Das Bild von der Würde der Kraft!

———— ❖ ————

Das scheidende Jahrhundert an den Eroberer.

————

Mitternacht! halte den Fittig ein,
    Daß der Laute dumpfster nicht störe den Tiefsinn!
        Und ihr, der Sterne heil'ge Flammen, strömt die Strahlen
        Herab auf der Erde weiten Kirchhof!
        ❖

Laß ab, o Mond, und starre nicht so todtenbleich
    Hin auf die leichenvolle Eb'ne! Laß ab,
        Fürchterlich heulender Sturm, zerreiße nicht
        Ihr blutiges Haar, — laß ruh'n die Erschlagenen!
        ❖

Verwehe nicht den Bürgersegen,
    Der über ihnen schwebt,
        Nicht der Erinn'rung Thräne,
        Die um Mitternacht fließt!
        ❖

Stille Sturm und Todesklage;
    Und bei hellerm Monde tritt
        Die leichenvolle Eb'ne gräßlicher hervor.
        Könige und Feldherrn steh'n und schaudern.
        ❖

Tief in sich selbst gehüllt weint die Nacht,
  In Blut gekleidet, seine Stimm' ein Röcheln,
    Schreitet hoch mit Riesenschritten ihr zur Seite
      Der Mord über Reiche dahin.

✻

Und um'ihn drängen der Erschlagenen
  Anklagende, zürnende Seelen,
    Seelen, im Leben leidenvoll gereift,
      Seelen, am Morgen gepflückt.

✻

Die Klage schweigt, die Stille spricht entsetzlich,
  Daß des Jahrhunderts geschiedener Geist
    Sich nochmal erhebend vom Grabe der Ewigkeit,
      Schrecklich=drohenden Blicks, glühend von Schmerz.

✻

„Arme! Arme! (so stöhnt es)
  „Ach, es ist eure Asche
    „Des Windes Spiel,
      „Wie ihr dereinst des Elends!"

✻

„Zu segnen war ich euch erkoren.
  „Doch Vieler Schwäche, Vieler Wuth
    „Gab mir den Fluch. Er ist erfüllt —
      „Ich trauere um Millionen!"

✻

„Wetteifern solltet ihr in Edelthat und Liebe,
  „Und lächeln in weiseren Freuden;

„Die seligste Stunde
  „Gebar der Natur den Menschen."

❋

„Großer Mörder! wo war Dein Freibrief
  „Zum Morde? wer gab ihn Dir?
    „Das Recht, das ihm der Himmel nicht gab,
      „Konnte nicht gewähren der Mensch."

❋

„Feiernd beging die Stunde
  „Deiner Geburt der Fluch; und die Wuth
    „Stand höllisch-lächelnd an Deiner Wiege,
      „Zerstörer der Menschheit!"

❋

Die Stimme schwieg; so versiegt ein Meer.
  Dumpf rasselten Gebeine
    In tiefer Erde,
      Und des Patrioten Fluch erscholl.

Morgengemälde.

Noch schwebt des Mondes blasses Silberhorn
    Auf dunkler Flut;
  Noch brauset dumpf die dunkle Flut,
  Und heil'ge Ruhe thronet
        Tiefschweigend,
        Erwartend,

Tiefschweigend in dämmernder Feier,
Erwartend die östlich entglimmende Glut.

✻

Schon hellet sanftes Rosenlicht den Ost;
  Die Schatten flieh'n.
Schon nahet Aurorens Horentanz
Von Titon's goldnem Torus.
  Süß lächelt,
  Schön tönen
Schön tönen ihr bräutliche Hymnen,
Süß lächelt die Erd' ihr im blühenden Schmuck.

✻

Hold wallet sie auf reiner Ätherflur,
  Strömt Duft und Thau
Auf halberwachtes Leben hin,
Der Liebe Glut im Antlitz,
  Erblassend,
  Hinschmachtend,
Erblassend verläßt sie den Himmel,
Hinschmachtend nach träumendem, dämmerndem Glück.

✻

Triumph! Schon dringt durch graue Meeresflut
  Des Tages Gott;
Der Ruhe immer noch zu früh
Hat er die Nacht besieget.
  Lichtwogend,
  Siegschallend,
Siegschallend begrüßen die Haine,
Lichtwogend die Gipfel der Berge den Gott.

✻

Im Siegespompe fährt er himmelan;
    Die Täuschung flieht.
Zerrissen hat der Mächtige
Der Dämm'rung Zauberschleier
    Und strahlet
    In Mitte
Des Himmels wie ewige Wahrheit,
Dem Adler entzückend, dem Schwächlinge Nacht!

Blutverwandtschaft durch eine Fliege.

An Nina.

Die arme Fliege soll ich tödten,
Mit ihrem Blut die Klappe röthen,
Weil sie Dich in den Finger stach?
Ach! was die kleine Schwärmerin verbrach,
Darf ich nicht strafen, muß vielmehr es lohnen.
Was zu erringen mir seit einem Jahr
Trotz allem Streben nicht gelungen war:
Vereinigung mit Dir, —
Verschafft die holde Fliege mir.
Sie zog ein Tröpfchen Götterblut
Aus Deiner Adern Rosenflut,
Dann eilte sie von Dir,
Und sog auch Blut von mir
Aus kaum gefühlter Wunde.

So fließt nun unſer Beiden Blut
In ihren Adern;
Wir ſind durch ſie vereint zum Freundſchaftsbunde.
Soll ich nun mit der kleinen Schelmin hadern? —
Wollt' ich ihr Blut vergießen,
So müßte unſer Blut auch fließen,
Und alſo kann ich ſie nicht haſſen;
Ein ſchöner Irrthum war's: ſie fand,
Die Lilie ſelbſt ſei Deine Lilienhand;
Freiwillig flog ſie dann von Dir
Und gab, des Ichors hocherfreut,
Von ihrem ſüßen Raube mir.
Drum muß ich ihr aus Dankbarkeit
Das Leben laſſen.
Trennt uns die weite Welt als Feind,
Die kleine Fliege hat uns doch vereint.

Als Sidonia einen Liebesbrief verbrannte.

Sie gönnte keinem fremden Blick
Das ihr allein beſchied'ne Glück,
Auf dieſen Zeilen
Schauend zu verweilen.

Vor ihr spielt der Lampe Schein;
Sie hält den Brief hinein.
Die Flamm' ergreift ihn schnell;
Die Flamme lodert hell,
Sie sieht es, und ihr Herz
Erbebt vor Lust und Schmerz.
Der Brief wird, ach! des Feuers Raub;
Das Blatt, noch kaum so glühend hell,
Erlischt und wird ein dunkler Staub.
Nacht folgt dem kurzen Flammenlichte;
Seht hier der Liebe Lust- und Wehgeschichte!

Der Nachtwandel des Liebenden.

Umleuchtet vom freundlichen Mond,
Von Sternen überblinkt,
Von Lüftchen leis umspielt,
Führen holde Fantasien
Mich den Pfad der Liebe hin.
Still und lieblich schläft die Erde,
Nur der Himmel lebt und glüht,
Und mit leisem Silberfuße
Gleiten Duft und Thau herab.
    Leitet mich, ihr holden Sterne,
    Durch das Reich der Mitternacht!

Nein, ihr Guten,
Nein, ihr Milden,
Waltet sanft in eurer Ferne
Ewigruhigen Gefilden,
Da die Sehnsucht in mir wacht,
Und der Liebe süße Gluten
Mir zu hellen Flammen facht! —
Holde Stille rings umher,
Süßer Friede in mir selbst!
Holde Stille! süßer Friede!
Zieht dahin mit meinem Liebe
In der Theuern schönes Herz!
Umschwebet, umwallet, wie Genien, leise
Die liebliche Holde mit himmlischer Weise! —
Immer tiefbewegter wird mein Geist,
Wie die Sehnsucht ihrem Ziele naht.
Sieh! in holdem Zauberglanze
Steht der Liebsten Haus vor mir,
Und im lichten Elfentanze
Scherzen Weste im Revier.
Glühend beug' ich meine Wangen
An des Pförtchens Eisenring;
Aber kalt wird das Verlangen,
Kalt und liebeleer empfangen,
Und ein Schauder faßt mich an.
Ach, Lenette! wirst auch Du,
Wenn Dir Lieb' und Sehnsucht nah'n

So erwiedern meine Glut,
Daß erstarren Herz und Blut,
Daß mich fliehen Glück und Ruh?
Fort von dir, du feindliches Schloß,
Das kalt des Herzens Glut erwiedert!
Dir war kein Hauch je warm verbrüdert;
Dich meide Sonn' und Mondenschein!
Sturm und Hagel geißle dich!
Ein Blitz zerstöre dich! — — —
Doch nein, o nein!
Vergib! gesegnet sei dein frost'ges Band!
Dich drückte ja Lenettens Hand;
Willkommen mir, willkommen!
Du öffnest mir das Pförtchen,
Und Niemand hat's vernommen.
Des Hofes Wächter regt sich nicht,
Sanft wedelnd nur an seiner Kette;
Und aus des Hofes letzter Ferne
Strahlt, gleich der Liebe holdem Sterne,
An meines Mädchens keuschem Bette
Des kleinen Lämpchens mattes Licht.
Und sieh! beim säuselnden Gewinde
Der Reben, rauscht die Linde
Am off'nen Gitterfenster duftigkühl:
    Traget mich, ihr Zweige,
    Daß ich aufwärts steige
    Zu dem süßen Aufenthalt,
    Wo der Liebsten Odem wallt!

Wie leicht ich mich schwinge!
Wie munter ich dringe
Durch dichtes Laubwerk bis zum Wipfel,
Auf meiner Wonne Gipfel!

 In den Blütenzweigen,
 Die sich wiegend neigen,
 Ruh' ich sanft und weich,
 Einem Vogel gleich.

Doch ach! des kühnen Spähers schönes Ziel,
Das holde Götterbild
In des Gemaches innerm Raum,
Wird mit zu strengem Ernst verhüllt
Von des grausamen Vorhangs Spiel,
Das keinen Blick mir gönnen will!

 So schlumm're süß, Du Theu're!
 Schlaf süß und ungestört!
 Hier auf dem liebeholden Baum
 Schweb' ich so friedlich wie ein Traum,
 Rein wie Dein Genius,
 Sanft wie Dein Kuß,
 Froh wie Dein Blick, und fei're,
 Du Liebliche, Du Theu're,
 Der Geisternähe seliges Fest!

Ihr ewigen Sterne, höret,
Was meine Seele schwöret:
So wie ich hier erhaben schwebe
Hoch über der Sinne glühendem Raum

22 *

Und nichtiger Freuden vergänglichem Schaum:
So kühn und muthig leb' und strebe,
So hehr und rein erhebe
Sich meiner Liebe Göttertraum.
Du Liebliche, Du Theure!
Dürft' ich Dir mit Mondesstrahlen,
Dürft' ich Dir mit Rosendüften,
Dürft' ich Dir mit Lautenklängen
Huldgefühle, die mich drängen,
Liebewarm und glühend malen,
Leise wie in Frühlingslüften
Wonnelispelnd Quellen wallen:
O so würden jede Stunde
Mondesstrahlen, Rosendüfte,
Lautenklänge, Dich umwallen,
Und bei leisen Harmonien
Dir Elysiums Zauber blühen! —
Doch — welche Himmelstöne klingen mir
In's wonnetrunk'ne Ohr?
O schweigt, ihr Lüfte! regt euch nicht, ihr Blätter
Ach, fasse Dich, Du Glücklicher!
Vergehe nicht! — — Lenettens Stimme!
Bin ich im Traum der Lieblichen erschienen?
Mein Name floß von ihren holden Lippen!
Die Treue preßt' ihn aus den tiefsten Herzen,
Und immer zärtlicher und inniger
Ergießt die ganze volle Seele
Sich in den weichen Flötenton!

Entzückungsschauer durchbeben

Das Herz und des Blutes beschleunigten Lauf;

Und namenlose Wonnen heben

Mich immer höher und höher hinauf.

Schon wall' ich, ein reiner Geist, empor,

Und schaue näher der Sterne Chor,

Die lieblich des liebenden Scheitel umschweben.

Dem freudeentkörpten Seligen

Erscheinen die himmlischen Götter, die Fröhlichen,

Hat Amor, hat Hebe mich ihrem Olymp geraubt?

Die Nacht entflieht,

Der Himmel erglüht,

Aurora umleuchtet des Glücklichen Haupt!

Ha, welches Gewimmel

Im erwachenden Himmel!

Wie immer gedrängter

Die Götter wallen,

Und tausend Stimmen

Lautjubelnd erschallen!

Doch weh mir! aus flammenden Wolkenkranz

Strahlt Phöbus verrätherisch blendenden Glanz.

Herab, herab von der himmlischen Höh',

Daß mich des Neides Auge nicht seh'!

Herab! denn nur im Stillen

Darf uns des Glückes Wonne füllen.

Meine Näh' verkünde

Ihr, Du holde Linde!

Zum Liebesmale beug'
Ich diesen Blütenzweig,
Umschlingend seine Rinde
Mit ihrem Busenband,
Deß mystisches Gewinde
Verrathe meine Hand,
Wenn durch des Gitters Stäbe
Ein Zephyr sein Gewebe,
Von leisem Hauch bewegt,
Zum seidenen Vorhang trägt.

Inhalt.

Gedruckt bei C. Ueberreuter.

Zum Liebesmale beug'
Ich diesen Blütenzweig,
Umschlingend seine Rinde
Mit ihrem Busenband,
Deß mystisches Gewinde
Verrathe meine Hand,
Wenn durch des Gitters Stäbe
Ein Zephyr sein Gewebe,
Von leisem Hauch bewegt,
Zum seidenen Vorhang trägt.

Inhalt.

Gedruckt bei C. Ueberreuter.

Lightning Source UK Ltd.
Milton Keynes UK
UKHW021517090219
336936UK00007B/927/P